ESSENTIALS OF MBA

MBAエッセンシャルズ

第3版

内田 学 編著

東洋経済新報社

まえがき

　私は1994年にニューヨークへ留学に行き、1997年にビジネススクールを修了しました。卒業後は帰国、起業し、一貫して社会人教育のビジネスに従事してきました。2000年の1月からはそのMBAの知識を活かし、早稲田大学エクステンションセンターにて、年間20ものビジネス講座を企画・運営させていただきました。
　2011年より企業経営者から大学教員へと転身し、今度は学生たちに経営学関連の講義を行ってきました。学生たちは社会人としての経験がないため、経営学やビジネスを学ぶ重要性を明確に理解することは難しいと思われますが、その中でもビジネスを学ぶことに面白さを感じ、将来、ビジネススクールへ留学し、MBAを取得したいという学生も数名出てきたことは非常に嬉しいことでした。

　また、私は仕事やプライベートでたびたび海外へ行く機会がありますが、最近特に感じることは、どこに行ってもモノが高いということです。私が留学していた20年ほど前には、日本の景気がよく、企業からの派遣で留学する社会人も多くいましたが、昨今はその数も少なくなってきました。
　企業は社員に投資するよりも自社の利益を守ることを優先するようになり、社員は自身でそのスキルを向上させなければなりません。また、ITの発達でどこにいても情報が行きわたるボーダーレス社会では、すべての企業が世界と戦うことになり、日本の企業はこれまで以上に厳しい環境で生き残らなくてはなりません。

　このように日本人にとっては非常に厳しい時代になってきました。今後、上司が米国人やインド人のような外国人になることは普通のことになってい

きます。そのために、英語やマネジメントの学習は今まで以上に必須のものとなるでしょう。以前の日本では、MBAの学位は特別な人たちだけが取得するものと考えられてきましたが、欧米では仕事をしながらMBAを取得することはよくある光景です。日本でも最近はMBAを取得できるビジネススクールが増えてきたため、身近な存在になってきたように思います。

MBAはその学位だけではなく、ビジネスを学ぶのに非常に有効な手段です。これまで入社後、現場で学んできた漠然とした経営の知識を体系立てて学ぶことができるのがMBAプログラムです。

これら経営学の基礎知識は企業で活躍するための土台となり、これまでの経験や勘で行ってきた業務上の判断を知識で裏付けして、明確な根拠をもってマネジメントを遂行することができるでしょう。

本書はMBAで学ぶ基礎知識を短期間ですばやく身につけることができるよう構成されており、知識の裏付けがほしい社会人にとって非常に有効であると自負しております。

私自身、留学前にはマーケティングの知識しかありませんでしたが、MBAプログラムへ留学することにより、アカウンティング、ファイナンス、人材マネジメント、IT等、バランス良く、経営の4要素を学べたため、起業したうえで、非常に役に立ったと思っています。今後もより一層、MBAプログラムで学習する人々が増えていくことを祈念しています。

本書『MBAエッセンシャルズ』は、2001年に初版を出させていただき、この度、第3版を出版する運びとなりました。本書は、前述の早稲田大学エクステンションセンターにて開講させていただきました「12時間で学ぶMBAエッセンス」のテキストとしても20年近く好評をいただきました。本書を活用して、これからの厳しい時代を生き抜くための1つの必須スキルであるマネジメント知識を短期間のうちに身につけていただければ著者一同、望外の喜びです。

本書の出版にあたり、編集担当の東洋経済新報社出版局の桑原哲也氏には

同書の第2版よりお世話になり、今回も大変ご尽力いただきました。最後に、初版の折に出版の機会をいただき、第2版でもお世話になりました元東洋経済新報社取締役の大貫英範氏に感謝の言葉を述べさせていただきます。

　春の訪れを感じて
　2019年3月

　　　　　　　　　　　　　　　　　　　　　　　　　　　内田　学

Contents ◎ MBAエッセンシャルズ

まえがき ………………………………………………………………… 1

第1章 ITとイノベーション　　　11
IT and Innovation

イノベーションの本質を理解する ……………………………… 13
　　イノベーションの定義　　13
　　シュンペーターの新結合　　14
　　クレイトン・クリステンセンのイノベーションのジレンマ　　15
　　ドラッカーのイノベーションと企業家精神　　20
　　クラーク＆ボールドウィンの「モジュール化」　　21
　　チェスブロウのオープン・イノベーション　　24

ニューテクノロジーの普及と立ちはだかる深い溝 ……………… 26
　　クリティカルマスを伴う普及・受容曲線　　26
　　イノベーションの採用者のカテゴリーとその普及　　28
　　キャズム理論　　32
　　キャズムを越えるためのポジショニング　　34
　　キャズムを越えた事例　　35
　　ホールプロダクト・モデル　　41

ITインダストリーにおけるビジネスモデル ……………………… 44
　　ITインダストリーにおける新たなビジネスモデル　　44

第2章 オペレーションズ・マネジメント　　　57
Operations Management

オペレーションズ・マネジメントの基礎知識 ………………… 59
　　オペレーションズ・マネジメントの定義と位置づけ　　59
　　オペレーションズ・マネジメントの目的と意思決定プロセス　　60

プロジェクトに関するマネジメント …………………………… 62
　　プロジェクトマネジメント（PM：Project Management）　　62

ガントチャート（Gantt Charts）　63
　　　WBS（Work Breakdown Structure）　63
　　　PERT（Program Evaluation and Review Technique）　65
　　　CPM（Critical Path Method）　71
　製品設計・生産に関するマネジメント ……………………………………… 73
　　　価値工学（VE）　73
　　　ライン生産方式（Line Production System）　77
　　　セル生産方式（Cell Production System）　80
　　　ジャストインタイム（JIT：Just In Time）　83
　　　TOC（Theory of Constraints）　87
　サプライチェーンに関するマネジメント ……………………………………… 92
　　　SCM（Supply Chain Management：サプライチェーン・マネジメント）　93
　　　ブルウィップ効果（Bull-Whip-Effect）　94
　　　延期の原理（Principle of Postponement）　96
　コストに関するマネジメント ……………………………………………… 98
　　　活動基準原価計算（ABC：Activity Based Costing）　98
　　　スループット会計（Throughput Accounting）　102

第3章　統計学　　　111
Statistics

　記述統計 ………………………………………………………………………… 113
　　　データの特徴を可視化する（度数分布表とヒストグラム）　113
　　　データの特徴を1つの数値で示す（平均と標準偏差）　115
　　　95％の確率でとりうる範囲を推定する（正規分布と正規分布曲線）　117
　　　特定の値以上（特定の値以下）になる確率を推定する（標準正規分布）　121
　多変量解析 ……………………………………………………………………… 126
　　　2つのデータ間の関係性を視覚的に判断する（散布図）　126
　　　2つのデータ間の関係性を客観的指標から判断する（相関係数）　130
　　　データ間の関係性を利用して予測する（回帰分析）　133
　　　データ間の関係性を利用して予測する（重回帰分析）　141
　　　重回帰分析を行ううえでの注意点　143

第4章 アカウンティング　　149
Accounting

アカウンティングの本質 ……………………………………………………151
　会計とは　151
　財務会計と管理会計　151
　会計の目的　153
　会計制度　154

財務諸表 ……………………………………………………………………155
　損益計算書　155
　貸借対照表　159
　キャッシュフロー計算書　164

重要な論点 …………………………………………………………………168
　総論　168
　金融商品会計　170
　棚卸資産会計　171
　固定資産会計　172
　引当金会計　175
　連結会計　177

財務分析 ……………………………………………………………………180
　財務分析の意義　180
　安全性分析　180
　収益性分析　182
　財務分析の限界　183

第5章 ファイナンス　　187
Finance

ファイナンスの基本 ………………………………………………………189
　コーポレートファイナンスが扱う領域　189
　金銭の時間価値　189
　現在価値（Present Value）と将来価値（Future Value）　190
　単利と複利　191
　永続価値　192
　成長永続価値　193

年金価値　　193
　　　割引率　　195
　　　金銭の時間価値と期待収益率　　196
企業価値の計算 …………………………………………………… 197
　　　企業価値とは　　197
　　　企業価値と株式価値　　197
　　　DCF法による企業価値の算出方法　　199
　　　キャッシュフローの予測　　200
　　　資本コスト　　204
　　　企業価値の算出　　211
投資の意思決定 …………………………………………………… 214
　　　NPV（エヌ・ピー・ヴィー）　　214
　　　IRR（アイ・アール・アール）　　215
　　　投資回収期間　　216
資本政策 …………………………………………………………… 217
　　　財務レバレッジ　　218
　　　最適資本構成　　222

第6章　組織行動と人材マネジメント　　227
Organizational Behavior and Human Resource Management

組織とは何か ……………………………………………………… 229
　　　組織とは何か　　229
　　　組織行動論と人材マネジメント　　230
　　　組織行動論が提供するもの　　230
個人行動に関わる理論 …………………………………………… 232
　　　モチベーション理論　　232
集団的行動に関わる理論 ………………………………………… 243
　　　コミュニケーションの理論　　243
　　　リーダーシップの理論　　246
組織的行動に関わる理論 ………………………………………… 253
　　　組織構造と文化　　253
　　　組織文化　　256
　　　人材マネジメントの基本　　258
　　　コンピテンシーモデルの活用　　266
　　　現代の人材マネジメントに関わる課題　　268

第7章 経営戦略 　　273
Strategy

戦略とは ………………………………………………………………… 275
- 戦略と戦術、選択と集中　275
- 戦略のレベル──企業戦略、事業戦略、機能別戦略　275
- 戦略策定のプロセス　277

企業戦略（Corporate Strategy）………………………………………… 279
- 経営理念──ミッション、ビジョン、バリュー　279
- ドメイン（事業の定義）　282
- プロダクト・ポートフォリオ・マネジメント（PPM）　285
- 新規事業計画　290

事業戦略（Business Strategy）………………………………………… 294
- 環境分析（Environmental Analysis）　294
- 外部環境分析（External Environmental Analysis）：機会と脅威分析　295
- 内部環境分析（Internal Environmental Analysis）：強みと弱み分析　303
- 目標設定：SWOT分析　306
- 戦略構築　308
- 戦略の実行　315
- フィードバックとコントロール　315

第8章 マーケティング 　　321
Marketing

マーケティングの基本概念 ……………………………………………… 323
- マーケティングの定義　323
- マーケティングの位置づけ　325
- マーケティング・コンセプトの変遷　325

マーケティング・プロセス ……………………………………………… 331
- マーケティング・プロセスの流れ　331
- マーケティングの機会分析　331

マーケティング戦略の構築 ……………………………………………… 334
- 市場の細分化（セグメンテーション／Segmentation）　334
- 標的市場の選定（ターゲティング／Targeting）　336
- ポジショニング（Positioning）　338

マーケティング・ミックスの立案 ……………………………………… 340
 製品戦略 340
 価格戦略 343
 新製品の価格設定 345
 プロモーション戦略 349
 プル・プロモーションとプッシュ・プロモーション 351
 流通戦略 354
 流通チャネルの階層 355
 流通チャネル政策 357

著者紹介 364

第1章 ITとイノベーション
IT and Innovation

この章のキーワード
- シュンペーターの新結合
- クリステンセンのイノベーションのジレンマ、持続的イノベーション、破壊的イノベーション、バリュー・ネットワーク
- ドラッカーのイノベーションと企業家精神
- クラーク＆ボールドウィンのモジュール化、デザイン・ルール、インテグラル
- チェスブロウのオープン・イノベーション、クローズド・イノベーション
- ロジャーズのイノベーション普及理論
- ムーアのキャズム理論、ホールプロダクト・モデル
- シェアリング・エコノミー
- IoT（Internet of Things）、ビッグデータ、AI（人工知能）

この章で何を学ぶか

　世界の中で時価総額上位の企業がひしめくITインダストリーを取り巻くビジネス環境は表1-1に示すように不確実性が高く、変化も激しく、伝統的なインダストリーとは一線を画した独特なビジネス環境を持つ。伝統的なインダストリーがオールドエコノミーと呼ばれるのに対し、インターネットを活用したITの技術革新を背景として1990年代以降に急激に成長したITインダストリーがニューエコノミーと呼ばれるのも、これがゆえんである。

表1-1　ITインダストリーを取り巻くビジネス環境

領域	伝統的なインダストリー	ITインダストリー
環境／産業 ◆構造 ◆フィードバック ◆プレーヤー ◆プレーの領域	安定、予測可能 線形、体系化されている よく知られている はっきりと定義されている	不安定、不確実 あいまいな因果関係 新しい、または知られていない 発達している／発展している
組織の風土 ◆マインドセット ◆境界 ◆意思決定	認められたルール、よく知られている快適な領域 既存のケイパビリティに依存した柔軟性のないはっきりとした境界 よく確立された手続きとプロセス、争いの回避	ルール不在、一般の通念不在、関連性不在 ケイパビリティの不足を克服するため、パートナーシップ等の外部資源の利用 建設的な争いや直感による素早い意思決定
資源配分	伝統的なDCF法／回収期間あるいは株主価値	段階的配分、リアル・オプション価値、発見的方法

出所：G・デイ，P・シューメーカー編，小林陽太郎監訳，黒田康史，鈴木益恵，村手俊夫，大塔達也，田中喜博訳『ウォートンスクールの次世代テクノロジー・マネジメント』東洋経済新報社，2001年をもとに作成

　本章ではこのITインダストリーにおける成長企業の成功要因とも言える、イノベーションへの取り組み方やネットワーク効果などによるニューテクノロジーの普及、そして、これからさらに我々の未来を変えるであろう「AI」「IoT」「ビッグデータ分析」「クラウド」などの技術を組み合わせた、新たなビジネス事例などについて、体系的に学んでいく。

イノベーションの本質を理解する

イノベーションの定義

　イノベーションの起源は、オーストリアの経済学者のヨーゼフ・シュンペーターが著作『経済発展の理論』の中で、経済発展の原動力は新結合（イノベーション）にあると論じたときにさかのぼる。イノベーションは、既存の社会の中に新たな技術やプロセスを組み込むことで既存の産業や枠組みを破壊するが、かわって、新たな産業や枠組みが生まれ、経済は発展していくと説いたのである。これを「創造的破壊」という。

　この新結合は後述するクレイトン・クリステンセンのイノベーションの定義、「一見、関係なさそうな事柄を結びつける思考」にも合致する。たとえば世界最大のクラウド型CRM（顧客情報管理）ベンダーのセールスフォース・ドットコムの創業者マーク・ベニオフはアマゾン・ドット・コムの買い物サイトと勤務先だったオラクルの業務ソフトを同時に思い浮かべ、インターネットのクラウド上で業務ソフトを提供するというアイデアを思いついた。また、スティーブ・ジョブズは実はつながっていないものをつなげることによって違う考え方をしているといった。

　さらに、経営学者であるピーター・ドラッカーは「イノベーションを繰り返すことで、企業は既存の枠組みを破壊して、新たな付加価値を創造し、経済や社会を発展させ続ける」と語り、イノベーションのための再現性のある7つの機会を体系化した。

　イノベーター理論の社会学者エベレット・ロジャーズは、イノベーションを「個人あるいは組織の単位で新しいと知覚されたアイデア、習慣、あるいは対象物である」と定義している。ロジャーズによると、たとえそれが最初に使用されたり発見されたりしてからどれだけ時間が経過していようと、あ

るアイデアが客観的に見て新しいかどうか、つまり個人がそのアイデアを新しいと知覚すれば、それはイノベーションなのであるとしている。

イノベーションの代表的な分類軸として、その変化の大きさとイノベーションが起きる場所がある。

《変化の大きさによる分類》
①ラディカル（革新的）・イノベーション：
馬車に対する自動車の発明や手紙に対する電子メールの発明のように、以前の技術と非連続的で断絶的な創造的破壊をもたらすようなイノベーション。
②インクリメンタル（漸進的）・イノベーション：
自動車エンジンの燃費向上などのように、以前の技術と連続的で細かな改良の積み重ねから成り立つイノベーション。

《起きる場所による分類》
①プロダクト・イノベーション：
車、テレビ、携帯電話など、画期的な製品やサービスにより、購買者のライフスタイルを変えてしまうようなイノベーション。
②プロセス・イノベーション：
トヨタ生産方式のような開発、製造、物流などのプロセスに革新的な仕組みを取り入れることで、品質や生産性を向上させ、他社との差別化を図るイノベーション。

シュンペーターの新結合

シュンペーターは1912年、資本主義経済のメカニズムを分析した『経済発展の理論』の中で、イノベーションを新結合という言葉で論じた。新結合とは「新しい組み合わせ」のことであり、多様性に満ち、多くの可能性を含んでいるとした。その後、1939年発行の『景気循環論』で新結合の意味にイノ

図1-1 シュンペーターの新結合の5つの概念

シュンペーターの新結合の5つの概念
1 新しい財貨： 消費者に知られていない、新しい品質の財貨の生産
2 新しい生産方法： 科学的に新しい発見に基づく必要はない
3 新しい販路の開拓： この市場が既存のものであるかどうかは問わない
4 原料あるいは半製品の新しい供給源の獲得： 供給源が既存のものであるかどうかは問わない
5 新しい組織の実現： 独占的地位の形成あるいは独占の打破

出所：J・A・シュムペーター著，塩野谷祐一，中山伊知郎，東畑精一訳『経済発展の理論――企業者利潤・資本・信用・利子および景気の回転に関する一研究（上）』岩波文庫，1977年をもとに作成

ベーションという言葉を用いたため、新結合とイノベーションという言葉は同意として扱われるようになったのである。新結合には図1-1に示すとおり、5つの概念が含まれる。

クレイトン・クリステンセンのイノベーションのジレンマ

クレイトン・クリステンセンは著書『イノベーションのジレンマ』の中で、「優良企業が優れた経営判断をし続けても、やがて失速してしまうのはなぜか？」という多くのIT経営者の疑問に答え、大きなインパクトを与えた。

たとえば、古くはソニーが家庭用電化製品でのトランジスタ利用を開拓したことが挙げられる。ソニーはトランジスタを組み込んだ携帯用ラジオやテレビによって、真空管技術を利用して大型テレビやラジオを製造していたRCAなどの優良企業を経営破綻へと追い詰めたのである。

また、最近ではアマゾン・ドット・コムのネットショッピングの台頭によ

図1-2 クリステンセンの「イノベーションのジレンマ」

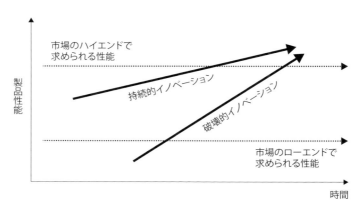

出所：C・クリステンセン著，玉田俊平太監修，伊豆原弓訳『イノベーションのジレンマ――技術革新が巨大企業を滅ぼすとき 増補改訂版』翔泳社，2001年をもとに作成

る効果であるアマゾン・エフェクトにより、ボーダーズ（書店）、スポーツオーソリティ（スポーツ用品）、トイザらス（玩具）、シアーズ・ホールディングスなどの優良企業が次々と経営破綻したことなどがある。シアーズ・ホールディングスは百貨店「シアーズ」とディスカウントストア「Kマート」を約700店運営している、19世紀末に創業した小売りの名門であった。

クリステンセンは、図1-2のように、市場リーダーである優良企業は持続的イノベーションに最適化したプロセスを持つため、この競争で新規参入者に後れをとることはあまりないと考える。しかし、持続的イノベーションが繰り返された結果、製品性能が市場ニーズを超えて過剰になると他社の破壊的技術が登場し、その破壊的イノベーションが優良企業の市場を駆逐すると主張し、優良企業のイノベーターが持つジレンマを論じたのである。

次に、「持続的イノベーション」と「破壊的イノベーション」についての解説をする。

（1）持続的イノベーション

メイン事業の顧客がすでに価値を認めている技術を利用して、製品の機能やサービスを向上させるプロセスなどの持続的技術が原動力になっている。

持続的イノベーションとして、たゆまぬ機能改善などが挙げられる。

前述のRCAは真空管を使った継続的な商品の機能改善により、大型テレビやラジオのメイン市場のシェアを守ってきたのである。また、ボーダーズやシアーズなどの小売店もサービスの効率や顧客満足を向上させるために継続的なプロセスの改善を行ってきた。たとえば、ボーダーズは店内のシアトルズベストコーヒーを飲みながら、購入前に気に入った本を長時間、座って読むことができるサービスを提供したのである。

(2) 破壊的イノベーション

持続的イノベーションの対極が破壊的イノベーションである。破壊的イノベーションには以下の2種類がある。

①ローエンド型破壊的イノベーション

既存市場において大きなシェアを持ちながらも、競合他社との競争に打ち勝つためにサービスや機能を高めていくうち、顧客の要求を超えてしまうオーバーシューティングの状態に陥ってしまうことがある。そうした優良企業のハイエンドと呼ばれる高価格・複雑な製品に対して、より低価格や簡便性を実現する破壊的技術によって、これまで空白になりつつあったローエンドと呼ばれる低価格・シンプルな製品の市場に参入し、シェアを伸ばす企業が現れる。そうした企業はローエンド市場で圧倒的なシェアを獲得する間に改良を重ね、やがて性能的にもハイエンド市場の顧客のニーズを満たすレベルになり、そうして企業はハイエンド市場へ進出していく。その結果、旧来の企業の製品はハイエンドでも、さらに上位市場へと逃げるように対象市場を狭め、駆逐される。

クリステンセンによれば、アマゾン・ドット・コムはローエンド型破壊的イノベーションと位置づけられている。ネットショッピングならではの「ロングテール」（低価格、圧倒的な品ぞろえ）、「電子書籍」、「リコメンド」などの破壊的技術を使い伝統的な書店を駆逐した。中古販売や電子書籍によるロングテールに加えて、「購入パターンの近いユーザーは誰か」を探し出す協調フィルタリング技術を用いて、商品をリコメンドすることで、サービスの簡

便性と購買率（コンバージョン率）を向上させた。そして、書籍販売業界で圧倒的なシェアを獲得し、他の業界やハイエンド市場に進出したのである。

一方、既存の書店は現状の店舗販売と衝突するネット販売への進出が遅れ、ボーダーズのような店内でコーヒーを飲みながらの長時間の「座り読み」サービスはオーバーシューティングとなり、皮肉なことに収益を悪化させる要因になってしまったのである。

②新市場型破壊的イノベーション

新たな破壊的技術を用いた製品によって、新しい価値軸に基づいた、これまでと異なる新規市場に参入することである。ソニーの小型トランジスタラジオは、RCAなどの真空管メーカーの主流市場にある卓上ラジオに比べれば音は当初安っぽく雑音交じりで評価されなかった。しかし、ソニーは低消費電力、高耐久性、携帯性、値頃感というトランジスタを利用することにより生まれる新しい価値基準で、音声の高いクオリティーという真空管の持つ価値に対抗する道を選び、成功した。

ソニーは卓上ラジオを所有する人に小型トランジスタラジオを売り込むのではなく、大型真空管ラジオが買えない若者に狙いを定めた。携帯用トランジスタラジオは若者を魅了し、親から離れた場所でロックンロールを聴く新たな顧客と市場を創造した。

次にソニーは小型白黒トランジスタテレビを発売した。この時もソニーは真空管の持つ硬質な画像に対抗する道を選んだ。据置型テレビを購入する余裕も、それを設置するスペースもない顧客は既存市場の大型テレビよりも多少音声や画質が劣ってもトランジスタテレビに満足した。当初低性能だったトランジスタの破壊的技術は右肩上がりで向上し、いつしか真空管の既存市場の顧客のニーズまでも満たしていった。やがて、トランジスタの破壊的技術は真空管の持続的技術を陳腐化させ、RCAなどの真空管の優良企業は、数年のうちに消滅したのである。

クリステンセンは、持続的と破壊的の2種類のイノベーションが組み合わさった破壊的イノベーションのタイプが多いと指摘している。

また、クリステンセンは優良企業が破壊的イノベーションに駆逐されない

ために、優良企業の本体の外に破壊的技術をビジネス化できる「小規模で自立的な組織」を作ることが必要だとしている。優良企業の投資家はローエンドや新市場を狙う破壊的技術に本体が参入し、カニバリゼーション（共食い）により、本体の利益率が下がることを嫌うため、子会社に「小規模で自立的な組織」を作るのが好ましいのである。

(3) バリュー・ネットワーク

　バリュー・ネットワークとは、既存顧客と製造者、部品サプライヤー、流通事業者などからなるネットワークであり、いわば企業にとっての生存環境、あるいは生態系である。企業は生き残りをかけ、この環境に適合すべく、能力・組織・プロセス・コスト構造・企業文化・価値基準を確立する。同業と見なされている企業でも、ハイエンドとローエンドというように異なるバリュー・ネットワークに属する場合、そこで通用している価値基準も違ったものとなる。

　クリステンセンによれば、バリュー・ネットワークという一群の価値連鎖によって企業は支配されているとする。たとえば前述のRCAの真空管のバリュー・ネットワークは音声と画像の高いクオリティーであり、ソニーのトランジスタのバリュー・ネットワークは低消費電力、高耐久性、携帯性、値頃感であった。企業を支配しているバリュー・ネットワークに適さないイノベーションは組織的に排除され、実現されないのである。特に組織が能力の高いマネジャーによって合理的に管理されていればいるほど、新しい破滅的イノベーションが組織内の個人から提案されたとしても、そのバリュー・ネットワークに抵触する限り受け入れられないことになる。

　前述の真空管を使った家電製品は家電販売店を通じて販売されていた。販売店は販売した製品の焼き切れた真空管を交換するサービスで収益を上げていたため、真空管のないトランジスタ製品を販売したがらなかった。そのため、ソニーなどのトランジスタ製品メーカーは真空管のバリュー・ネットワークに入ることはできず、新しいバリュー・ネットワーク内に新しい販売チャネルを作る必要があった。その販売チャネルがウールワールドなどのチェーンストアや、Kマートなどのディスカウントストアであった。これらのストアは

特定のメーカーの製品に依存せず、焼き切れた真空管の修理能力を持たないため、真空管ラジオやテレビを販売できずにいた。そこで真空管の修理が不要のトランジスタ製品の販売に飛びついたのである。

　製品やサービスに求められる性能や品質の水準は、各バリュー・ネットワークの価値基準に準じる。そのため、企業が新しい技術の経済価値をどう認識するか、技術革新にどのような資源配分をするかは、その企業がどのバリュー・ネットワークに属しているかによって決まる。新技術がイノベーションとして受け入れられるには、それに見合ったバリュー・ネットワークを見出すか、新たなバリュー・ネットワークを形成することが必要となる。

　このようにクリステンセンの理論は、ある技術システムを合理的に管理可能な組織的ネットワークは1つに限られるという前提に基づいている。つまり、1つの組織ネットワークが、2つの異なるバリュー・ネットワークに適した技術システムを同時に管理することはできないのである。

　そのような場合には「小規模で自立的な組織」を子会社に作るというクリステンセンの提案については前に述べたが、すでにカニバリゼーション（共食い）をする2つのビジネス・ユニットを持つ企業にとって、この二律背反性をどのように克服していくかという点は大きな課題である。サーバーなどの情報インフラを資産として販売しているITソリューション事業とインフラを資産として売らずにサービスとして提供するクラウドサービス事業の両方を持つ企業も、このイノベーションのジレンマに対峙していかなければならないのである。

ドラッカーのイノベーションと企業家精神

　経営学者であるピーター・ドラッカーは企業の機能は「顧客を創造すること」と「イノベーションを起こすこと」であり、イノベーションの起こし方を著書『イノベーションと企業家精神』で体系化した。ドラッカーはイノベーションを起こすために適した機会は図1-3のように7つあり、これらの機会に対して適切に経営判断をすることで、革新的な経営や製品開発の成功率が高まる、すなわちイノベーションは意図的に再現できると考えた。

図1-3　ドラッカーのイノベーションのための7つの機会

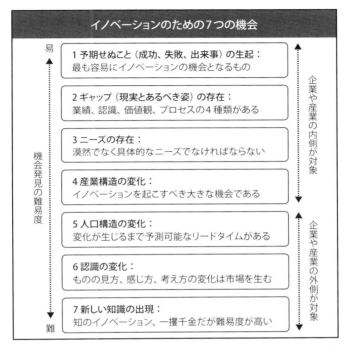

出所：P・F・ドラッカー著，上田惇生訳『イノベーションと企業家精神　エッセンシャル版』ダイヤモンド社，2015年をもとに作成

クラーク＆ボールドウィンの「モジュール化」

　ビジネスの工程に革新的な仕組みを入れるプロセス・イノベーションを理解するうえで必要となる概念が「モジュール化」である。たとえば、図1-4にあるようにパソコンシステムを作るための「パソコン」、「プリンター」、「プロジェクター」などを、それぞれ好きなメーカーから購入できることである。この「パソコン」、「プリンター」などが「モジュール」に該当する。自由に「モジュール」のメーカーを選べるのは、それぞれを接続する標準が決まっているからである。このような標準のことを「デザイン・ルール」と呼ぶ。「デザ

図1-4 組み合わせ製品と擦り合わせ製品の違い

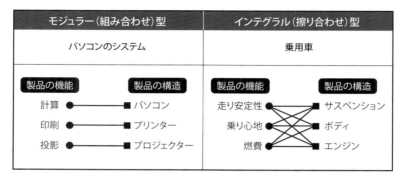

出所：藤本隆宏,キム B・クラーク著,田村明比古訳『増補版　製品開発力──自動車産業の「組織能力」と「競争力」の研究』ダイヤモンド社，2009年

イン・ルール」に基づいて、モジュールに分けることを「モジュール化」という。

　この「モジュール化」によって我々は、自分の好みのパソコンシステムを簡単に作れるという価値を享受できるのである。設計のモジュール化は、設計のやり方をモジュールの組み合わせによるモジュラー設計にすることで、製品の多様化と部品最小化の両立を目指し、設計の効率性を高めることが狙いである。一方、生産のモジュール化は、工程種類数を削減し、工程数も削減することで、生産の合理化を図り、生産性向上を狙いとしている。

　図1-4で組み合わせ製品（モジュラー）と擦り合わせ製品（インテグラル）の違いを整理する。組み合わせ製品（モジュラー）では、製品の機能と製品の構造が1対1の対応に近く、部品間のインターフェイスも標準化されているため、それらを組み合わせるだけで、多様な製品やシステムに作り上げることができる。パソコンや周辺システムとの組み合わせがモジュラーに相当する。

　一方、擦り合わせ製品（インテグラル）では、製品の機能と製品の構造が多対多になっており、部品間インターフェイスも特殊であることが特徴である。したがって、新規製品を開発するためには、新たにユニットや部品を設計する必要がある。

図1-5　デザイン・ルールによるモジュール化

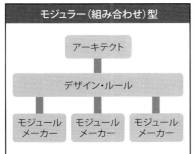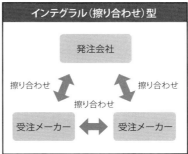

出所：カデナクリエイト著，池本正純監修『図解＆事例で学ぶイノベーションの教科書』マイナビ，2015年を
　　　もとに作成

　図1-5の右側のように、日本企業は設計と製造の連携、能力の高い材料・部品メーカーの存在などを背景に、擦り合わせ製品に強いことに特徴がある。擦り合わせ型が強みを発揮する余地は、部材産業との連携を深めるという開発の上流部分に多く残されているとされる。そうした上流部分での連携活動を通じて、日本メーカーは画期的な高機能製品を開発し、差別化をしてきたのである。すなわち、従来のインテグラル（擦り合わせ）の時代は研究開発部門が社内で保有する技術や企画だけを使って製品を開発する、閉鎖的な垂直志向の開発形態をとってきたのである。

　モジュール化が創造する価値に着目したのが、ハーバード・ビジネス・スクールのキム・クラークとカーリス・ボールドウィンである。

　図1-5の左側のように、モジュール化を進めるうえで重要な「デザイン・ルール」を作ったうえで注文する発注会社を「アーキテクト」、モジュールを作る受注メーカーを「モジュールメーカー」という。

　「アーキテクト」は多少のことでは「デザイン・ルール」を変更しないため、「モジュールメーカー」は安心して「デザイン・ルール」に基づいた研究開発を推進でき、モジュールの中身を「アーキテクト」に開示する必要もないのがメリットである。

　一方、「アーキテクト」は「デザイン・ルール」により、「モジュールメー

カー」への発注が簡単になり、開発費用を「モジュールメーカー」へ転嫁できるようになる。このことにより、同じ案件を複数の企業に発注できるため、「モジュールメーカー」同士の競争が激しくなり、優れた製品を安く調達できるようになった。

「モジュール化」を推し進めた例としてソニーの「プレイステーション」がある。ゲームのハードの仕様に合わせた「デザイン・ルール」を徹底させ、各ソフトメーカーは「デザイン・ルール」に合わせてゲームソフトを開発した。ロイヤルティを下げたり、在庫負担を軽減したり、ゲームの内容は各ゲームソフトメーカーに自由に任せることで、魅力的なゲームソフトを集めたのである。

チェスブロウのオープン・イノベーション

インテグラルの閉鎖的な垂直志向の開発形態「クローズド・イノベーション」においては図1-6の左側のように企業の境界線ははっきりしており、社外に技術や情報が漏れないよう、製品開発は社内に閉じられたクローズなプロセスだった。しかし、技術や製品のライフサイクルが短くなると、自社のリソースだけで対応するクローズなプロセスでは開発スピードが間に合わなくなる。そのため、製品のモジュール化に伴い、クローズなプロセスは陳腐化し、イノベーションが起きにくくなってきた。

このように変化するビジネス環境の中で、カリフォルニア大学バークレー校のヘンリー・チェスブロウが提唱した「オープン・イノベーション」というモデルが主流となった。オープン・イノベーションはテクノロジー・マネジメントとして重要視され、近年でも日本国内においてオープン・イノベーションに関連する議論や実践が行われている。

企業の中で生まれたアイデアが、企業の境界線を越え、企業の外へ向かうことや、逆に、企業の内部へ外部で生まれたアイデアがやってくることもある。図1-6の右側が、オープン・イノベーションのモデルであり、企業の境界線が点線で示されるように、そこでは企業内外のアクセスが自由に行われている。

図1-6 クローズド・イノベーションとオープン・イノベーション

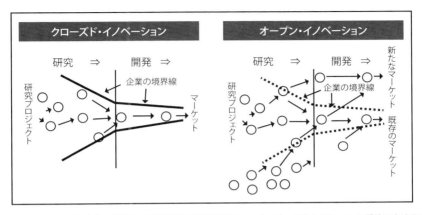

出所:H・チェスブロウ著, 大前恵一朗訳『OPEN INNOVATION——ハーバード流イノベーション戦略のすべて』産業能率大学出版部, 2004年をもとに作成

表1-2 クローズド・イノベーションとオープン・イノベーションの比較

	クローズド・イノベーション	オープン・イノベーション
人材	最も優秀な人材を雇うべきである。	社内に優秀な人材は必ずしも必要ない。社内に限らず社外の優秀な人材と共同して働けばよい。
R&D	研究開発から利益を得るためには、発見、開発、商品化まで独力で行わなければならない。独力で発明すれば、一番にマーケットに出すことができる。	外部の研究開発によっても大きな価値が創造できる。社内の研究開発はその価値の一部を確保するために必要である。利益を得るためには、必ずしも基礎から研究開発を行う必要はない。
市場化	イノベーションを最初にマーケットに出した企業が成功する。	優れたビジネスモデルを構築するほうが、製品をマーケットに最初に出すよりも重要である。
マインド	業界でベストのアイデアを創造した者が勝つ。	社内と社外のアイデアを最も有効に活用できた者が勝つ。
IPR	知的財産権をコントロールし他社を排除するべきである。	他社に知的財産権を使用させることにより利益を得たり、他社の知的財産権を購入することにより自社のビジネスモデルを発展させることも考えるべきである。

出所:H・チェスブロウ著, 大前恵一朗訳『OPEN INNOVATION——ハーバード流イノベーション戦略のすべて』産業能率大学出版部, 2004年をもとに作成

アップルもオープン・イノベーションを行っている。半導体や部品などの製造を外部に任せ、ノウハウを教え、短期間で製造ができるように支援している。製造に関して、特定の企業に縛られることはない。その一方で、OSやユーザーインターフェイスなどのソフトウェア部分や半導体の設計（アプリケーションプロセッサー）などの付加価値の高い部分は自社で行っており、莫大な利益を上げている。

　人材、研究開発（R&D）、市場化、ビジネスマインド、知的財産権（IPR）の観点からも、オープン・イノベーションはクローズド・イノベーションと考え方が異なる。表1-2はオープン・イノベーションとクローズド・イノベーションを比較したものである。

ニューテクノロジーの普及と立ちはだかる深い溝

クリティカルマスを伴う普及・受容曲線

　普及とは、①イノベーションが、②あるコミュニケーション・チャンネルを通じて、③時間の経過の中で、④社会システムの成員の間に、伝達される過程である。

　メッセージがイノベーションという新しいアイデアに関わるものであるという解釈をすれば、普及はコミュニケーションの特殊な形式の1つになる。そして、新しいアイデアが発明され、普及し、そして採用あるいは拒絶されて、何らかの帰結に到達する流れの中で、社会の変化が生じるのである。

　エベレット・ロジャーズは自身の著書『イノベーションの普及』の中で、イノベーションがどのように伝播していくのかについて理論的かつ経験的に解明している。そのイノベーションの普及過程を図1-7に示す。

図1-7 イノベーションの普及過程

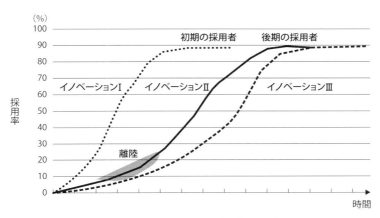

出所：E・ロジャーズ著，三藤利雄訳『イノベーションの普及』翔泳社，2007年

　図1-7のS字型の普及曲線は10～20％の採用率に達すると「離陸」する。採用率とは新しい技術やサービスが顧客に採用される割合であり、普及率と同意である。このときに対人ネットワークが活性化する結果、クリティカルマスに到達して、持続的にイノベーションを採用し始めるのである。クリティカルマスとは新しい技術やサービスが、爆発的に普及するために最小限必要とされる市場での普及率（採用率）である。

　S字型の普及曲線の例として、ソニーのウォークマンをもとに解説する。図1-7の縦軸を気軽に音楽を楽しみたい人々の採用率とすると、「イノベーションⅠ」では小型トランジスタにより、小型ラジカセなどの音楽録音・再生プレーヤーが普及した過程が当てはまる。そして、井深大元ソニー会長みずから、ソニーの世界最小のモノラルカセットレコーダーから録音機能を外し、高音質なステレオ装置を装着したウォークマンを開発した「イノベーションⅡ」では新たな市場を開発し、ウォークマンがクリティカルマスを越え、世界ブランドになったことを表す。その後、アップルがiTunes、MP3、使いやすいユーザーインターフェイスで気軽に音楽をダウンロードできるiPodなどの携帯音楽プレーヤーやiPhoneなどのスマートフォンという破壊的な「イノベーションⅢ」を普及させたのである。

図1-8 イノベーションに基づいた採用者のカテゴリーとキャズムの関係

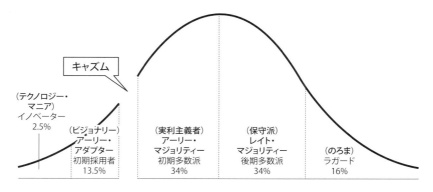

出所：E・ロジャーズ著，三藤利雄訳『イノベーションの普及』翔泳社，2007年をもとに作成

イノベーションの採用者のカテゴリーとその普及

　ロジャーズは図1-8のように顧客がイノベーションを採用した時期の順に「イノベーター」、「アーリー・アダプター」、「アーリー・マジョリティー」、「レイト・マジョリティー」、「ラガード」の5つのタイプに区分した。この図からイノベーター（普及率2.5％）とアーリー・アダプター（普及率13.5％）を合わせた層に普及した段階（普及率16％）で、新技術や新流行は急激に広がっていくことがわかる。すなわち、イノベーターとアーリー・アダプターにアピールすることが新製品普及のポイントであるとされてきたのである。

　また、アーリー・アダプターとアーリー・マジョリティーの間に越えるのが難しい普及率16％という深い溝（キャズム）があるとされる。この深い溝については「キャズム理論」として後述する。

　いずれのグループも、それぞれ異なるサイコグラフィック特性（年齢・性別・職業・年収・生活スタイルなど）を持つため、各グループに対して固有のマーケティング手法が要求されることとなる。そして、各特性を持つグループと隣り合うグループ間の相互関係を理解することが、ITマーケティングを進めていくうえで重要な鍵となる。

イノベーティブなIT新製品の購入グループは図中のイノベーションの採用者のグループと同じ特性を持つことから、各々のグループを初期市場とメインストリーム市場に分けて、以下、詳しく説明をする。

> 《初期市場》
> 　いかなるIT新製品も、その初期の顧客は主としてイノベーターとアーリー・アダプターである。ITインダストリーでは、イノベーターはしばしばテクノロジー・マニアあるいはテッキーと呼ばれるのに対し、アーリー・アダプターはビジョナリーと呼ばれている。IT市場で新製品の購入決定に関して大きな権限を持っているのはアーリー・アダプターだが、新製品の可能性を誰よりも早く理解できるのはイノベーターである。このことから、IT市場でまず対象にしなければならないのがイノベーターなのである。

> 《メインストリーム市場》
> 　IT業界のメインストリーム市場は、他業界とそれほど変わらない。特に、BtoBビジネスの場合、共通点が多い。メインストリーム市場の主役は、実利主義者として知られるアーリー・マジョリティーである。この市場を構成するもう1つの顧客層が、保守派として知られるレイト・マジョリティーだが、テクノロジー・ライフサイクルでそのあとに続く懐疑派のラガードは、メインストリーム市場の一員ではない。

(1) イノベーター

　iPhoneやAndroidの登場以前のスマートフォン市場において、新しい機種が出ると必ず購入する少数の顧客層がイノベーターである。イノベーターの際立った特質は冒険好きなことであり、向こう見ずで大胆で危険を引き受ける人間であろうとする。そして、新しいテクノロジーに基づいた製品を追い求める。この顧客グループは、しばしば、ベンダーが正式にマーケティング活動を始める前に、すでに新製品を購入しているような顧客である。彼らの最大の関心事は製品がどのように役立つかということであり、新しいテクノ

ロジーなのである。彼らは本来的に、斬新なものに強い関心を示し、機能を試して楽しむだけのために、新製品を購入することも少なくない。

　イノベーターの数は、どの市場セグメントにおいても、それほど多くない。しかし、マーケティング活動の初期にイノベーターの注目を集めることは、成功に欠かせないステップである。イノベーターが製品を購入するということは、効用は別としても、製品として機能しているのだと他の顧客グループにアピールできるからである。イノベーターは社会システムへのイノベーションの流れという点でゲートキーパーの役割を果たしている。

(2) アーリー・アダプター

　スマートフォンのBlackBerryのユーザーは、金融街のビジネスマンなどの実利性を重視するアーリー・アダプターである。アーリー・アダプターは、イノベーターと同様に、テクノロジー・ライフサイクルのかなり早い時期に新製品を購入する。しかし、テクノロジー指向ではないという点において、イノベーターとは一線を画する。アーリー・アダプターは、新たなテクノロジーがもたらす利点を検討、理解し、それを正当に評価しようとする。そして、自らの課題にこのテクノロジーを適用してみようと考えるのである。

　現在抱えている問題を新たなテクノロジーが解決してくれる可能性が高ければ、彼らは進んでその製品を購入しようとする。また、他の成員と比べて最も高いオピニオン・リーダーシップを有している。

　アーリー・アダプターは、イノベーションについての助言や情報をイノベーターから入手しようとする。アーリー・アダプターはビジョナリーとして自分たちのビジョンを実現することが技術的に可能かどうかをテクノロジー・マニアであるイノベーターに尋ね、そのビジョンが現実的な意味を持つものかどうかを検証する傾向がある。また、個別の製品を評価するときにも、ビジョナリーはしばしばテクノロジー・マニアの手助けを求めることがある。多くの人たちにとってイノベーションを採用する前に「確認すべき人」がアーリー・アダプターなのである。企業は普及過程を早めるために、このグループに属する人を地域の伝道師として探し求める。

(3) アーリー・マジョリティー

　個人のスマートフォンの保有率は14.6％だった2011年からAndroidやiPhoneが普及し始めた2012年には23.1％となり、16％のキャズムを越えた（平成29年版情報通信白書）。この頃のスマートフォンの購入層がアーリー・マジョリティーである。

　アーリー・マジョリティーは、テクノロジーに対する姿勢という点でアーリー・アダプターと共通するところはあるが、実用性を重んずる実利主義者という点ではアーリー・アダプターと一線を画する。

　アーリー・マジョリティーは、最新の発明と言われるものの多くが一過性の流行で終わることを十分認識しており、自分たちが新製品を購入する前に、まず他社の導入事例を確認してから、その製品を購入しようとする。「新しいものを試す最初の人間になるな、そして古いものを捨てる最後の人間になるな」という格言はまさにアーリー・マジョリティーの考え方を表している。

　このグループの人たちはイノベーションの普及過程でのつなぎ役という重要な役割を果たし、社会システムの対人ネットワークにおける相互連絡役を演じている。アーリー・マジョリティーは最も人数の多いカテゴリーの1つで、全購買者層のうちの3分の1を占めていることから、このグループを誘引することが、成長を遂げ、大きな利益を得るための決定的な要素となるのである。

(4) レイト・マジョリティー

　スマートフォンの普及率が50％を超えた2015年に初めて購入した顧客がレイト・マジョリティーである。レイト・マジョリティーは、ほとんどの点においてアーリー・マジョリティーと共通の特性を示すが、ただ1つ大きく異なる点がある。それは、アーリー・マジョリティーがハイテク製品を扱うことにさして抵抗を感じないのに対し、レイト・マジョリティーは、製品の購入が決まったあとでも、自分で使うことに多少の抵抗を感じるという点だ。レイト・マジョリティーは懐疑的かつ警戒の念を持ちながらイノベーションに接近するので、彼らは社会システムの成員のほとんどがイノベーションを採用するまで、採用しようとはしない。

　このグループは、不確実性が払拭された証である業界標準というものが確

立されるのをひたすら待ち続け、手厚いサポートを受けるために、実績のある大企業から製品を購入したがる傾向にある。アーリー・マジョリティーと同じく、レイト・マジョリティーも、マーケット・セグメントにかかわらず全購買者層の3分の1ほどの割合を占める。レイト・マジョリティーの支持を得ることは大きな利益につながり、それが実現できれば製品もさらに成熟し、販売コストも下がり、R&Dコストも回収できるのである。

(5) ラガード

今でもフィーチャーフォン（ガラ携帯）を使うユーザーがラガードである。初期市場にもメインストリーム市場にも属さず、ライフサイクルの最後に位置づけられるのがラガードである。多くは社会システム内のネットワークにおいて孤立している。ラガードは、新しいハイテク製品には見向きもしない人たちである。個人的な理由によることもあれば、経済的な理由によることもある。唯一、彼らがハイテク製品を買うのは、ハイテク製品が他の製品に組み込まれ、目に見えないときであるため、販売とは無縁である。

テクノロジーというものは、購買者の特性ならびに社会的に置かれている状況を反映したいくつかの段階を経て市場に受け入れられていく。そして、それぞれの段階の特性は予測可能であり、それぞれの段階に固有の顧客グループの性向や規模についても予測可能である。このことをテクノロジー・ライフサイクルという。

キャズム理論

イノベーションの普及において多くのIT企業を失敗に陥れるキャズム（深い溝）がある。エベレット・ロジャーズの「イノベーションの普及」のフレームワークを使った米国ビジネス界を代表するコンサルタント、ジェフリー・ムーアは「キャズム理論」により、ITインダストリーにおいて初期市場とメインストリーム市場の間にキャズムがあり、新製品がブレークすることを妨げていることを指摘した。ジェフリー・ムーアは禅の公案を引用してハイテ

ク市場の発達を次のように要約した。

> **「はじめに山ありき、やがて山はなく、そして山ありき」**
> はじめに山ありき——ここは、イノベーターとアーリー・アダプターが形成する初期市場である。情熱とビジョンが溢れ、壮大な戦略的目標を達成するために多額の資金が投入されている。
> やがて山はなく——ここが、キャズムである。この時期、有望なプロジェクトが初期市場で受け入れられるが、メインストリーム市場の顧客はその効用を見定めようと動かない。
> そして山ありき——すべてがうまくいけば、企業は無事にキャズムを越え、アーリー・マジョリティーとレイト・マジョリティーによってメインストリーム市場が形成される。

メインストリーム市場がもたらす大きなチャンスを逃がさないようにするためには、ここに述べる3つの時期において、それぞれ、最適なマーケティング戦略を採用しなければならない。つまり成功への鍵は、

①今がテクノロジー・ライフサイクルのどの段階に当たるのかを見極め、
②その段階における顧客のサイコグラフィック特性（心理的顧客属性）をよく理解し、
③その顧客層に合ったマーケティング戦略、戦術を展開することである。

新たな顧客グループに移行する際に、それまでの顧客グループが先行事例としての役割を果たすのに限界があることがわかる。これはビジョナリーであるアーリー・アダプターからアーリー・マジョリティーである実利主義者へ移行しようとするときに顕著に見受けられる。ビジョナリーと実利主義者を分断している溝は最大規模のものであり、キャズムの原因となる。IT市場では、購買を決定する際に先行事例を確認することが多いが、テクノロジー・ライフサイクルに沿って、ある顧客グループから次の顧客グループに移行しようとするときに、それまでに積み上げた事例は何の役にも立たなくなることがある。

ビジョナリーの4つの特徴を列記する。

①ビジョナリーは、他企業の経験を活用しようとしない
②ビジョナリーは、自分たちの業界のことよりもテクノロジーに深い関心を抱く
③ビジョナリーは、既存の製品インフラに頓着しない
④ビジョナリーは、周りを混乱させても気にしない

　いずれにしても、実利主義者がハイテク製品の購入を決断するときに、ビジョナリーを先行事例としないことがわかる。ビジョナリーを相手にして成功したIT企業が、次の段階の実利主義者に対して、これまでと同じ方法で製品を売り込もうとすると失敗する。ベンダーが「最先端技術」を宣伝したいと思っていても、実利主義者が聞きたいのは「業界標準」という言葉なのだ。ここにキャズムが存在する。

キャズムを越えるためのポジショニング

　ジェフリー・ムーアは前述のとおり、ハイテク製品を市場に浸透させていく際の最大の落とし穴は、少数のビジョナリーと呼ばれる初期採用者で構成される初期市場から実利主義者と呼ばれる初期多数派によって構成されるメインストリーム市場へと移り変わるところにあるキャズム（深い溝）であり（図1-8）、それを乗り越えられない事業者が多いと指摘する。そこで、重要なのは実利主義者の価値観と関心事に注意を払うことであり、それによってキャズムを越えるためのポジショニングを図1-9に示した。イノベーションに基づいて変遷する各カテゴリーの採用者が何に対して価値を感じているかを見出し、サービスのライフサイクルの各段階においてプラットフォームのポジショニング戦略を立てることができる。

　新たなテクノロジーが市場に浸透していくときの各顧客グループの特性は、ITマーケティング・モデルの基本となる。IT新製品の市場を拡大させていくため、図1-8のベル・カーブに従って左から右へと順に表1-3のように各顧客グループの特性に合ったアプローチをかけていくことになる。

図1-9 キャズムを越えるためのポジショニング

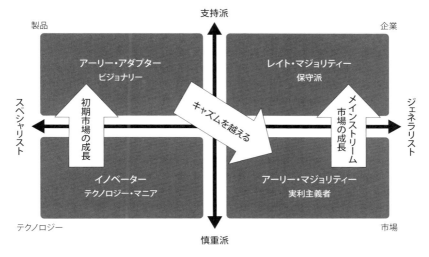

出所:G・ムーア著,川又政治訳『キャズム——ハイテクをブレイクさせる「超」マーケティング理論』翔泳社,2002年をもとに作成

表1-3 キャズムを乗り越えるための 各顧客グループへのアプローチ例

顧客グループ	各顧客グループへのアプローチ
①イノベーター	新たなテクノロジー創出に焦点を合わせた説明
②アーリー・アダプター	イノベーターの利用事例を説得材料にした製品説明
キャズム（初期市場とメインストリーム市場の間の深い溝）	
③アーリー・マジョリティー	他社（者）の導入事例や製品の実用性を説明
④レイト・マジョリティー	一般普及により業界標準になったことを説明
⑤ラガード	アプローチは不要

出所:G・ムーア著,川又政治訳『キャズム——ハイテクをブレイクさせる「超」マーケティング理論』翔泳社,2002年をもとに作成

キャズムを越えた事例

次に、キャズムを越えた2つの事例を見ていくことにする。

(1) セールスフォース・ドットコム

　セールスフォース・ドットコムは、CRM（顧客情報管理）のビジネスアプリケーションをインターネット経由でクラウドサービスとして提供している。従来は購入したソフトウェアとサーバー機器を資産として所有し、それを自社管理下にある設備に機材を設置（オンプレミス）していた形態から、自社では資産を持たず、セールスフォース・ドットコムのクラウドプラットフォームからのサービスを利用する形態へ移行するイノベーションを実行したのである。セールスフォース・ドットコムを創業したCEOのマーク・ベニオフは「ソフトウェアの終焉」を告げ、そのサービスはソフトウェア・アズ・ア・サービスと呼ばれ、のちにSaaSと略されるようになった。オンプレミス型とSaaS型の比較表を表1-4に示す。

　表1-4のようにセールスフォース・ドットコムのサービスは利用者にとっての利便性とは裏腹に、既存のITの専門家やシステムインテグレーターなどの仕事を奪うことになる。そのため、利用者を取り巻く業界全体の補完的な関係（エコシステム）に対して破壊的であったので、社内外からの抵抗を受けた。その中でセールスフォース・ドットコムは大企業や情報システム部門を狙わず、以下のセグメントを狙ったのである。

①営業担当者だけを対象とする
　それまでのソフトウェアパッケージは、企業の経営者やCIOのレベルを対象とした予算管理を目的としたものが多かった。しかし、セールスフォース・ドットコムが対象としたのはあくまでも営業担当者であり、彼らと彼らの上司が営業の進捗状況を把握することが主たる目的となる。営業担当者は情報システム部の助けがなくてもセールスフォース・ドットコムに加入することができた。

②ターゲット・カテゴリーで中位に位置している企業を対象とする
　カテゴリー内で競合するベンダーがターゲットにしている大企業は避け、大規模なIT投資が困難な企業をターゲットにした。

表1-4 オンプレミス型とSaaS型の比較表

	オンプレミス	SaaS
コスト形態	資産	経費
コスト	サーバーやソフトウェアライセンス、ネットワーク機器の購入など初期費用が高額。数年後の使用量を想定した初期投資が必要。	初期費用無料が一般的。低コストでスタートでき、必要なときに必要なだけサーバー増減が可能なため、コストを最適化しやすい。
インフラ調達期間	機器調達に、数週間から数ヵ月かかる。	アカウント登録後すぐに利用できる。Web上から、サーバー台数の増減やスペック変更などが行える。
メンテナンス	ソフトウェアのアップデートや機器のメンテナンスが必要。	ソフトウェアのアップデートや機器のメンテナンスはクラウド事業者が行うため、必要ない。
障害対応	自社で復旧作業を行う。場合によっては現地へ駆けつける。	クラウド事業者が復旧作業を行うため、インターネット越しに復旧を確認できる。
ITの専門家	システムをインストールし、稼働させるためにITの専門家やシステムインテグレーターが必要。	クラウド事業者がシステムをインストールし、稼働させるためにITの専門家やシステムインテグレーターが不要。
カスタマイズ	自前で構築するため、要望に合わせて自由にカスタマイズが可能。	カスタマイズできる範囲に制限がある。

③米国内だけを対象とする

いつでも顧客と接触し、要望を集め、それをサービスの仕様にフィードバックするためであるとともに、さらにはエンタープライズ・アプリケーションの「アーリー・アダプター」である米国の国内だけを対象にした。

④テクノロジーに詳しい業界を対象にする

イノベーティブであるにもかかわらず、IT業界内での抵抗があったため、テクノロジーに詳しく、サービスの本質を理解できるハイテク企業、通信会社、製薬会社、金融サービス会社などをターゲットにした。

営業担当者は、セールスフォース・ドットコムを心から気に入っており、彼らがここまで賞賛するサービスは過去になかった。その結果、誰かがセー

ルスフォース・ドットコムを使い始めると、それが周りの人々に伝播し、その広がりを妨げる要因は存在しなかった。このようにしてセールスフォース・ドットコムのサービスはキャズムを越えていった。セールスフォース・ドットコムの選んだセグメントの特徴は、

　・次の段階で先行事例にできるほど大きいこと
　・そのセグメントを制覇できるほど小さいこと
　・自社製品（サービス）が効果を発揮するセグメントであること

であり、カスタマーサービスやマーケティングなどを含めた複数の部門を対象とはせず、営業という1つの部門だけを対象とした。そのために、利用者が急速に広がったのであった。もし複数部門を対象としていたら、顧客企業内での承認手続きが複雑になり、現行システムの競合ベンダーに、十分な反撃時間を与えていたかもしれない。さらに、技術に詳しい米国の企業を対象として絞ったこと、そして、営業担当者は転職の頻度が高かったことから、セールスフォース・ドットコムの利用経験について語る人が業界内で増えていったのである。

(2) ヴイエムウェア

　ヴイエムウェアは、仮想化技術というイノベーションをベースにしたソフトウェアを提供するIT企業である。ヴイエムウェアの仮想化ソフトウェアを使うと、図1-10のように1つのサーバー上で2つのプログラムを同時に、互いに干渉せずに稼働させることができるし、複数のサーバーをあたかも1つの大きなサーバーのように使うこともできる。アプリケーションプログラムは現実のサーバーを意識することなく、作られた「仮想マシン」で稼働するように見えるのである。

　ヴイエムウェアの最初の利用事例は、1つのPCでウィンドウズとリナックスの両方のOSを動かしたいと思ったテクノロジー・マニアによるものだった。

　ヴイエムウェアが、PCのメンテナンス市場を狙って、インターネット経由でダウンロードできる最初の製品を発売したとき、テクノロジー・マニアはこの製品を絶賛した。ウィンドウズではうまくいかなかった、1つのPC上で

図1-10　ヴイエムウェアの仮想化技術の仕組み

〈物理環境〉

- 1台のサーバー上に1つのOSしか実行できない
- サーバーのリソースが有効に使用されないケースがある
  システムの追加＝ハードウェア＋OS＋アプリケーション

〈仮想環境〉

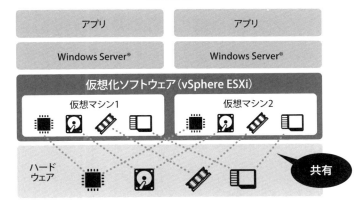

- 物理ハードウェア（CPU、メモリ、HDD等）を共有して仮想マシンを作れる
- 仮想マシン上でOSが稼働
- 仮想マシンをコピーして増やせる
- 稼働マシンは互いに影響を与えず、独立して稼働
- 1台のサーバー上に複数のOSを稼働できる
- 1つのOSを複数のサーバー上で稼働できる

出所：富士通Webページ「VMwareの仮想化」

の2つのアプリケーションの同時並行稼働は、ヴイエムウェアを使うことによってうまく処理することができた。テクノロジー・マニアは、この点を高く評価したのである。

ヴイエムウェアの次のテーマは、1つのアプリケーションを複数のサーバーで分散処理することだった。アプリケーションの負荷があまりにも高いと、1台のサーバーでは処理できなくなり、処理能力の大きいサーバーを購入せざるをえなかったが、ヴイエムウェアのソフトを使えば、2台目のサーバーがあれば、そのサーバーの余剰能力を活用できるのである。

ヴイエムウェアがキャズムを越えるためには、「現行のソリューションではうまく解決できない問題が頻繁に発生している」状況が必要であった。そして、ソフトウェア開発におけるテストの段階がヴイエムウェアのキャズムを越えるきっかけとなったのである。

ソフトウェア開発におけるテストの段階では、必ずテスト環境で本番の負荷を与えなければならない状況が生じる。そこでIT部門は本番システム並みの処理能力を持つテスト環境を構築することが必要になる。ただし、このテスト環境が必要になるのはある一定期間だけであり、そのときのために、テスト環境を作ったり元に戻したりするのは費用のかかる仕事であった。ITバブルが崩壊したあと、IT部門は少ない予算で多くの仕事をこなすことを要求されてきた。ヴイエムウェアにとって、成功の鍵がここにもあった。

すでに手元にあるハードウェアを利用できる点と、テストが終わればすぐに元の状態に戻せる点が、ヴイエムウェアのセールスポイントとなった。それがIT部門の多くのシステムアドミニストレーターに支持されたことによって、ヴイエムウェアはキャズムを越えることができたのだ。

ヴイエムウェアの次のターゲットはIT部門の管理者層に移っていった。それは手持ちのPCを仮想化し、「少ない資源で多くの仕事をこなす」ことだった。ヴイエムウェアが続いて注目を集めた特徴は「安定性」だった。まずメールサーバーがダウンしないことで、IT部門の管理者が喜んだ。その次は、「迅速性」だった。社内のIT関連業務がスピードアップされたことでCIOが喜んだ。ヴイエムウェアがキャズムを越えることができたのは、要するに、サーバーの「仮想化」が、多くの企業が採用するIT戦略となり、サーバーを配備

する際の基本要件となったためであった。

ホールプロダクト・モデル

　ハイテク・マーケティングを進めるうえで役に立つものの1つとして、ホールプロダクトの考え方がある。ホールプロダクトについては、セオドア・レビットやウィリアム・H・ダビドウなどによって、重要な概念として位置づけられている。

　ホールプロダクトの考え方は、「ベンダーが顧客に説明する製品の機能、つまり価値命題と、製品が実際に発揮する機能との間には差がある」というものである。その差を埋めるために、本来の製品に各種のサービスや補完的な製品を付け加えて、ホールプロダクトを作り出す。レビットはこのホールプロダクトを図1-11のモデルで表しており、そこではプロダクトが4つのレベルに分類されている。以下、iPadを例にとりホールプロダクト・モデルを説明する。

(1) コアプロダクト

　企業が出荷する製品そのものであり、カタログスペックに記載されている機能を発揮する。たとえば、iPadのハードウェアがコアプロダクトとなる。

(2) 期待プロダクト

　顧客が製品を購入するときに「当然こうである」と期待している機能。顧客の購入目的を「最低限満足」させなければいけない機能を持った製品やサービス。たとえば、iPadを購入するときのWi-Fi接続や携帯電話回線への接続などの通信機能まで含んだものが期待プロダクトとなる。

(3) 拡張プロダクト

　補助製品や補完サービスでそのコアプロダクトの機能を拡張できるもので、顧客がその製品を購入した目的を最大限満たす製品・サービスがこれに該当する。たとえば、iPadの、メール、ブラウザ、カレンダー、住所録、検索エ

図1-11 ホールプロダクト・モデル

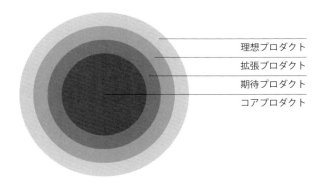

出所：T・レビット著，土岐坤訳『マーケティング・イマジネーション』ダイヤモンド社，1984年

ンジン、アプリなどが、拡張プロダクトに含まれる。

(4) 理想プロダクト

　さらに豊富な補助製品や補完サービスを用意することで、顧客がその製品を活用できる理論的な上限のことである。たとえば、iPadの利用価値をさらに高めるために、豊富なアプリが理想プロダクトの一部となっている。

　イノベーションが市場にもたらされたときには、最初はコアプロダクトが戦いの中心となる。これは、ホールプロダクトの図1-11の最も内側にある製品そのものである。このように競争の場が初期市場の場合は、コアプロダクトが主役となる。

　ところが、市場が発達し、メインストリーム市場に近づくにつれて、コアプロダクトの機能はどれも似たようなものとなり、競争の場は同心円の外側に向けて拡大していく。メインストリーム市場を支配するためには、ホールプロダクトについてさらに深い理解を必要とする。

　では、キャズムを越えることとホールプロダクトの間にどのような関係があるのかを考えてみる。市場のイノベーターやアーリー・アダプターに対してはコアプロダクトだけでも勝負できる。なぜなら初期市場のユーザーは自

分たちでホールプロダクトを構築するスキルを持ち、むしろそれを楽しむ人たちだからである。テクノロジー・マニアは新しい製品にあれこれと手を加えて自分たちに役立つものに仕上げるのが、ハイテク製品から得る大きな喜びの1つなのである。

　しかし、その製品がキャズムを越えて、マジョリティーというメインストリーム市場に入ってくると、重要となるのはコアプロダクトの機能やスペックよりも、その周辺の期待プロダクトや拡張プロダクトになるのである。実利主義者は、ホールプロダクトがいつでも利用可能であると信じており、製品の使用法を解説した書籍がどこでも手に入り、セミナーが頻繁に開かれており、ホットラインによるカスタマーサービスが充実しており、周囲の人は誰もが、使い方を熟知していることを期待している。実利主義者が必要としているのはホールプロダクトなのである。

　そして、メインストリーム市場においては、企業は期待プロダクト、拡張プロダクト、あるいは理想プロダクトを充実させるために資金を投入するほうが大きなリターンを期待できる。このように、ホールプロダクト・モデルはキャズムを越えるうえで重要な位置づけを占めている。

　ベンダーは、市場を支配するためにはホールプロダクトが重要であると認識したうえでマーケティング戦略を立てる必要がある。このとき実利主義者は、強力なマーケットリーダーが出現するまでは、どのベンダーに対しても支援の手は差し伸べないが、そのようなリーダーが現れれば積極的な支援を惜しまない。そうなると製品の標準化が促進され、現実にホールプロダクトが形成されるようになる。

　キャズムを越えるために必要なホールプロダクトを具体的にイメージしやすくするために、図1-12にホールプロダクトの簡略モデルを示す。簡略モデルはコアプロダクト（図の内側の円）と、顧客の購入の必然性に応えるために、コアプロダクトの他に必要とされるもの（図の外側の円）の2つのレベルだけである。外側の円は、受注するために顧客に暗に約束した機能であり、これは期待させた機能と言ってもよい。契約上はベンダーが後者の機能を顧客に提供する義務はないが、顧客との良好な関係を維持するためには提供するのが望ましい。

図1-12 ホールプロダクトの簡略モデル

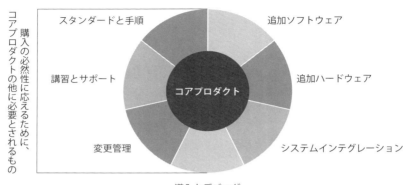

出所：G・ムーア著,川又政治訳『キャズム──ハイテクをブレイクさせる「超」マーケティング理論』翔泳社, 2002年

　特に、B2Bにおいては、外側の円の機能を提供しなければならない。ハイテク製品の評判は口コミによって伝わることが多く、「約束」を破った場合にはそれがすぐに市場の知るところとなり、製品の売れ行きに大きな影響を及ぼす。

ITインダストリーにおけるビジネスモデル

ITインダストリーにおける新たなビジネスモデル

（1）シェアリング・エコノミー

　シェアリング・エコノミーとは家、洋服、自動車など、個人所有の資産で使用していない遊休資産を他人に貸し出しする、あるいは、貸し出しを仲介

表1-5　海外におけるシェアリング・エコノミー型サービスの例

サービス名	概要
Airbnb	Webサイトで保有する住宅などの物件を宿泊施設として登録し、貸し出しできるサービス。世界190カ国超の34,000超の都市で100万超の宿を提供している。
Uber	スマートフォンのGPS機能を活用し、自動車配車Webサイトおよび配車アプリを通じ、移動ニーズのある利用者とハイヤーやタクシードライバーをマッチングさせるサービス。現在は世界70カ国超の450都市超で展開している。
Lyft	スマートフォンアプリによって移動希望者と一般ドライバーがお互いの評価を確認してからマッチングするサービス。目的地の似通う乗客と相乗りが可能な「Lyft Line」などがあり、全米65超の都市でサービスが提供されている。
DogVacay	Webサイトでペットホテルの代替となるペットシッターの登録・利用が可能なサービス。
Turo	使用されていない車を、オーナーからスマートフォンアプリを通じて借りることができるサービス。全米2,100超の都市および300超の空港で利用できる。
TaskRabbit	家事や日曜大工等の作業をアウトソーシングするためのWebサービス。
Prove Trust	シェアリング・エコノミーにおける貸主と借主の信頼関係を一括で管理できるWebサービス。

出所：総務省「社会課題解決のための新たなICTサービス・技術への人々の意識に関する調査研究」平成27年をもとに作成

するサービスのことである。近年、欲しいものを購入して所有するのではなく、必要なときに借りればよい、他人と共有すればよいという考えを持つ人やニーズが増えており、そのような人々と、所有物を提供したい人々をマッチングするインターネット上のサービスが注目を集めている。

シェアリング・エコノミーの草分けともいわれるのが、2008年に開始された「Airbnb（エアビーアンドビー）」である。

シェアリング・エコノミーはその他にもさまざまなサービスが登場している。表1-5に主なサービスを示す。

① Airbnb

Airbnbは、空き部屋や宿泊施設等の物件の貸借をWebサイトにて、オンラインで仲介するプラットフォームである。個人と法人の両方が利用でき、オフィススペースから戸建て住宅、マンション、アパートから個人が所有する部屋まで幅広い物件が登録されている。

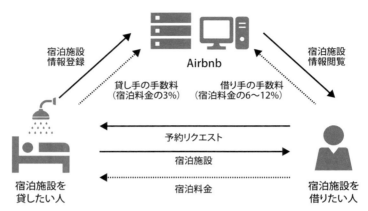

図1-13 Airbnbのサービスイメージ

出所：総務省「社会課題解決のための新たなICTサービス・技術への人々の意識に関する調査研究」平成27年をもとに作成

　Airbnbとは、図1-13のように、空き部屋などの宿泊施設を短期間で貸したい人と、旅行などで宿泊施設を借りたい人をマッチングするサービスである。貸し手はAirbnbに宿泊施設情報を登録し、借り手はAirbnbで、宿泊したい地域を検索し、日程や条件が一致した場合には賃料を支払って宿泊の約束をとることができる。Airbnbは貸し手からも手数料をとることで収益を得ている。サービスはSNSに近く、詳細な情報のやりとりは基本的に貸し手と借り手との間で直接行うことになっている。

　Airbnbはいわゆる民泊の仲介サービスであり、商用のホテルでは経験できないような個人所有の建物に宿泊でき、ローカル色の強いコミュニケーションが図れる他、商用サービスよりも宿泊費用が安いことなどから、利用者が増えている。

②Uber

　Uberとは、米国のUber Technologies Inc.が運営するオンライン配車サービスである。専属ドライバーではなくUberにドライバー登録を行った提携ドライバーと配車を依頼している利用者をマッチングして配車を手配する、「ライドシェア」の先行サービスとして知られている。

図1-14　Uberのサービスイメージ

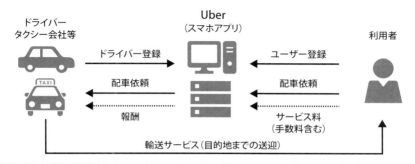

出所：総務省「社会課題解決のための新たなICTサービス・技術への人々の意識に関する調査研究」平成27年をもとに作成

　図1-14のように利用者がUberのアプリを使って、配車を依頼すると、スマートフォン等のGPS機能からその位置情報が割り出され、その近くを走行している提携ドライバーを呼び出せるようになっている。商用のタクシーがあまり通らないような場所でも、提携ドライバーがいれば手軽に配車をしてもらうことができる。Uberは利用者から手数料を含むサービス料を徴収し、手数料を差し引いた報酬を提携ドライバーに払う。

　Uberは2009年に米国で設立され、2010年にサンフランシスコでサービスを開始した。事業は急激に成長し、2011年に世界展開を始めた。各国、各地域のタクシー会社、ハイヤー会社、そして個人のドライバーとも提携をしており、利用者はスマートフォンのアプリから配車の依頼をすることができる。

　同サービスでは、ユーザーが安心かつ便利に利用できるように「過去の利用者が行った運転手の評価データ」、「クレジットカードを事前に登録したうえでの運賃の電子決済」、「同乗者と割り勘ができる決済」などの機能を提供している。

③Prove Trust

　シェアリング・エコノミー型サービスでは個人と個人との信頼関係が重要である。そのため、シェアリング・コミュニティでの実績や信用は、他のシェアサービスにも役立てることができ、優良なシェアラーとしてのキャリア

図1-15　トラストスコアの算定方法

SNSなどのアカウント
- Facebook
- Craigslist
- Airbnb
- eBay
- 結婚恋愛サイト
- ビットコイン

各スコアの算出
- リアルスコア
  （公開情報の信憑性）
- ソーシャルスコア
  （各SNSの利用状況）
- フィードバックスコア
  （取引相手からの評価）

全スコアを集計した最終的な個人信用度
- トラストスコア

出所：Japan Business News Letterをもとに作成

が長い人ほど、好条件でさまざまなシェアリングができるようになる。Prove Trustはそうしたシェアリング・コミュニティ上の信用を一括管理できるシステムを構築しており、Prove Trustのサイトで、Facebook、Craigslist、Airbnb、eBay、仮想通貨ビットコインの利用歴などから、そのユーザーがどれだけ信頼できる人物かをスコア化できるようにしている。

　評価の内容は、図1-15にあるように、その人のプロフィールの信憑性を示す「リアルスコア」、どれだけソーシャルネットワークを使いこなしているのかを示す「ソーシャルスコア」、過去に個人取引をした他ユーザーからの評価状況を示す「フィードバックスコア」を算定し、すべてのスコアを集計して最終的な信頼スコア「トラストスコア」を出すようになっている。

(2) FinTech

　FinTech（フィンテック）とは、金融（Finance）と技術（Technology）を組み合わせた造語で、金融サービスと情報技術を結びつけたさまざまな革新的な動きを指す。身近な例では、スマートフォンなどを使った送金などもその1つである。

　米国では、FinTechという言葉は、2000年代前半から使われていた。その後、リーマンショックや金融危機を経て、インターネットやスマートフォン、AI（Artificial Intelligence、人工知能）などを活用したサービスを提供する新しい金融ベンチャーが次々と登場した。

　たとえば、資金の貸し手と借り手を直接つなぐ企業や、Eコマースと結び

図1-16　中央管理と分散管理するシステムのイメージ

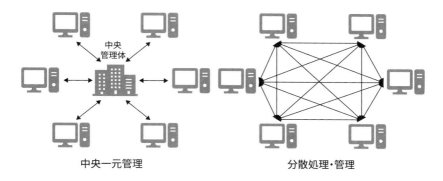

中央一元管理　　　　　　　　分散処理・管理

出所：総務省「IoT時代における新たなICTへの各国ユーザーの意識の分析等に関する調査研究」平成28年

ついた決済サービスを提供する企業がある他、ベンチャー企業が決済などの金融サービスに参入する動きも増えている。

　これまで金融サービスが十分普及していなかった途上国や新興国でも、スマートフォンを利用した金融サービスが急速に広がる動きが進んでいる。さらに、ビットコインのような仮想通貨や、ブロックチェーンのような分散型台帳技術といった新しい技術も登場している。

　分散型台帳技術はビットコインを支える技術として考案され、複数の参加者が同じ帳簿を共有する分散型での管理を可能とする技術である。ブロックチェーンは、その技術の1つで、改ざんを困難とする効果も持っている。

　従来の金融インフラは、中央の管理体の周辺に個別のシステムがつながる仕組みであり、すべての取引データは中央の管理体に集められ、一元的に管理されていた（図1-16左）。それに対し、ブロックチェーン技術などの分散処理技術は、中央に特定の帳簿管理体を設置せずに、個々の端末の間で情報をやりとりすることが可能である（図1-16右）。また、中央管理体を設置する従来のシステムでは、管理体に不具合があった場合にすべてのシステムが停止してしまう可能性があったが、分散管理・処理を行うことで、ネットワークの一部に不具合があったとしても、全体としてのシステムを維持することができる。

表1-6 中央一元管理のFinTech（決済・送金）の例

決済名	概要
ApplePay	Appleの電子財布および非接触型決済サービスである。顧客自身のクレジットカード情報をiPhone等にあらかじめ登録しておく。iPhone等をかざして指紋認証ボタンをタッチすることで決済が可能。決済の際のセキュリティは、iPhone等の端末アカウント番号とその取引にのみ有効なセキュリティコードが送信される。
Google Pay	Googleが提供するAndroidスマートフォン向けのデジタルウォレットサービスである。クレジットカードやデビットカードを登録することで、Androidを搭載した端末を通じて実店舗やアプリ内で決済できる。OS4.4以上から利用できる。
PayPal	PCなどで電子メールアカウントとインターネットを利用した決済サービス。個人のカードや口座番号を相手先に知らせることなく決済が可能。同社によると、世界で2億人以上の利用者がおり、1,500万以上の店舗で使える。
Square	SquareRegisterなどのアプリケーションやサービスを提供。スマートフォンやタブレットにリーダーを差し込むことで顧客のクレジットカードの決済が可能となる。取引情報は暗号化されスマートフォン等を介して米国Squareのサーバーに送られる。
Coiney	スマホやタブレットのイヤホンジャックに専用リーダーを差し込むことで、クレジットカードの決済が可能となる。決済の情報はすぐに日本コイニーのクラウドに反映され、いつでも確認することができる。
アリペイ	中国におけるアリババ集団傘下の決済サービス提供企業である、アリペイによるサービス。購入者の支払金をアリペイが一旦預かり、購入者が商品を確認し問題がなければ販売者に決済・支払いを行う。同サービスの利用者は8億人以上であるとしている。
WeChatPay	中国大手メッセージサービス「微信（ウィーチャット）」上で利用できる個人間送金サービスである。ユーザーのスマホに表示されたQRコードを、店舗の端末で読み取るか、店舗のQRコードをユーザーが読み取って金額を入力する簡易なシステムで、デパートやスーパーから、タクシー、道端で傘や果物を売る露天商まで対応している。

出所：総務省「IoT時代における新たなICTへの各国ユーザーの意識の分析等に関する調査研究」平成28年をもとに作成

　決済・送金サービスを行う事業者を大別すると、表1-6のように、中央一元管理で、決済サービスを主要事業とするPayPal、モバイルの事業と関連させ決済サービスを提供するApple、Google、クレジット決済について従来中小企業・個人事業主等の導入障壁となっていた手数料をICTによる効率化によって低廉なものにしたCoiney、Squareなどが挙げられる。また、現在、現金決済が中心の国での新たな決済手段として、アリペイの提供する非現金決済サービスなどの導入が進められている他、テンセントは個人間送金システ

ムをウィーチャット上で行っている。

　技術的観点から注目される動向として、ブロックチェーン技術に代表される分散処理技術が挙げられる。ブロックチェーン技術とは「ビットコイン」等の仮想通貨に用いられている基盤技術であり、一定時間内の取引を1つのブロックにまとめ、ブロック単位で取引を承認していく。この承認作業について、プルーフ・オブワークと呼ばれる仕組みによって、改ざんや不正が実質的に不可能な環境を実現したのが画期的な点である。仮想通貨の取引では分散型ネットワーク上で、特定の処理サーバーを持たずに取引の処理が行われる。このネットワークには管理者が不在であるが、それにもかかわらず、不正を阻む、堅牢な価値取引の仕組みができ上がっている。

(3) IoT＋ビッグデータ＋AIモデルなど

①ビッグデータの定義および範囲

　スマートフォンやセンサー等の関連機器のデジタル化、高性能化、低価格化などに加え、クラウドの普及や通信コストの低減によりIoT（Internet of Things）があらゆる分野に広がりつつある。スマートフォン等を通じた位置情報や行動履歴、インターネットやテレビによる利用者の嗜好に関する情報、また小型化したセンサー等から得られる膨大なビッグデータを効率的に収集・共有できる環境が整いつつある。さらにこれらのデータを分析、処理するデータサイエンティストをAI（人工知能）が支援することで、大量のデータを効率よく扱うことが可能となる。これらのデータの種類は消費者の特性などに関わるB to Cのみならず、工場や運輸などのB to Bに関わるデータへと爆発的に拡大している。

②スマートスピーカーの事例

　IoT＋ビッグデータ＋AIを組み合わせて、スマートホームを実現するポータル（入口）を奪いあう競争が始まっている。スマートホームとは、家庭内の電化製品や情報家電などをネットワークでつないで一括管理し、AIを取り入れて、音声で機器を操作することにより、これらをコントロールして快適なライフスタイルを実現する住宅である。

図1-17 スマートスピーカーのビジネス基盤

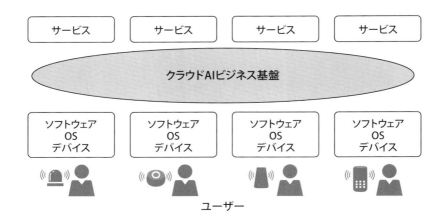

　この競争の覇者になると、ユーザーの思考や行動に関するビッグデータがクラウドAIビジネス基盤に蓄積される。このビッグデータを解析し、ユーザーの嗜好に合わせたパーソナライズやユーザーの行動を先回りしておもてなしをすることが可能になる。そうするとユーザーはAIアシストなしでは生活できなくなるのである。

　図1-17のように「クラウドAIビジネス基盤」はユーザーにつながる自社・他社のデバイスの種類を増やし、ユーザーの利用を促すサービスを拡充していく。そして、指数関数的に増えるユーザー数や音声データをAIに機械・深層学習させ、「音声認識・合成・サービスの質」を向上させていくのである。表1-7はスマートスピーカーに参入した「クラウドAIビジネス基盤」を持つ企業である。

　たとえば、Googleは音声での情報検索、Appleは音声での音楽ジュークボックス、Amazonは音声での買い物、LINEは音声でのコミュニケーションというように、各社それぞれ既存のビジネスの強みと相乗効果のあるサービスに力を入れている。スマートスピーカーから家電製品や自動車までが「クラウドAIビジネス基盤」につながり、音声によるサービスが拡大していくのである。

表1-7　スマートスピーカーに参入した「クラウドAIビジネス基盤」を持つ企業

	Google	Apple	Amazon	LINE
プラットフォーム	Google Assistant	Siri	Alexa	Clova
自社スピーカー	Google Home	HomePod	Echo	Clova WAVE
他社への公開	SDK, API「Google Assistant Built-in」	API（HomeKit）	SDK, API（Alexa Skills）「Alexa Voice Service」	SDLとAPI「Clova Inside」
バリュー・ネットワークの強化	検索エンジン、Googleカレンダー、Google翻訳、gmailなどのプロセスを統合	Apple Musicや高音質ストリーミング音楽サービスなどのプロセスを統合	ネット通販における検索、注文、提供などのプロセスを統合	大規模メッセージシステムにおけるコミュニケーションプロセスを統合

　このようにAIアプリケーションが現実社会に出てきたことで、産業領域で破壊的なイノベーションが起きつつある。

演習問題

問題1. クレイトン・クリステンセンの『イノベーションのジレンマ』における、「持続的イノベーション」と「破壊的イノベーション」の違いを明確に述べよ。

問題2. 組み合わせ（モジュラー）製品と擦り合わせ（インテグラル）製品に該当する製品はどれか。
　A. 乗用車
　B. スマートフォン
　C. パソコン
　D. エアコン

問題3. エベレット・ロジャーズの『イノベーションの普及』において5つのカテゴリーに区分される採用者のグループを普及する順に並べ、ジェフリー・ムーアの「キャズム（新製品がブレークすることを妨げている深い溝）」の位

置を示せ。

演習問題解答

解答1.「持続的イノベーション」は、すでに顧客が価値を認めている技術を継続的な機能改善などで維持することである。優良企業が成功事業を守るために用いる保守的なイノベーションである。

　それに対して「破壊的イノベーション」は攻めのイノベーションであり、優良企業の高価格で複雑な商品に対し、低価格で簡易な商品を実現する「ローエンド型破壊的イノベーション」と、今までにないまったく新しい価値観に基づいた「新市場型破壊的イノベーション」がある。

解答2.　組み合わせ製品はBとC、擦り合わせ製品はAとD

　Bのスマートフォンも C のパソコンも部品間のインターフェイスが標準化されており、複数のメーカー（モジュールメーカー）に標準の仕様（デザイン・ルール）を提示することで、最も良い部品を調達し、組み合わせるだけで製品を作ることができる。その一方で、A の乗用車も D のエアコンも部品間のインターフェイスが特殊でメーカーごとに異なるため、新製品ごとに組み立てメーカーと部品メーカーの間で、擦り合わせが必要となる。

解答3.『イノベーションの普及』において新製品を採用する5つのグループは採用する順に「イノベーター」、「アーリー・アダプター」、「アーリー・マジョリティー」、「レイト・マジョリティー」、「ラガード」である。

　そして、キャズム（深い溝）は「アーリー・アダプター」、「アーリー・マジョリティー」の間に位置し、イノベーションの普及を妨げるのである。

【参考文献】

Chesbrough, Henry William, *Open Innovation: The New Imperative for Creating and*

Profiting from Technology, Harvard Business School Press, 2003（大前恵一朗訳『OPEN INNOVATION——ハーバード流イノベーション戦略のすべて』産業能率大学出版部，2004 年）

Christensen, Clayton M., *The Innovator's Dilemma: When New Technologies Cause Great Firms to Fail*, Harvard Business School Press, 1997（玉田俊平太監修，伊豆原弓訳『イノベーションのジレンマ——技術革新が巨大企業を滅ぼすとき　増補改訂版』翔泳社，2001 年）

Clark, Kim B. and Takahiro Fujimoto, *Product Development Performance: Strategy, Organization, and Management in the World Auto Industry*, Harvard Business School Press, 1991（田村明比古訳『増補版　製品開発力——自動車産業の「組織能力」と「競争力」の研究』ダイヤモンド社，2009 年）

Day, George S. and Paul J. H. Schoemaker, *Wharton on Managing Emerging Technologies* John Wiley & Sons, 2000（小林陽太郎監訳，黒田康史，鈴木益恵，村手俊夫，大塔達也，田中喜博訳『ウォートンスクールの次世代テクノロジー・マネジメント』東洋経済新報社，2001 年）

Drucker, Peter F. *Innovation and Entrepreneurship*, Routledge, 1985（上田惇生訳『イノベーションと企業家精神　エッセンシャル版』ダイヤモンド社，2015 年）

Dyer, Jeff, Hal Gregersen, and Clayton M. Christensen, *The Innovator's DNA: Mastering the Five Skills of Disruptive Innovators*, Harvard Business Review Press, 2011（櫻井祐子訳『イノベーションのDNA——破壊的イノベータの5つのスキル』翔泳社，2012 年）

Levitt, Theodore, *The Marketing Imagination*, Free Press, 1983（土岐坤訳『マーケティング・イマジネーション』ダイヤモンド社，1984 年）

Moore, Geoffrey, *Crossing the Chasm: Marketing and Selling Technology Products to Mainstream Customers*, HarperCollins Publishers, 1995（川又政治訳『キャズム——ハイテクをブレイクさせる「超」マーケティング理論』翔泳社，2002 年）

Raynor, Michael E. and Clayton M. Christensen, *The Innovator's Solution: Creating and Sustaining Successful Growth*, Harvard Business Review Press, 2003（玉田俊平太監修，櫻井祐子訳『イノベーションへの解』翔泳社，2003 年）

Rogers, Everett M., *Diffusion of Innovations*, 5th Edition, Free Press, 2003（三藤利雄訳『イノベーションの普及』翔泳社，2007 年）

Schumpeter, Joseph A., *Theorie der wirtschaftlichen Entwicklung*, Harper Perennial, 1962（塩野谷祐一，東畑精一，中山伊知郎訳『経済発展の理論──企業者利潤・資本・信用・利子および景気の回転に関する一研究〈上〉』岩波文庫，1977年）

カデナクリエイト著，池本正純監修『図解＆事例で学ぶイノベーションの教科書』マイナビ，2015年

伊達邦春，玉井竜象，池本正純著『シュンペーター経済発展の理論』有斐閣，2011年

日経ビッグデータ『この1冊でまるごとわかる　人工知能&IoTビジネス実践編』日経BP社，2017年

日本経済新聞 朝刊2018年10月16日

Japan Business News Letter：2014年8月 https://www.jnews.com/world/2015/002.html

総務省「IoT時代における新たなICTへの各国ユーザーの意識の分析等に関する調査研究」平成28年

総務省「社会課題解決のための新たなICTサービス・技術への人々の意識に関する調査研究」平成27年

総務省「平成27年版情報通信白書のポイント」本編第2部第4章第2節「ソーシャルメディアの普及がもたらす変化」http://www.soumu.go.jp/johotsusintokei/whitepaper/ja/h27/html/nc242110.html

総務省「平成28年版情報通信白書のポイント」本編第1部第3章第1節「IoT時代の新たなサービス」http://www.soumu.go.jp/johotsusintokei/whitepaper/ja/h28/html/nc131120.html

総務省「平成29年版情報通信白書のポイント」本編第1部第1章第1節「スマートフォン社会の到来」http://www.soumu.go.jp/johotsusintokei/whitepaper/ja/h29/html/nc111110.html

富士通　Webページ：「VMwareの仮想化」2019年3月 http://www.fujitsu.com/jp/products/computing/servers/primergy/software/vmware/technical/virtual/

第2章 オペレーションズ・マネジメント
Operations Management

この章のキーワード

- オペレーションズ・マネジメントの定義と位置づけ
- オペレーションズ・マネジメントの目的と意思決定プロセス
- プロジェクトに関するマネジメント
  プロジェクトマネジメント・ガントチャート・WBS・PERT・CPM
- 製品設計・生産に関するマネジメント
  価値工学・ライン生産方式・セル生産方式・ジャストインタイム・TOC
- サプライチェーンに関するマネジメント
  SCM・ブルウィップ効果・延期の原理
- コストに関するマネジメント
  活動基準原価計算・スループット会計

この章で何を学ぶか

　この章では、オペレーションズ・マネジメントについて学んでいく。オペレーションの語義を調べると、「作業、業務、活動」などの意味が出てくる。企業経営における「作業、業務、活動」とは、製品の製造やサービスの開発など現場における日常の企業活動を指し、オペレーションズ・マネジメントではその活動を管理する理論や手法について学ぶ。いわば、現場の企業活動に焦点を当てた実学である。経営に関連する科目で構成されるMBAの中で、現場に着目するオペレーションズ・マネジメントは異色の領域といえる。実際に、書店でMBAに関する書籍を手に取ってみるとオペレーションズ・マネジメントを取り上げるものは、経営戦略やマーケティング、ファイナンスといった領域と比べるとそれほど多くない。しかし、どのような企業にもオペレーションは存在する。そして、どれだけ優れた戦略を立てても、それを実行するオペレーションがなければ、良い結果を生み出すことはできない。したがって、MBAにおいてオペレーションズ・マネジメントが重要な位置づけであることは自明の理である。

　ただし、MBAで取り上げられるオペレーションズ・マネジメントの理論や手法は、入門的要素が強い。なぜならMBAの目的は、優れたエンジニアを育てることではなく、製造やサービスの提供のプロセスを理解し適切に意思決定をすることができるマネジャーを育成することだからだ。そこで本章では、オペレーションズ・マネジメントのこれまでの発展過程において、特に代表的な理論や手法を取り上げ、MBAに必要な基本的考え方を伝えることに重点を置いて進めていく。

オペレーションズ・マネジメントの基礎知識

　まずは、オペレーションズ・マネジメント（Operations Management）は何かという基本的な内容を押さえたうえで、MBAにおけるオペレーションズ・マネジメントの役割を述べていく。特に、企業活動の全体最適を目指し、持続的に成長するための企業経営において、このオペレーションズ・マネジメントが大きな役割を果たす。その点を踏まえて、以下を確認していこう。

オペレーションズ・マネジメントの定義と位置づけ

　オペレーションズ・マネジメントを理解するうえで、まずはその発展の経緯を確認しておきたい。オペレーションズ・マネジメントで取り上げる理論や手法の多くは、もともと軍事面から発生しており、第2次世界大戦後に企業経営に転用されるようになった。第2次世界大戦時、米国では軍事関係者の他に統計学者や心理学者が参加し、軍の方針、作戦、編制に関する議論を活発に行っていた。多くの専門家が議論に参画することで、多角度から知見が出され、より深い分析や洞察を可能にしていたのである。その結果、軍事の拠点の位置や地形、敵の武装兵力、味方の士気、天候、気温など、さまざまな条件を考慮し、軍の生産性を高めるために、統計的・科学的な視点から解が導き出されていった。このようにさまざまな条件を考慮し、分析を通じて全体最適となる解を導き出すという方法論が、のちに企業経営に役立てられるようになり、オペレーションズ・マネジメントとして産業界に浸透していったのである。その経緯を考慮し、この章ではオペレーションズ・マネジメントを「統計的、科学的な方法を企業運営に適用し、製品やサービスを生み出す際の生産性を高めるための管理」と定義し、進めることとする。

　次にMBAにおけるオペレーションズ・マネジメントの位置づけについて整理しておきたい。オペレーションズ・マネジメントは、軍事作戦に端を発す

るその成り立ちから統計的や科学的な数量分析手法としてフォーカスされることがある。また、企業経営に転用されるようになってからは多くの理論や手法が生産現場で生み出されたり精緻化されたりしていったことから、生産管理と同義で使われることもある。

しかし経営に主眼を置くMBAでは、オペレーションズ・マネジメントは数量分析や生産管理といった枠を超えて、経営全体をどのように最適化するかという全社的な視点で最適を実現することを目的とすべきである。したがってその適用領域は、プロジェクト管理、製品設計の管理、生産管理、輸配送管理、コスト管理など多岐にわたるのである。

オペレーションズ・マネジメントの目的と意思決定プロセス

適用領域が多岐にわたるオペレーションズ・マネジメントの目的とは何だろうか。あらゆる場面で経営者に求められることの1つに、生産性の向上が挙げられる。オペレーションズ・マネジメントにおいて、生産性とは「Input（投入量）に対するOutput（産出量）の割合」で考えられる。

$$生産性 = \frac{Output（産出量）}{Input（投入量）}$$

通常、Outputには生産量、生産金額または付加価値を用いることが多く、Inputには労働量、投入資本、設備、原材料などの経営資源を用いることが多い。経営資源を有効活用して高い生産性を実現するためには、生産活動を測定し、生産活動が効率的に進められているかどうかを評価する必要がある。そのときのバロメータとなるのが生産性の指標である。最適な解を導き出すさまざまな理論や手法を活用しながら、この生産性を高めていくことが、オペレーションズ・マネジメントの目的といえる。

それでは生産性を高めるために、具体的に何をするのか。ここで重要になるのが、各理論や各手法は、あくまでも手段にすぎないということである。それらに基づいて最適な解を導き出した先に、全社的な視野から意思決定をすることで、はじめて生産性の向上に結びつくのである。オペレーションズ・

図2-1　オペレーションズ・マネジメントを活用した意思決定プロセス

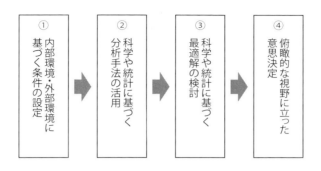

① 内部環境・外部環境に基づく条件の設定 → ② 科学や統計に基づく分析手法の活用 → ③ 科学や統計に基づく最適解の検討 → ④ 俯瞰的な視野に立った意思決定

マネジメントにおける意思決定プロセスは、図2-1のとおりである。

このプロセスを身近な例で考えてみよう。かつては自動車に乗ってどこかに出掛けるときに地図を広げながら道を探して計画を立てるのも楽しみの1つだったが、今はカーナビがすべてをやってくれる。カーナビは、現在地から目的地に向けて、「高速道路を利用するか」「渋滞を勘案するか」「実質距離と時間距離のどちらを優先するか」などさまざまな環境条件を考慮する（①）。そのうえで、プログラミングされた分析手法を用い（②）、最適なルートの候補を示すのである（③）。カーナビによっては、複数のルートを提示してくれるだろう。距離優先のルート、時間短縮優先のルート、料金優先のルートなどから、ドライバーは自分にとって生産性を高めてくれる最適なルートを選択するのである（④）。ここでいう生産性とは、たとえば「Output（距離）／Input（時間）」かもしれないし、「Output（距離）／Input（キャッシュ）」かもしれない。ドライバーの戦略によって、重視すべき生産性の指標も変わるのである。

このようにドライバーにとってカーナビが最適なルートを決定するための便利なツールであるように、経営者にとってオペレーションズ・マネジメントの各手法や各理論は、意思決定を補完するための手段である。そして、全体最適に導く意思決定を行うためには、企業の経営戦略に適合しているかを常に確認しながら、検討する必要があるのである。

プロジェクトに関するマネジメント

　ここからは、具体的なオペレーションズ・マネジメントの理論や手法を見ていく。最初にプロジェクトに関するマネジメント理論・手法を取り上げる。現代の企業経営においてプロジェクトを管理することが重要であることは、言うまでもない。なぜなら、プロジェクトはあらゆる部署や部門において組まれていると同時に、イノベーションが求められる現在において部門横断的な取り組みの重要性が増しているからである。ここでは、プロジェクトマネジメント（PM：Project Management）の概要を押さえたうえで、代表的な手法であるガントチャート（Gantt Charts）やWBS（Work Breakdown Structure）、PERT（Program Evaluation and Review Technique）、CPM（Critical Path Method）を見ていこう。

プロジェクトマネジメント（PM：Project Management）

　そもそもプロジェクトとは何か。プロジェクトマネジメント協会（PMI：Project Management Institute）は、プロジェクトを「独自の製品、サービス、所産を創造するために実施される有期性の業務」と説明している。企業における通常の業務が繰り返されるものであるのに対し、プロジェクトは有期的で非反復的であることが特徴である。つまり、今までやったことがないことを期限までに成功裏に終わらせる必要があり、そこに難しさがある。その点を克服するために生まれたのがプロジェクトマネジメントの概念である。

　プロジェクトマネジメントとは、「プロジェクトの要求事項を満たすため、知識、スキル、ツールおよび技法をプロジェクト活動へ適用すること（PMI）」である。実際の業務におけるプロジェクトマネジメントはその複雑さから、コンピュータで行うことが大半であるが、プロジェクトに不備が生じたときにどこに問題があるかを突き止め、適切に対処するためには、そのベースと

図2-2　ガントチャートのイメージ

	4/1	4/2	4/3	4/4	4/5	4/6	4/7	4/8	4/9	4/10	4/11	4/12
作業A	■	■										
作業B			■									
作業C				■	■							
作業D				■								
作業E				■	■	■						
作業F						■	■	■				
作業G									■	■		
作業H										■	■	

なる考え方を知っておくことが不可欠である。以下で4つの基本的な手法について取り上げる。考え方を理解することに主眼を置いて読み進めてほしい。

ガントチャート（Gantt Charts）

　多くの現場で活用されている代表的な手法はなんといってもガントチャート（Gantt Charts）だろう。ガントチャートとは、日程計画や日程管理などのために活用される代表的な図表の1つであり、1900年代初頭に米国の科学者であるガント（H. Gantt）によって考案された。ガントチャートは、縦軸に実行すべき作業や工程を並べ、横軸を時間軸としてそれらの所要期間（時間）を表すものである。これによって、作業の順序と期間（時間）をビジュアルでわかりやすく捉えられるようにした図表である（図2-2）。

WBS（Work Breakdown Structure）

　ガントチャートと並んで、多くのプロジェクトマネジメント理論や手法に取り入れられているのが、WBS（Work Breakdown Structure）である。WBSとは、プロジェクトを遂行する際に目標を設定したうえで階層的に管理

できる作業に分割してコントロールする手法であり、1950年代からプロジェクトマネジメントの古典的な方法として広く活用されている。

WBSの一般的な手順は、「①プロジェクトの目的を決める→②顧客に提供する製品、サービス、結果などの成果物を具体的に決める→③要素成果物、中間成果物のための項目、および全成果物に共通する横断的な作業項目を漏れなく特定する→④手順②と③の各項目を、さらにブレークダウンし、各要素の業務量とコストがコントロールしやすい大きさになるまで分解を続ける」である。一般にWBSでは、「LEVEL1：プロジェクト（project）」「LEVEL2：主要なタスク（task）」「LEVEL3：サブタスク（subtask）」「LEVEL4：アクティビティ（activity）」という順にブレークダウンする。

たとえば身近な例で考えてみよう。米国において国防総省の初期のWBS概念を反映したソフトウェア開発にも参画していたホーガン（G.Haugan）は、前述した手順①〜④を提示したうえで「車庫プロジェクト（Garage Project）」の例でWBSを説明している。プロジェクトの目的は、「新車のために既存のスペースに1台分の車庫を立てて植栽し、車庫内と外に灯りをつけて水道の配管をすること」である（①）。この場合、成果物は「車庫と植栽」となる（②）。そして、③と④の手順を実際に進めるのである。その結果は、表2-1のとおりである。

また図2-3は、マイクロソフト社のWindows8のOSの開発におけるWBSの例である。LEVEL1のプロジェクトスコープは「Windows8 OSの開発」となり、LEVEL2の主要タスクスコープは、「ソフトウェア設計」「コストマネジメント計画」「システムテスト」である。ソフトウェア設計タスクの下には、LEVEL3のサブタスクスコープとして「GUIsの開発」「以前のバージョンとの互換性の保証」が存在している。互換性の保証の下にはさらにLEVEL4のアクティビティスコープとして「Windows7との互換性」「Windows Vistaとの互換性」「Windows XPとの互換性」が設定されている。このように、ブレークダウンを繰り返し、プロジェクトを構成する各作業の構造上の関係性を体系化するのである。

表2-1 車庫プロジェクトのWBSの例

LEVEL1	LEVEL2	LEVEL3	LEVEL4
車庫プロジェクト	植栽と整地	道路	
		植栽	
	車庫	材料	
		基礎	
		壁	羽目板
			窓
			車庫のドア
			サービスドア
			組み立て
		屋根	トラス
			被覆
			雨どいと排水管
		電気・水道	電気
			水道
	プロジェクトマネジメント	建設計画	
		許可申請	
		検査	
		資金調達	
		下請け	

※「プロジェクトマネジメント」は、成果物すべてに共通する補佐的な作業を指す。
出所：Haugan, Gregory T., *Work Breakdown Structures for Projects, Programs, and Enterprises*, Berrett-Koehler Publishers, 2008をもとに作成

PERT（Program Evaluation and Review Technique）

　PERT（Program Evaluation and Review Technique）は、1950年代にソ連との冷戦状態にあった米国が艦船用ミサイルの開発計画にあたり、どのように進行すればより早く開発できるかを考え編み出されたプロジェクト管理手法である。プロジェクトを管理する際、ゴールまでの作業順序を細分化して図式化すればコントロールしやすい。PERTとは、そのプロジェクトを構成する作業をアクティビティ（activity）と呼び、その順番と所要時間を明らかにし、それらをアローダイヤグラム（arrow diagram）で整理したPERT図で

図2-3　Windows8のOSの開発におけるWBSの例

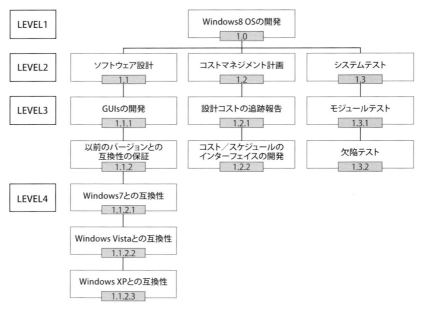

出所：Gray, C. F. and E. W. Larson, *Project Management: The Managerial Process with MS Project*, McGraw-Hill Education, 2013, Irwin./Heizer, J., and B. Render, *Operations Management*, Pearson, 2014

表したうえで管理を進める手法である。各アクティビティの最早開始時刻（ES：Earliest Start）と最遅開始時刻（LS：Latest Start）を計算することで、管理の質を向上させることが大きな特徴の1つである。

　それでは、PERT図作成のルールについて見ていこう。

①各工程をアロー（arrow →）で表し、アローから次のアローへの間をノード（node ○）で結んで表す。このアローが各アクティビティであり、ノードは前のアクティビティの完了を指すとともに、次のアクティビティの開始を表す（図2-4）。

②次のアクティビティを開始するためには、そのアクティビティのアローが伸びているノードに入ってくる先行アクティビティが全部完了している必要がある。

③ノードに入ってくるアローは複数でもいいが、同じノードから入ってくる

図2-4 アローダイヤグラムにおけるアローとノードの例

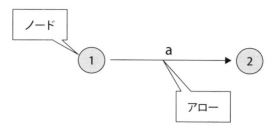

※アローの上のaはアクティビティの種類を、ノード内の数字はノード番号を示す。

　アローは1本に限定する。つまり、ノードとノードの間は、1本のアローのみとする。

　このようにアローダイヤグラムを用いてPERT図を作成する際は、各アクティビティの所要時間の算出が必要になる。各アクティビティの所要時間は、従事する担当者や機械設備などの状況によって変化する。そこで、妥当な所要時間を見積もるための代表的な手法として、3点見積法を活用する。3点見積法とは、楽観的推定時間（the most optimistic time）と妥当推定時間（the most likely time）、悲観的推定時間（the most pessimistic time）から、作業推定時間を算定する手法である。楽観的推定時間はすべての作業が予定通り順調に進んだ場合の推定時間であり、妥当推定時間はこれまでの経験から導き出す最も妥当な推定時間である。また悲観的推定時間は、工程の途中でトラブルが発生することを見越して推定される最長の推定時間を表す。

　所要時間は、一般的には妥当推定時間に重みを置き、「（楽観的推定時間＋4×妥当推定時間＋悲観的推定時間）÷6」で算出する。このように導き出された各アクティビティの所要時間と、先行関係に基づきPERT図を作成していくのである。

〈ケーススタディ〉PERT図作成

　それでは、実際にPERT図を作成してみよう。たとえば、以下の表2-2のとおりアクティビティの先行関係と、所要時間が算出されているとする。

表2-2 アクティビティの先行関係・所要時間表

アクティビティ番号	a	b	c	d	e	f	g
所要時間（h）	30	15	20	10	25	15	15
先行アクティビティ		a	b	b	c	d	e、f

①アクティビティの先行関係と所要時間を表す図の作成

　表2-2をもとに完成した図が、図2-5である。ノード0からアクティビティaのアローが伸び、ノード1へと流れ込む。aの所要時間は30hであることから、aのアローの下に30と記載する。bの先行アクティビティはaであることから、aが完了したノード1からbのアローを伸ばし、ノード2へ流し込む。c、dはいずれも先行アクティビティbであるため、ノード2からc、dそれぞれのアローを伸ばし、cはノード3に、dはノード4に流し込む。eの先行アクティビティはcであり、fの先行アクティビティはdであることから、それぞれが完了したノード3、4からアローを伸ばす。次に、gの先行アクティビティはe、fとなっているが、これはe、fともに完了しなければgに移行できないことを意味するため、eとfのアローを同じノード5に流し込む。最後にノード5からノード6にかけてg

図2-5　表2-2に基づいたアクティビティの先行関係と所要時間を表した図

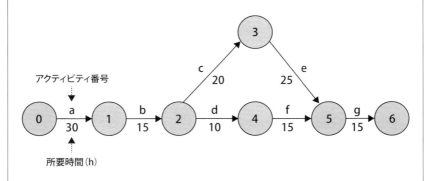

のアローを伸ばすことによってアクティビティの先行関係と所要時間を表した図が完成する。

②最早ノード時刻の算出

次に、各ノードの最早ノード時刻（earliest node time：開始時刻を0としたときに最も早くそのノードに到達する時刻）と最遅ノード時刻（latest node time：納期までにプロジェクトを完了するために、そのノードに到達しなければならない最も遅い時刻）を計算する。

最早ノード時刻は番号が小さいノードの順に検討すると算出しやすい。検討結果は図2-6のとおりである。ノード0は最も早ければ0時間後からスタートできるため最早ノード時刻は「0」である。ノード1を最も早く開始できるのはaの作業が終了した後であるため「30」となる。ノード2は、ノード1の最早ノード時刻30にbの15を足した45h後に最も早く開始できる。同様にノード3は「65」、ノード4は「55」が当てはまることがわかる。次にノード5について検討してみよう。ノード5については、2つのルートからアローが流れ込むため、「90」「70」という2つの最早ノード時刻候補が出現する。ノード5から伸びるgの作業を開始する

図2-6　図2-5に最早ノード時刻を追記した図

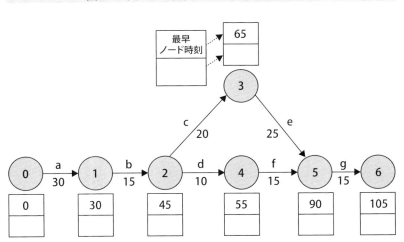

ためには先行アクティビティであるeとfがすべて完了しなければならないというルールがあるため、最も完了が遅いeが終わった「90」時間後がノード5の最早ノード時刻となる。結果として、ノード6は、90にアクティビティgの15hを加えた「105」となり、これが最早ノード時刻となる。つまり、このプロジェクトについては、最も早くて「105」時間後に完了することとなる。

　次に最遅ノード時刻を算出する。最遅ノード時刻は最早とは逆に、数字が大きいノードから算出していくと割り出しやすい。検討結果は図2-7のとおりである。まず、ノード6の最遅ノード時刻は「105」である。一般にプロジェクトは可能な限り早く終わらせることがベターであり、その考えに基づくならば最も早く到達可能な最早ノード時刻が、遅くとも到達しなければならない最遅ノード時刻になる。次にノード5の最遅ノード時刻は、ノード6の「105」からgの所要時間「15」を差し引いた「90」である。つまり、ノード5へは、遅くとも「90」時間後に到達しないとプロジェクト全体の進捗に支障を来すということである。同様に、ノード4は「75」が、ノード3は「65」が最遅ノード時刻となる。ノード2については、ノード4ルートで算出した「65」とノード3ルートで算

図2-7　図2-6に最遅ノード時刻を記入し完成したPERT図

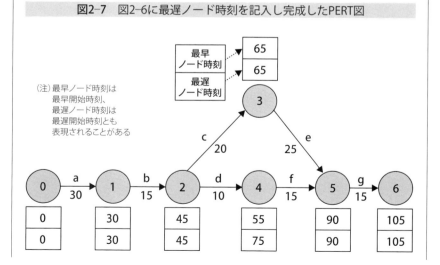

出した「45」という2つの異なる数値が候補としてあがってくる。そして、最も早いタイミングである「45」時間後にcを開始しなければ、そのルートは間に合わなくなってしまうため、ノード2の最遅ノード時刻は「45」となる。その結果、ノード1は「30」、ノード0は「0」が最遅ノード時刻となる。これで、PERT図が完成する。

このように、アクティビティの先行関係や所要時間に加えて、最早ノード時刻、最遅ノード時刻が明確になれば、コントロールのポイントを理解しやすくなるのである。

CPM（Critical Path Method）

CPM（Critical Path Method）は、1950年代に米国の化学系企業であるデュポン社が中心となって開発されたプロジェクト管理手法であり、現在は製品開発やソフトウェア開発など多分野で活用されている。クリティカルパス（critical path）とは、プロジェクトを進めるうえで全体の進捗を左右する重要な経路である。つまり、CPMはクリティカルパスを明確にすることでプロジェクト管理を効果的に行う手法であり、PERTと親和性が高い。

具体的にはPERT図によって、最早ノード時刻および最遅ノード時刻が明らかになれば、最も時間がかかる経路を割り出すことができる。この経路がクリティカルパスであり、最も重点的に進捗管理する必要があるルートとなる。

前述した図2-7のPERT図を例にクリティカルパスを導出してみよう。この図の中には、アクティビティa→b→c→e→gというルートと、アクティビティa→b→d→f→gという2つのルートが存在することが見てとれる。それぞれのルートと所要時間を表すと表2-3のようになる。

各工程の所要時間を足し合わせた総所要時間に目を向けると、「a→b→c→e→g」の105が最も長いルートであることがわかる。このプロジェクト全体の総所要時間が105時間であり、ルートの総所要時間も105時間であることから、総余裕時間（total float）は0時間である。つまり、この

表2-3 図2-7のPERT図に基づく経路と時間の関係表

経路（パス）	アクティビティ所要時間	総所要時間（h）	総余裕時間（h）
a→b→c→e→g	30＋15＋20＋25＋15	105	0
a→b→d→f→g	30＋15＋10＋15＋15	85	20

図2-8 4つの手法を活用したプロジェクト計画・管理のプロセス

 ルートは、すべてのアクティビティにおいて少しの遅れも許されない重点管理の経路であり、クリティカルパスということになる。一方で、「a→b→d→f→g」の総余裕時間は20時間であり、このルートは最悪20時間遅れてもプロジェクトは間に合うということになる。ちなみに、クリティカルパスを視覚的に探す場合はPERT図の最早ノード時刻と最遅ノード時刻が等しいノードを結べばクリティカルパスが浮かび上がる。
 余裕時間は、コスト面では無駄を生じさせている可能性が高い。たとえば図2-7のアクティビティgは、最短で70時間後にfが完了しても、eが完了する90時間後まではスタートできず、20時間の余裕時間が生じている。この20時間の余裕時間を縮めることができれば、全体の期間短縮やコスト削減が期待できる。そのためには、アクティビティcやeの短縮を重要課題として取

り組めばよいのである。CPMは、クリティカルパスを明らかにすることでその経路を短縮できないかという発想に立ち、このようにプロジェクトコストを最小にしたり、限られた予算内で効率的にプロジェクトの期間短縮を図る方法を求めたりするときに活用されやすい。

　ここまで取り上げた手法によるプロジェクト管理の進め方の一例が図2-8である。なおPERT、CPMともに実務では、多くのアクティビティやパスが複雑に関わるため、これまで述べてきた考え方をベースにしたコンピュータソフトを活用することが多い。

製品設計・生産に関するマネジメント

　次に製品設計や生産に関するマネジメント理論や手法を見ていこう。第2次世界大戦後、各国で品質の高い製品を設計し効率的に生産したことが、産業発展の原動力となってきたことは自明の理である。その過程で、製品設計管理や生産工程管理において多くの理論や手法が生み出されてきた。まずは、製品設計管理において威力を発揮しやすい「VE（Value Engineering）」と、生産工程管理の基礎といえる「ライン生産方式（Line Production System）」を取り上げる。そのうえで、ライン生産方式を補ったり代替したりすることで発展してきた、「セル生産方式（Cell Production System）」「ジャストインタイム（JIT：Just In Time）」「TOC（Theory of Constraints）」へと話を進めよう。

価値工学（VE）

　VE（Value Engineering：価値工学）とは、「製品やサービスの価値を、それが果たすべき機能とそのためにかけるコストとの関係で把握し、システ

化された手順によって価値の向上を図る手法（日本バリュー・エンジニアリング協会）」と定義されている。1947年に米国GE社のマイルズ（L.Miles）によってVA（Value Analysis：価値分析）として開発され、資材部門に導入されたことが始まりといわれる。VAは、最も小さいコストで、必要な機能を得るために、機能とコストのバランスを研究したものである。そのバランスを追求するために、設計や材料の仕様変更、製造方法の変更、供給先の変更などを、社内外の知識を総合して組織全体で永続的に行う活動である。

　その後、VAの思想を踏まえ資材調達部門の改善のみならず、製品開発段階、製品設計段階までVAが適用されるようになりVEと命名された。現在は、企画部門、開発部門、設計部門、製造部門、物流部門など多くのセクションに適用範囲が拡大されている。VEは、新製品の開発、既存製品の改良、業務の改善などに活用することで効果を発揮しやすい。

　VEの基本は、「価値」を下記の公式で捉えることである。

$$価値\ (Value) = \frac{機能\ (function)}{コスト\ (cost)}$$

　VEの目的は「価値を追求し、価値を向上させる」ことであり、そのために「機能」を高めたり、「コスト」を低減したりする切り口が用いられるのである。具体的に価値を高める方向性として、以下の4通りが挙げられる。

①コストを下げて、機能を一定に保つ

$$価値\ (Value)【↑】 = \frac{機能\ (function)【→】}{コスト\ (cost)【↓】}$$

②コストを下げて、機能を上げる

$$価値\ (Value)【↑】 = \frac{機能\ (function)【↑】}{コスト\ (cost)【↓】}$$

図2-9 VEにおける機能の種類と関係

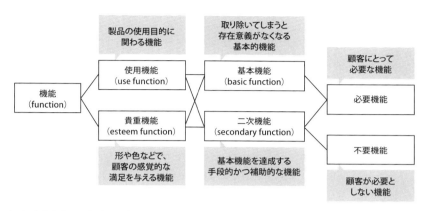

出所：産能大学VE研究グループ著，土屋裕監修『新・VEの基本──価値分析の考え方と実践プロセス』産業能率大学出版部，1998年に加筆

③コストを上げて、それ以上に機能を上げる

$$価値\ (Value)【\uparrow】 = \frac{機能\ (function)【\uparrow\uparrow】}{コスト\ (cost)【\uparrow】}$$

④コストを一定に保ち、機能を上げる

$$価値\ (Value)【\uparrow】 = \frac{機能\ (function)【\uparrow】}{コスト\ (cost)【\rightarrow】}$$

なお「機能を下げて、コストをそれ以上に下げる」ことでも価値向上は可能であるが、VEの基本原則は、使用者優先、機能重視でアイデアを創出することであり、機能を下げる考え方は含まれないとされている。顧客の要求を損なうような安易な仕様水準引下げは、たとえコストダウンが期待できても認めないというのがVEの基本スタンスである。つまり、VEの最大の特徴は機能にフォーカスして思考を行うことといえる。

VEにおける機能とは、製品やサービスが果たすべき固有の「働き」のことである。機能は、「名詞＋動詞」、つまり「～を～する」という形で表現し、図2-9のとおり細分化して多角度的に洗い出すことが重要である。

たとえば扇風機の機能を検討したらどうなるだろうか。使用機能は間違いなく「顧客を涼しくする」だろう。貴重機能としては、「インテリアとして見栄えがする」「コードがコンパクトに収まる」などが考えられる。基本機能は「風を送る」であり、二次機能として「羽が回る」「首が動く」「タイマーがかかる」などが考えられる。そして、まずはそれらの機能が顧客にとって必要か不要かを検討するのである。

　そして検討の結果、必要と判断した各機能について現行のコストを算出するとともに、その機能を果たすためにいくらのコストであるのが望ましいか、生産者やサービス提供者の立場ではなく顧客の立場で考え機能を果たすためのコスト目標を設定する。このコスト目標のことを、機能評価値という。たとえば、顧客が「もっと見栄え良くしてほしい」と考えていそうならば、「インテリアとして見栄えがする」ことの機能評価値を高く設定する。もし既存製品がそれほど見栄えに力を入れていないならば、その機能に関する現行コストは低くなるはずである。ちなみにVEでは、「機能評価値÷現行コスト＝価値レベル」と考える。つまり、見栄えについて、機能評価値【大】、現行コスト【小】という評価になるならば、価値レベルを高める余地が大きいといえる。したがって新製品を開発する際には、見栄えの部分を重点的にアイデア出しし、改善していくという方向性が見出されるのである。

　一方、仮に「タイマーがかかる」ことに対して顧客が重きを置いていないにもかかわらず非常に精緻なタイマーをつけていたならば機能評価値【小】、現行コスト【大】という評価になるだろう。「現行コスト－機能評価値＝コスト低減余地」と考えれば、タイマーについて現在の水準を維持しながら何とかコストを低減できないかを検討するという方向性も見出されるのである。このように、既存製品の機能を分解して評価し、その中で強化すべき機能、コスト削減すべき機能を選定し、そこを重点的に改善していくのがVEの本質である。

　たとえば、VEの身近な例として、いまやプレゼンテーションでは欠かせないレーザーポインターが挙げられる。指示棒を改良し新製品を生み出そうとするとき、「棒」というモノにとらわれていたらおそらく「棒を長くしたり、安定させる」といった発想にとどまってしまうだろう。一方で「大事なポイ

ントを指し示す」という基本機能にフォーカスしたことで、「より操作しやすく遠距離でも対応できるレーザーを活用してはどうか」という発想が生まれ、棒という概念から飛躍したレーザーポインター開発につながったのではないか。この場合、コストは上昇するもののそれ以上の機能が得られると考えられる。つまり、価値は向上するのである。

ライン生産方式（Line Production System）

次に、生産工程管理の代表的な手法であるライン生産方式（Line Production System）について見ていこう。ライン（line）とは「対象とする製品を完成させるのに必要となる工程を技術的な工程順に配置したもの」であり、一般的にある特定の製品を作るため、技術的なプロセスにのっとり、人や機械を配置して構成する。ライン生産方式とは「生産ライン上の各作業ステーション（work station）に作業を割り付けておき、品物がラインを移動するにつれて加工が進んでいく方式（JIS）」であり、流れ作業ともいわれる。20世紀初めに、フォード（H. Ford）が、T型フォード（Ford Model T）という単一品種の自動車を生産するために、ベルトコンベアを導入し、流れ作業／コンベアシステム（conveyor system）を導入することで、ライン生産方式を組織的に採用して以来、モノづくりの中心に位置する生産方式と言っても過言ではない。作業ステーションとは加工や組立を行う場所であり、工程とほぼ同じ意味と捉えられる。すべての品物の移動と加工が同期して繰り返されるライン生産方式をタクト生産方式（Takt Production System）という。

ライン生産方式において改善の基礎となる考え方にラインバランシング（line balancing）という概念がある。これは、後述する「ジャストインタイム（JIT：Just In Time）」「TOC（Theory of Constraints）」を理解するうえでもポイントになるロジックとなる。ライン生産方式のポイントは、各工程へ作業を均等に配分することである。生産ラインの各工程に割り付ける作業量を均一化することをラインバランシングという。つまり「生産ラインの各作業ステーションに割り付ける作業量を均等化する方法」である。ラインバランシングの手順の概要は下記のとおりである。

①ステップ1

総生産時間（H）を計画数量（Q）で割ることにより、サイクルタイム（CT）を求める。サイクルタイムとは、生産ラインに資材を投入する時間間隔である。

$$サイクルタイム（CT）= \frac{総生産時間（H）}{計画数量（Q）}$$

②ステップ2

総作業時間（T）とサイクルタイムにより、必要最小限の作業ステーション数を求める。総作業時間とは、作業の要素時間の合計である。それ以上分割することができないまとまりある作業のことを作業要素（work element）という。要素時間とは、各作業要素について見積もられた時間である。つまり、作業要素全体でT時間かかるが、CT時間で材料を投入するならば、最低でもN個の作業ステーションが必要になるという考え方である。

$$必要最小作業ステーション数（N）= \frac{総作業時間（T）}{サイクルタイム（CT）}$$

③ステップ3

サイクルタイムを守るように、技術的に問題が発生しない範囲で、N個の作業ステーションにバランスをとりながら作業要素を割りつける。

〈ケーススタディ〉ラインバランシング

たとえば、総生産時間が600分、計画数量が100個の単一製品を製造する工場を取り上げてみよう。その製品の総作業時間が24分、作業ステーションは4つで「A⇒B⇒C⇒D」という順番であり、作業時間がそれぞれ、「6分⇒6分⇒8分⇒4分」というラインについて検討してみる。

このラインでは、製品がラインから作り出されてくる時間間隔は8分になる。どんなに他の工程が早くても、作業ステーションCから次の工程に製品が送られる間隔が8分であるため、全体の製品が作り出される間隔も同様になる（図2-10）。つまり、ライン生産方式では、最も作業時間の長い工程の作業時間によってラインの生産速度が決まってしまう。

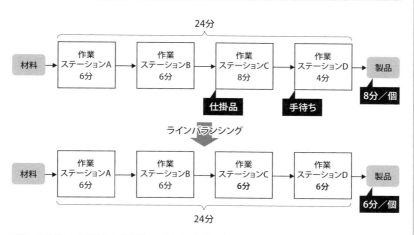

図2-10 ラインバランシングの概念図

出所：鳥島朗広，岩瀬敦智，松崎研一，谷口克己編著，山口正浩監修『2013 速修テキスト〈4〉運営管理（TBC中小企業診断士試験シリーズ）』早稲田出版，2013年に加筆・修正

この考え方は、後述するTOCで、より強調される部分である。

したがって、このラインでは作業ステーションDでは手待ちが発生し、作業ステーションCの前にはBまで完了した仕掛品が滞留するという現象が発生する。これでは効率が悪いため、できる限り各工程間のばらつきを少なくするような工夫が必要となる。そこで、検討すべきがラインバランシングである。前述のステップに沿って、確認していこう。

①ステップ1：サイクルタイム（CT）の決定

総生産時間（H）と計画数量（Q）から、サイクルタイム（CT）を算出する。

$$\frac{600分}{100個} = 6分\ (CT)$$

②ステップ2：必要最低限の工程数（N）の算出

総作業時間（T）とサイクルタイム（CT）より、必要最低限の作業ステーション数（N）を求める。

$$\frac{24分}{6分} = 4 \ (N)$$

③ステップ3：作業の割り付け

　サイクルタイム6分を厳守するためには、すべての作業ステーションが6分以下でないと不可能である。そのため、各作業ステーションの作業時間は、A＝6分、B＝6分、C＝6分、D＝6分にする必要があるということがわかる。

　図2-10を見ると、各作業ステーション時間を均一にすることで、製品1個あたりにかかる総作業時間はどちらも24分だが、製品が作り出される時間間隔は下のラインの方が短縮される。つまり、同じ時間で多くの製品を生み出すことが可能になるのである。

　ライン生産方式は、日本経済が大量生産大量消費の時代に取り入れられ発展してきた手法であり、常に一定以上の需要がある場合に威力を発揮する。一方で、1970年代のオイルショック、1990年代のバブル崩壊、2000年代のリーマンショックなど、急激に需要が低下した場合に対応しづらいという欠点がある。その欠点を補ったり代替したりする手法として注目を集めるのが、セル生産方式、JIT、TOCなどである。

セル生産方式（Cell Production System）

　ライン生産方式の欠点を補う形で2000年頃から日本で取り入れる企業が増えたのがセル生産方式（Cell Production System）である。セル生産方式の本来の定義は、グループテクノロジー（GT：Group Technology）を利用した生産方式のことである。グループテクノロジーとは、類似性のある部品同士をある段階まで同一手順で加工し、生産性を上げる生産管理技術である。部品の類似性に基づいて部品をグループ化すると、その部品グループを加工するための機械のグループも明らかになる。そのような機械のグループとしてさまざまなセルを構成すると、部品の運搬の手間や時間が省かれ、仕掛量は

減少して生産リードタイムが短縮するのである。
　一方、日本ではラインを用いずに1人もしくは複数の作業者が製品を組み立てる方式をセル生産と呼ぶことが多い。しかし、これではグループテクノロジーが利用されていないので本来は適切ではない。ちなみに米国ではそのような生産を組立セル（assembly cell）と呼ぶことで、本来のセル生産と区別するようにしている。ただし、日本では組立セルのことをセル生産と呼ぶことが多いため、ここでは「セル生産＝組立セル」として説明を進める。
　日本企業はライン生産方式に代表されるように、生産性を高めるために生産工程の分業化を図ってきた。一般に、作業は分業化するほど効率的になるといえる。作業者が同じ作業を繰り返すことで習熟度が増すことに加え、ベルトコンベア方式で作業を流すことによって、部品の移動時間の短縮も図ることができるからだ。大量生産大量消費時代であればその方法が最も効率的と言えるが、消費者のニーズが多様化、短サイクル化した今の時代では、必ずしも大量の製品ニーズがあるとは言えない。そのため、需要が少ない製品については単純なライン生産では稼働率が上がらず、作業員に手待ち時間が発生したり、需要を無視して作り続けることで過剰在庫が発生したりするなどの現象が現れてきた。そこで2000年前後から需要変動が激しくなったAV機器や事務機器業界を中心に、生産組立を効率化するという視点からセル生産方式をとる企業が増えてきた。図2-11で違いを確認してほしい。
　セル生産方式には次のような利点がある。たとえば、分業をなくすことで、ライン生産方式においてラインバランス効率の足を引っ張るボトルネック工程がなくなるため、手待ち時間がなくなり、製造リードタイムが短縮する。逆に、ボトルネック以外の工程の作りすぎもなくなり、最小単位の仕掛在庫での生産が可能となるため在庫が少なくなる。また、1つの製品が完成してから次の製品にとりかかるため、生産量の変動や多品種少量生産に対して柔軟に対応しやすい。作業者が製品を完成する達成感を享受することができるため、モラール（士気）が高まりやすい。作業者間で同じ製品を組み立てることで競争意識が醸成されるため、結果として、品質やスピードが高まることが期待できる。そして、ベルトコンベア方式をとらないことで大規模な設備を必要としなくなるため、工場の規模の縮小や、レイアウト変更時の設備

figure 2-11 ライン生産方式とセル生産方式のイメージ

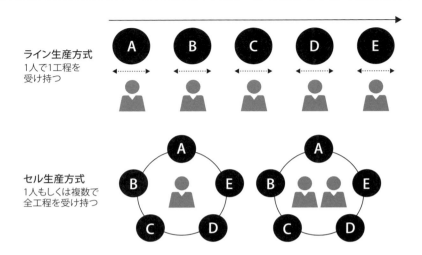

投資額の減少などコストダウンが進みやすい。

　実際に、キヤノンでは1998年頃からセル生産方式を本格導入した。デジタルカメラ市場が大きく変動した2000年代において、セル生産方式の利点である消費者の微妙なニーズの変化への対応、品質の向上などの効果を享受し、デジカメ先発企業である富士通やオリンパスなどを抑え、2006年に世界市場のNo.1シェアを獲得するに至った。キヤノンでは、このセル生産方式の利点をさらに高めるために、マイスター制度を設けている。柔軟な生産体制の構築支援を目的として、最初から最後まで自律して広範囲の仕事・業務をこなすことができる作業者を一流の作業者として認定するのである。いくつかの等級に分かれ、こなせる仕事や業務に応じてステップアップしていく仕組みであり、トップのスーパーマイスタークラスになると川上から川下までの全工程を把握しているため、全体最適の見地からより生産性を高めるアイデアが生まれたりしやすいというメリットも生じている。

　一方で近年、セル生産方式は徐々に人からロボットに置き換えられつつある。実際に、キヤノンはセル生産の中において、ロボットが得意とする工程と、人にしかできない工程を区分し組み合わせる方式へと昇華することによって、

品質と生産性のさらなる向上を実現しているのである。

ジャストインタイム（JIT：Just In Time）

　ジャストインタイム（JIT：Just In Time）とは、生産時に必要となる部品を必要なときに、必要な量だけ生産工程に調達するという考え方である。トヨタ自動車の大野耐一のリーダーシップによって形成され、トヨタ自動車の生産を支えるサブシステムとして世界的に有名になった。

　ジャストインタイムを理解するうえで、その生まれた背景を確認しておきたい。1950年の戦後デフレがトヨタ自動車を襲い、経営危機に瀕していた。銀行からの融資もままならず、経営を立て直すための早期優遇退職をめぐって全日本自動車産業労働組合とも対立が激化、結果的に創業者であり社長でもあった豊田喜一郎が退任に追い込まれる非常に厳しい状況だった。こうした危機的な状況にあっては、万一不良品を作り出してしまったり、生産ラインが非効率で仕掛品が滞留してしまったりして市場に自動車を供給できなければ、倒産に追い込まれる可能性さえあった。そのため、工場内でトラブルがあればその都度、生産ラインをストップして徹底的にトラブルの原因を追究し、後工程に不良の仕掛品が回らないようにするために、さらにムダを徹底的に排して仕掛品が滞留しないように取り組んだのである。その結果として品質の向上はもちろん、無駄を徹底的に省くにはどうすればよいか考える中で、後述する「かんばん方式」が生まれ、後に「ジャストインタイム」と呼ばれる仕組みにつながったのである。

　つまり、このような背景で生まれたジャストインタイムは、必要なモノが間に合う（in time）だけでなく、時間的にも量的にも無駄をなくすためにちょうど（just）よい量を、ちょうど（just）よいときに調達するという理論である。

　ジャストインタイムとは、作りすぎによる中間仕掛品の滞留や工程の遊休などが生じないように生産工程を流れ化し、生産リードタイムを短縮するものである。ジャストインタイムを実現するための中心的な要素として、①平準化、②タクトタイム、③流れ化、④後工程引き取り方式、⑤かんばん方式、

図2-12　平準化のイメージ図

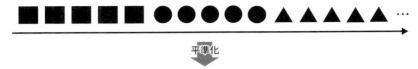

※小ロットを交互に生産するほうが、需要の変動に対応しやすく、在庫の滞留を防ぎやすい。

などが挙げられる。

①平準化

　ジャストインタイムでは、まずは平準化を設計することから始まる。平準化生産は、需要の変動に対して、生産を適応させるために、最終組立工程の生産品種と生産量を平準化した生産方式である。図2-12のとおり、あるラインで製品A、製品B、製品Cをそれぞれ100個ずつ作る場合、「製品A100個→製品B100個→製品C100個」の順に作るのではなく、「製品A20個→製品B20個→製品C20個→製品A20個→製品B20個→製品C20個→……」と、より小さなロットを交互に生産することで平準化を図るのである。これが、ちょうど（just）よい量をちょうど（just）よいときに調達するポイントになる。

②タクトタイム（tact time）

　ジャストインタイムにおいて、平準化した次は「同期化」を行う。タクトタイム（tact time）とは、すべての仕掛品の移動と加工時間が同期化して繰り返されるライン生産方式である。同期化して繰り返されるということは、各工程が同じ作業時間で動かなければ不可能である。そのために、各工程の作業時間を割り出し、必要であれば作業者数を増やすなどして、同期化が可能な状態にしながらタクトタイムを決定する。

③流れ化

同期化ができる状態になったら、工程経路に基づいて、すべての工程をフロー型の生産ラインに並べて、ラインバランシングを行う。これを「流れ化」という。流れ化によって生産ラインが設計されるのである。

④後工程引き取り方式

ジャストインタイムの中心となるのが、この後工程引き取り方式という考え方である。引っ張り方式あるいはプル方式ともいわれる生産方式で、後工程が必要なものを必要な量だけ、前工程から引き取るという方式である。前工程はさらにその前工程から引き取られた分だけ補充する。このように、後工程（最終的な後工程はエンドユーザー）の要求がある生産量だけ生産指示を行うように生産を進めれば、どの工程でも後工程（顧客）の要求する生産量分の仕掛品を作ったり、そのために必要な部品を調達したりすることになるため、ちょうど（just）よい量と時間が実現できるのである。いわゆる「後工程はお客様」と説明されるトヨタ生産方式の中心的な考え方の1つである。

⑤かんばん方式

ジャストインタイムを具現化するために、トヨタ自動車が生み出した代表的な手法であり、前述の後工程引き取り方式と並んで世界的に有名なのが「かんばん方式」である。一般的に各作業ステーションは、あらかじめ決められた生産計画に基づいて作業を行うが、これでは後工程引き取り方式に対応することはできない。各作業ステーションに、タイムリーに何をどれだけ生産するかを指示する必要があるのである。そこで、「何を」「どれだけ」「どの順番」で生産するか、そして運搬するかの指示を行う情報伝達手段として考案されたのが「かんばん（Kanban card）」である。これによって、モノと情報が一体化され、必要なモノを必要なときに必要な量だけ生産することが可能になった。かんばんは、いくつか種類があるが代表的なものに「引取りかんばん（運搬指示かんばん）」と「仕掛けかんばん（生産指示かんばん）」の2種類がある（図2-13）。引取りかんばんは後工程が前工程から引き取るべき製品の種類と量を記載したものであり、仕掛けかんばんは前工程が生産しな

図2-13 引取りかんばんと仕掛けかんばんのイメージ

引取りかんばんの例			
置場 棚番号　5E215　背番号　A2-15			前工程 鍛造 B-2
品番　　35670S07			
品名　　ドライブピニオン			
車種　　SX50BC			後工程 機械加工 m-6
収容数	容器	発行番号	
20	B	4/8	

仕掛けかんばんの例	
置場 棚番号　F26-18　背番号　A5-34	前工程 機械加工 SB-8
品番　　56790-321	
品名　　クランクシャフト	
車種　　SX50BC-150	

出所：門田安弘著『トヨタ　プロダクションシステム――その理論と体系』ダイヤモンド社，2006年

ければならない製品の種類と量を記載したものである。これらが随時、作業ステーションを流れることによって、常に必要なモノを必要なときに必要な量だけ供給する体制を整えているのである。

　このようにシンプルではあるが、しっかりと情報を伝えることができるかんばん方式を導入し徹底することによって、トヨタ自動車はジャストインタイムを遂行するとともに、進化させてきたのである。なお、かんばん方式が有名になるにつれて、トヨタ生産方式の中核概念として紹介されることがあるが、発案者の大野耐一が述べているように、トヨタ生産方式の中核概念はジャストインタイムであり、かんばんはあくまでもそれを実現するための手段であることに注意したい。

コラム　ジャストインタイムの今後の展開

　日本発の生産管理手法として世界的な広がりを見せたジャストインタイムだが、その構造的な問題点として、余剰在庫を持たないがゆえに供給体制に何らかのトラブルが発生すると生産ラインがストップしてしまう点をかねてより指摘されてきた。実際に2016年にはグループ会社である愛知製鋼の知多工場（愛知県東海市）で起きた爆発事故が原因で、トヨタ自動車は約1週間にわたって、国内工場における完成車生産の停止を強いられるという事態が起きた。この影響で7万～8万台の生産ができず、販売にも影響が出たといわれている。もちろん、どのような自動

車メーカーでも関連工場で事故が起きれば影響を受けるが、ジャストインタイムを突き詰めて在庫のスリム化を図っているトヨタ自動社の場合、関連工場の1つで供給ができなくなったら、それが全体に大きな影響を与えやすい。トヨタ自動車のサプライチェーンは世界的な広がりを見せている。広がりを見せれば見せるほど、震災やテロなどの不測の事態が起きるリスクも増大していくため、今後は生産ラインのプロセスの効率化だけでなく、ICTなどを利用して情報共有の規模やスピードを高め、生産ラインの問題を素早く発見できる体制も求められているといえる。

TOC（Theory of Constraints）

　ジャストインタイムと並ぶ世界的に有名な管理手法として、イスラエルの物理学者であるゴールドラット（E. Goldratt）が提唱したTOC（Theory of Constraints：制約条件の理論）が挙げられる。制約条件の理論を小説形式でわかりやすく説明したゴールドラットの『ザ・ゴール（the goal）』は日本においてもベストセラーとなった。これは、制約条件（ボトルネック）を発見してそれを改善・強化することが企業や組織がゴールに近づく全体最適の方法だとするものであり、その視点自体はラインバランシングでも述べたように生産プロセスを改善する際の定石といえる。制約条件の理論は、その考え方をより体系化した点、ボトルネック（bottleneck）工程の改善・強化のみが全体の能力を決めるというシンプルな論理に基づく点が特徴といえる。改善を積み重ねていくことで生産性を高めようとする日本の従来の考え方とは一線を画しているといえるのである。実際に、東京工業大学名誉教授の圓川隆夫は、「TOCは、日本生まれのオペレーションズ・マネジメントが、米国に行き、そこで時代の変化と米国流の組織風土にカスタマイズ・一般化され、再び日本に流入してきた」と評している。いわば、全体最適化の不足していた日本的経営の弱点を補完するシステム改善の哲学と捉えることができるのである。

　それでは、具体的にTOCとはどのようなものかを見ていこう。TOCとは、「どんなシステムであれ、常に、ごく少数の要素または因子によって、そのパ

表2-4 TOCにおけるキャッシュを稼ぎ出すための測定指標

指標	指標の内容
T（throughput）：スループット	販売を通してキャッシュを生み出す速度を表している。スループットという用語は一般的には時間あたり生産量を指すことが多いが、TOCでは明確に「T＝売上高－純変動費」と定義している。
I（inventory）：投資資産	最終製品を製造して売るために投資した原材料や部品、最終在庫などの資産の額である。TOCでは加工によって付加される価値は認めないこととしている。
OE（operating expense）：業務費用	投資資産をスループットに変換するために支出する金額である。TOCの大きな特徴ともいえるカテゴリーで、人件費、家賃などの固定費をすべてここにプールする。

フォーマンスが制限されているという仮定から出発した包括的な経営改善の哲学であり手法（日本TOC協会）」と定義されている。

　TOCでは、企業のゴールを極めてシンプルに「キャッシュ（お金）を稼ぎ出すこと（Make Money）」と定義する。本章でも何度も取り上げてきたように、企業の日常ではさまざまなところで「生産性」という言葉が使われる。しかし、TOCでは企業のゴールに向かっている活動だけを生産的（productive）と評価するのである。極端に言うと、設備投資によって時間生産性が上がっても、次の工程との間に在庫が積み上がっているだけでは売上向上につながらないため生産的と判断しない。そのため、TOCでは「キャッシュを稼ぎ出す」というゴールに近づいているか否かを判断する指標として独自に上記の表2-4の3つを提示している。まずは、表2-4の各指標を確認してほしい。Tとはスループットを表し、Iは投資資産、OEは業務費用を表している。

　TOCでは、Tを増加させることが最重要と位置づけている。どういうことか。企業の業績が上がらないときに、ついついコスト削減を第一に考えてしまう。特に、人件費の削減（ここでいうOEの削減）を考えてしまうが、TOCではそれに批判的である。OEの削減が目標になると、結果的に企業の体力が低下し廃業へとつながりかねないからだ。また、いたずらに設備の効率性を高めるためだけに差し当たって売れる見込みがない在庫を生産することにも否定的である。いたずらに在庫が増えすぎると在庫管理コスト（ここでいう

OE）が高まるからである。ここがTOCの本質になるのだが、「Iを下げ、OEの増加を最小限に抑えながら、Tの増加を図ること」が企業のゴールであり、従業員の活力も生み出されるという好循環につながるとする。いくらIやOEが削減されても、Tにつながらなければ無意味なのである。

　Tを最大化する際に重要となるキーワードが生産工程が抱える「制約」である。各設備の能力に合わせて最大限に生産計画を立案し実行したとしても、最終製品の出荷量が増えず、工程の途中で滞留する仕掛在庫が増加してしまう場合がある。これは、工程のどこかにスムーズな流れを妨げる制約が存在しているからと仮定することができる。この制約のことをボトルネックと呼ぶ。TOCではこのボトルネックが生産工程全体のスループットを決めるという考え方に基づく。どんなに他の工程が速く処理をしても、ボトルネック工程の処理速度でしか最終製品が生み出されないからである。裏を返すと、ボトルネック工程の作業が遅れたらその分だけ、生産工程全体がモノを生み出す速度も遅れると考えられるため、「ボトルネック工程の1時間は、生産工程全体の1時間と同じ。ボトルネック工程を遅らせるな」というのが大原則となるのである。日本TOC協会によると「制約にフォーカスして問題解決を行えば、小さな変化と小さな努力で、短時間のうちに、著しい成果が得られる」としている。つまり、生産工程の改善を考える際には、いち早くボトルネックを発見し、そこにフォーカスして改善を図ることが重要であるといえる。

　ボトルネックには、物理的なものと非物理的なものがある。物理的な制約は、設備の能力、作業員の作業率、原材料の種類など物的な要素などであり、非物理的な制約は、手続き、作業員の士気（モラール）、作業員の能力など非物的な要素のことである。

　TOCでは、それらの制約について大きく次の5つのステップで制約に焦点を当てて改善を進める。「①制約条件を特定する→②制約条件を現在の条件のもとで徹底的に活用する→③制約条件以外を制約条件に合わせる→④作業量の調整をしたり作業能力を高めたりして、制約条件の能力を向上させる→⑤当該制約条件が克服できたら、最初のステップに戻って新たな制約条件の特定と克服を同じ手順で実施する。ただし、このときに惰性によって制約が

図2-14 TOCにおけるシステム改善のマネジメントサイクル

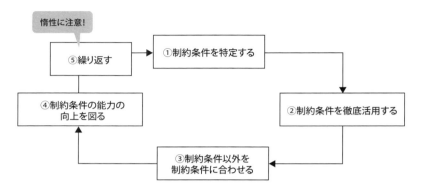

出所：圓川隆夫著『現代オペレーションズ・マネジメント――IoT時代の品質・生産性向上と顧客価値創造』朝倉書店，2017年を一部修正

生まれないように注意する。」図2-14は、このTOCの基本である制約にフォーカスして問題解決を行い著しい成果につなげていくというマネジメントサイクルを図示したものである。

コラム　DBR（Drum Buffer Rope）

　前述の図2-14において「③制約条件以外を制約条件に合わせる」というステップは、DBR（Drum Buffer Rope：ドラム・バッファ・ロープ）といわれ、TOCの中でも後述するスループットと並んで、最も代表的な考え方の1つである。『ザ・ゴール』の中では、ボーイスカウトの少年の行進という比喩（DBRのアナロジー）を使って説明されており、非常に有名である。

　ボーイスカウトの少年たちは列をなして歩くため、前の人を追い越すことは許されていない。ここでいう少年たちとは工程のことであり、列の先頭の少年が最上流工程、最後尾の少年が最下流工程を表すと考える。前の人を追い抜けない列の状況で歩くとき、最も足が遅い少年が、全体の進捗を決めてしまう。たとえば図2-15を見てほしい。前から4番目に足が遅い子供がいる場合、その前の3人は順調に進むが5番目以降の子供たちは4番目の子供を追い越せないため、その子供のペースに合わせ

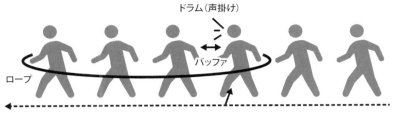

図2-15　DBRのアナロジーのイメージ図

ることになる。したがって、最初の3人はいち早く目的地に到着するかもしれないが、残りは4番目の少年のスピードに合わせて目的地に到達することになる。つまり、全体として見た場合は、4番目の足が遅い少年に進捗が決められてしまうのである。これでは、実際の工場では4番目の工程の前に仕掛品が累積してしまっている状態である。では、そうならないようにするためにはどうすればいいのだろうか。

　まず、一番遅い4番目の少年と、先頭を歩く少年（最上流工程）とをロープ（rope）でつなぐ。これによって、列の前を歩く少年たちが先に行きすぎる（仕掛品の累積）のを防ぐ。一方、5番目以後の少年たち（下流工程）は、前述のとおり追い越せないため、一番遅い少年（制約となっている工程）の進捗に合わせることになる。そのうえで、一番遅い少年にドラム（drum）を持ってもらうのである。一番遅い少年がドラムを叩く（掛け声を発する）ことで、周りがそのリズムに合わせて進む（各工程を同期化する）ことにする。このときの注意点として、ロープを長めにとる（制約の上流に適量にバッファをとる）ことで、一番遅い少年（制約となっている工程）自体が、前を歩く少年たち（上流工程）に足を引っ張られないようにする。足が速い少年といえどもつまずいたり転んだりしないとは限らないためである。そのうえで、一番遅い少年が速くならないか（制約を解消できないか）を検討するのである。

　このアナロジーが説明しているのは、①全体の工程はボトルネック工程のペースに合わせる（drum）、②ボトルネック工程をつまずかせない（最

大限活用する)(buffer)、③仕掛品の累積を防ぐ(rope)という3点を押さえたうえで、制約となっている工程の解消のための努力をするというものであり、制約条件の理論の本質を表している。

　このDBRの考え方は一見すると、平準化やタクトタイムを取り入れたジャストインタイムの考え方に類似している。ゴールドラットは、ジャストインタイムについて優位であることを認めたうえで、TOCと日本型改善アプローチの違いを以下のように説明している。TOCの大原則は前述したように「制約条件の1時間は工場全体の1時間とイコール」であり、ここにフォーカスして短期的には少しでも改善を図ることが全体のパフォーマンス向上に直結する。したがって、図2-14のマネジメントサイクルでは、「②制約条件を徹底活用する」「③制約条件以外を制約条件に合わせる」というステップがあるが、このステップがジャストインタイムでは強調されていないという主張である。

サプライチェーンに関するマネジメント

　次にサプライチェーンに関するマネジメントについて見ていこう。かつての生産志向や製品志向、販売志向のマーケティング・コンセプトの時代であれば、製品設計管理や生産工程管理によって、良い製品を効率的に生み出すことで収益を上げることも難しくなかった。ところが、消費者ニーズが多様化、短サイクル化しているといわれる時代では、企業は流通全体の仕組みの効率化を図り、急激に変化する消費者ニーズに合わせて、適切な製品を適切なタイミングで提供しなければならない。ここでは、その消費者ニーズの変化への対応の鍵ともいえるSCM(Supply Chain Management)について基本を押さえたうえで、それと密接に関わるブルウィップ効果(Bull-Whip-Effect)と延期の原理(Principle of Postponement)について取り上げる。

図2-16 ユニクロのサプライチェーンのイメージ図

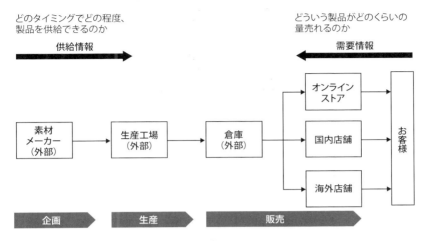

出所:ファーストリテイリングWebページをもとに作成

SCM（Supply Chain Management：サプライチェーン・マネジメント）

　サプライチェーン（Supply Chain）とは、製品が原材料メーカーからエンドユーザーの手に渡るまでの流通経路における各事業体の連鎖である。たとえば、図2-16はユニクロのサプライチェーンを単純化して整理したものである。素材開発を行い素材メーカーで素材を製造し、生産部で製品のレシピをつくり生産工場で製品化する。それらは倉庫に保管されたうえで、在庫コントロールをしながらオンラインストアや国内店舗、海外店舗で販売される。そして、お客様の手元に製品が届くのである。

　SCM（Supply Chain Management：サプライチェーン・マネジメント）とは、事業体単体や連鎖の一部で最適化を図るのではなく、サプライチェーン全体の最適化を図るために、管理することである。全体の最適化を図ることでシナジーを発揮し、効率や効果を高めるとする考え方である。SCMを行う際に最も重視されるのが情報の共有化である。特にSCMを機能させるためには、どういった製品が、どのくらいの量売れるのかを示す需要情報と、変動する

需要にどのタイミングでどの程度、製品を供給できるのかという供給情報の2つの情報が重要である。需要と供給の適切なバランスを見極め、さらに予見されるアンバランスを防ぐ仕組みが不可欠なのである。需要側と供給側が、双方向の情報に適切に対応して、初めて効率的なサプライチェーンが運営できる。

ブルウィップ効果（Bull-Whip-Effect）

　なぜSCMにおいて、情報共有が重要であるのか。それを理解するために、スタンフォード大学の教授であるリー（H. Lee）によって提唱されたブルウィップ効果（Bull-Whip-Effect）を見てみよう。ブルウィップ効果とは、情報伝達の増幅効果であり、SCMが働かないために非効率が生じる現象である。サプライチェーンの最終段階であるエンドユーザーの需要変動が、上流段階にさかのぼるに従って増幅して伝わってしまい、各事業体においてより大きな需要変動として認識され、サプライチェーンの各段階で在庫が積み増しされる現象をいう。手元の少しの動きが先端に増幅して伝わるムチに例えられている。伝言ゲームをやると、最初の言葉と最後の言葉が大きく異なることがあるが、まさにブルウィップ効果も最初の情報と最後の情報に開きが出てしまう現象を指す。

　たとえば、ある傘の例をとって説明しよう（図2-17）。小売店では、発売されたばかりの傘のデザインが好評で売れ行きが非常に良く、1週間で予定の100本を完売したとする。小売店が2次問屋にその旨を伝え、当初の想定の注文数100本ではなく2割増しの120本で注文したとする。そこで、その注文を受けた2次問屋は2割多い144本の注文を出す。同様に1次問屋も2割増の172本でメーカーに注文し、メーカーがさらに2割増の206本で製造を開始したとすると、100本という需要に対して206本を製造することになる。つまり、当初1週間で販売した傘の本数に対して、流通過程を4段階さかのぼるときに、各段階で2割増しの発注をした結果、最終的には2倍強の傘が製造されることになるのである。

　この場合、傘の売れ行きが右肩上がりに伸びており、増幅された個数を上

図2-17　ブルウィップ効果のイメージ図

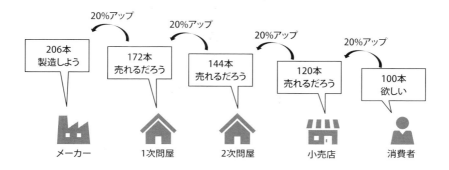

回る勢いで売れていれば問題は生じないが、その勢いが止まったり、伸びていたとしても増幅された個数を下回る程度の伸びであったりした場合、各流通過程に多量の過剰在庫が発生し、やがて不良在庫として経営を圧迫することになってしまう。

　たとえば、シャープの液晶パネルが好例といえる。シャープの堺工場が稼働した2009年秋は、政府が打ち出した家電エコポイント制導入の施策や、液晶テレビの需要自体の拡大、2011年に控えた地上波テレビ放送のデジタルへの移行による買い替え特需、などの条件から右肩上がりに伸びていた。ところが、それらが一段落した2012年3月時点で、シャープの液晶パネルの在庫は2008年の約1000億円から2倍強である2140億円に膨れ上がったのである。結果として、2012年8月の決算会見で2013年3月期の営業損益見通しを大幅に修正せざるをえなくなった。2012年4月には約200億円の黒字を見込んでいたが、3カ月で約1000億円の赤字に下方修正されたのである。これは、過剰在庫を赤字覚悟で処分せざるをえなかった結果と推測できる。

　それでは、どうすればブルウィップ効果を抑制できるのか。そのための鍵が、前述した情報の共有化である。たとえば、サプライチェーンにおいて小売店の販売実績情報を共有し、各事業者が実需に基づいた生産計画や発注計画を立案することができれば差異は減少する。この視点に基づき、小売業、卸売業、メーカーが「商品の企画・販売計画」「需要予測」「在庫補充」を協働して行うシステムをCPFR（Collaborative Planning, Forecasting and Replenishment）

といい、SCMと親和性が高い。日本では、SCMの重要性の機運が特に高まった2000年代にイオングループをはじめとした大手小売業を中心に取り入れられた。

延期の原理（Principle of Postponement）

　消費者ニーズの変化への対応を考えるうえで1つの解決策となりうるのが延期の原理（Principle of Postponement）の考え方である。これは、マーケティング学者であるオルダースン（W. Alderson）によって提唱された理論である。

　延期の原理とは、受注が確定するまで生産や物流などの活動を起こさず、需要の不確定性に伴うリスクを回避しようとする考え方である。具体的には、最終製品として特徴を決定するタイミングをできる限り遅らせるものであり、受注生産形態に近い形をとる。受注生産に近づけば近づくほど、顧客ニーズに適合した製品を生産するため、売れ残りによるロスや欠品による機会損失は発生しにくいが、一般的に納入リードタイムは長くなるというデメリットが生じる。前述のリー（H. Lee）は延期の原理について、①プル延期、②ロジスティクス延期、③フォーム延期の3つに分けて説明している（表2-5）。

　たとえば、リコーは、複写機に使われるトナーの海外販売（欧州）に関して、延期の原理を導入し効率化を図ることに成功した（図2-18）。従来は、トナー製造工程におけるトナーの充填・包装を日本工場で行い、欧州に出荷し、欧州販社を通してお客様に届くというサプライチェーンを構築していた。この場合、欧州販社に荷物が届く2カ月前には品種の確定が必要であり、必要以上の在庫が慢性化する要因となっていた。一方で、延期の原理のコンセプトを適用することによって、トナーへの充填・包装工程を設備とともに消費地（欧州）の工場に移管した。これによって、欧州販社に荷物が届く2週間前に品種を確定すればよくなり、そのときに需要がある製品を必要な量だけ製造することが可能となったのである。

　この取り組みに関する効果として、トータルコストダウンや偏在庫の抑制、在庫低減（在庫回転日数マイナス15.9日）、欠品防止などの複数の成果が得

表2-5 3つの延期の原理のパターンと内容

パターン	内容
①プル延期	半製品の状態で在庫しておき、顧客の注文を受けてから製品を生産する方法
②ロジスティクス延期	半製品から製品への最終工程を、工場ではなく消費者に近い流通センターで実施する方法
③フォーム延期	既存商品を用意しておき、顧客のニーズに合わせるカスタマイズを出荷直前に実行する方法

出所：苦瀬博仁編著『サプライチェーン・マネジメント概論——基礎から学ぶSCMと経営戦略』白桃書房，2017年をもとに作成

図2-18 リコー：インクトナーの欧州チャネルに関する延期の原理の適用例

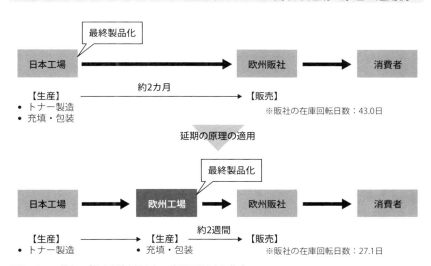

出所：リコーグループ社内実践事例カタログ2017をもとに作成

られたのである。まさに、表2-5にあるロジスティクス延期の原理の適用によってSCMをより良い形へと変貌させた好例といえる。

コストに関するマネジメント

　製品のコストを管理する活動を原価管理という。原価管理の基本は、原価計算によって、製品あたりのコストがどのくらいかかったかを把握することである。従来の原価計算では、製品1個あたりの原価について、製造するのに直接かかった材料費や労務費（直接費）に加え、それ以外の工場の消耗品費や直接製造に携わらない社員の給料など（間接費）を生産量の割合など一定のルールに基づいて配賦することで、導き出す。このような原価計算は、今日においてもコスト管理の代表的な手法として企業に定着している。

　一方で、従来の原価計算について、1980年代以降米国を中心にその有効性を疑問視する声も聞かれるようになった。その状況の中で、注目を浴びるようになったのが、活動基準原価計算（ABC：Activity Based Costing）とスループット会計（Throughput Accounting）である。それぞれ、従来の原価計算にどのような問題意識を持ち、どう解決しようとしたのかと併せて、確認していこう。

活動基準原価計算（ABC：Activity Based Costing）

　活動基準原価計算（ABC：Activity Based Costing）とは、部門や部署の一連の活動を一定のアクティビティごとに分類し、各アクティビティのコストを収集し、アクティビティごとの原価を算出する原価計算手法である。

　従来の原価計算では、直接費は製品別に正確に捉えられていたものの、間接費は生産量や生産金額の配賦基準で割り振られていた。この場合、本来であれば手間がかかりやすい生産量の少ない製品には少ない間接費しか配賦されず、手間を削減しやすい大量生産の製品に多くの間接費が配賦されるという、正確ではない間接費の按分になってしまうことがあった。

　ところが、1980年代に入り、生産の自動化が促進され、直接労務費の割合

表2-6　顧客A社・B社・C社の製品Xに関する注文状況

	顧客A社	顧客B社	顧客C社
注文数	100個	100個	100個
注文回数	2回	5回	10回
1回あたり発注数	50個／回	20個／回	10個／回

出所：湯浅和夫編著，中小企業庁監修『「物流ABC」導入の手順――究極のローコスト物流を実現！　原価計算の知識がなくてもできる！』かんき出版，2003年をもとに作成

が減少し、減価償却費や製造間接費の増加が目立ってきた。そこで、段取り作業、検査、部品発注などの間接コストをできるだけ製品別に捉え、製品別原価をより正確に把握しようと登場したのが、ハーバード・ビジネス・スクールのキャプラン（R. Kaplan）とクーパー（R. Cooper）が提唱した活動基準原価計算である。活動基準原価計算が登場したことによって、部門や製品別に原価を計算する構造的アプローチから、プロセス・工程・作業といったアクティビティ別に原価を計算する機能的アプローチへの転換がもたらされたといえる。これによって、より製品別の原価を正確に把握できるようになった。

　活動基準原価計算のコスト算定イメージを確認していこう。表2-6を見てほしい。ある会社には顧客A社、顧客B社、顧客C社がある。これらの顧客から製品Xについて、各100個／月で発注があったとする。ところが、よく調べると発注の仕方は三者三様である。この場合でも従来の原価計算の考え方を単純化すると、発注作業のような間接費は売上に応じて按分するため、3社の間接費は等しくなる。もちろん、同じ商品について同じ個数発注があったのだから直接費も等しいと考えられるため、普通に考えると利益は3社とも同じと考えられる。しかし、それだと発注にかかっているコストがうまく反映されていないことは、直感的にわかるだろう。

　それでは活動基準原価計算ではどうか。ここでは単純化するためにピッキングに注目してコストを算出する。1ケース20個入りの製品とすると、1回あたり20個の発注があった場合、ケースピッキングになる。一方、20個未満や

表2-7　ピッキングのアクティビティあたりコストと顧客A社・B社・C社のピッキング作業の量

	コスト	顧客A社	顧客B社	顧客C社
ピースピッキング	10円／ピース	20個	0個	100個
ケースピッキング	20円／ケース	4ケース	5ケース	0ケース
ピッキング移動	50円／行	2回	5回	10回

出所：湯浅和夫編著，中小企業庁監修『「物流ABC」導入の手順――究極のローコスト物流を実現！　原価計算の知識がなくてもできる！』かんき出版，2003年をもとに作成

表2-8　顧客A社・B社・C社のピッキング作業のコスト

	顧客A社	顧客B社	顧客C社
ピースピッキング	10円×20個＝200円	10円×0個＝0円	10円×100個＝1,000円
ケースピッキング	20円×4ケース＝80円	20円×5ケース＝100円	20円×0ケース＝0円
ピッキング移動	50円×2回＝100円	50円×5回＝250円	50円×10回＝500円
合計	380円	350円	1,500円

出所：湯浅和夫編著，中小企業庁監修『「物流ABC」導入の手順――究極のローコスト物流を実現！　原価計算の知識がなくてもできる！』かんき出版，2003年をもとに作成

20個の倍数でないときは必ずピースピッキングが必要ということになる。またケースピッキングにしろ、ピースピッキングにしろ、注文のたびに棚に取りに行くというピッキング移動が発生する。活動基準原価計算の場合、事前に、これらのアクティビティあたりのコストを算出する。たとえば、今回はピースピッキング（10円／ピース）、ケースピッキング（20円／ケース）、ピッキング移動（50円／行）と設定されていたとする。それらのコストと1ケース20個入りの製品とした場合の顧客A社・B社・C社のピッキングの作業量をまとめると表2-7のとおりとなる。

　各コストは、「量×コスト（単価）」で算出され、表2-8のとおりとなる。計算の結果、ピッキング作業コストはA社が380円、B社が350円、C社が

表2-9　アクティビティの種類と定義の例

	アクティビティ	定義
1000	入荷	
1001	ケース荷受け・検品	ケースを取りおろし、検品・仮置きする
1002	ピース荷受け・検品	ピースを取りおろし、検品・仮置きする
1003	大物荷受け・検品	大物を取りおろし、検品・仮置きする（ケース、ピースと異なる荷受け、取り扱いを必要とする大きな商品があれば区分する）
1004	コンベア納品	コンベアにより入荷商品を保管場所に移動し、格納する

出所：中小企業庁「物流ABC（Activity-Based Costing）準拠による物流コスト算定・効率化マニュアル」を修正

1500円となった。このように、既存の原価計算では同じ利益を得ていると見えていた顧客でも、ピッキングだけでもかかっているコストに差があるため、実際に得ている利益に差があることがわかる。活動基準原価計算によって、主要なアクティビティごとにコストを算出することができれば、より正確な作業コストを算出することが可能になるのである。

　活動基準原価計算の運用では、いかに現実に即したアクティビティを設定できるかがポイントとなる。たとえば、ある物流センターのアクティビティを見てみよう（表2-9）。「入荷」「ケース荷受け・検品」「ピース荷受け・検品」「大物荷受け・検品」「コンベア納品」などのアクティビティが考えられる。

　活動基準原価計算を導入することにより、顧客別の採算分析、出荷1ケースあたりのコストを算出、製品別・サービス別の費用分析、配送先店舗別の費用分析、物流サービスの内容に応じた価格設定などが可能となるのである。このように従来の原価計算では見えてこなかった緻密なコスト分析が可能になる点が活動基準原価計算の大きな利点と言える。さらに、製品別原価を正確に把握し実態を捉えることは、製品機種の統廃合、海外生産化への転換、内外作変更などの経営判断に結びつくものである。近年では、製品別にそれぞれ間接業務の明確化を進め、それを活かした業務改善を図るABM（Activity Based Management）に論議の重点が置かれるようになってきている。たとえ

ば、物流センター内での基本業務にかかるコストを活動別に算定することで、コスト発生のメカニズムをつかむことができる。メカニズムをつかむことができれば、なぜ物流コストが上昇しているのか、何をすればコストを下げられるのか把握することも可能になるのである。

スループット会計（Throughput Accounting）

　従来の原価計算とは異なる、もう1つの切り口として台頭したのがスループット会計（Throughput Accounting）である。これは前掲の「TOC（Theory of Constraints）」から生まれた新しい会計の考え方である。

　スループット会計におけるスループットとは、TOCで述べたように売上高から純変動費を差し引いたもので、「売上高－純変動費」である。スループット会計とは、製品1個あたりの利益をこの「スループット（throughput）」レベルで把握しようとするものである。製品について考えると、製品1個あたりのスループットは「製品1個あたり売価－製品1個あたり直接材料費」となる。そして、直接材料費以外の製造原価（直接・間接の労務費や経費）は「業務費用」としてプールし、製品別の配賦を行わないことが、前述した従来の原価計算との大きな違いである。

　従来の原価計算が「間接費の配賦」を通じてすべての製造原価を製品別に割り振り、製品1個あたりの利益を把握しようとしたのに対し、スループット会計では、そのような配賦を行わないのである。つまり、スループット会計において、製品1個あたりで把握されるのは、直接材料費のみとなるのである。

　これは従来の原価計算における間接費の配賦という考え方そのものを否定するものである。なぜ、従来の原価計算ではなく、スループット会計を良いとするのか。スループット会計の目的からひもといてみよう。

　スループット会計の目的は、スループットの最大化である。価格や費用条件が全社レベルで与えられるものとするため、スループットを最大化するためには、売上数量を増やすしかないということになる。

　つまり、スループット会計を採用した企業は、生産上の制約条件の範囲内で、

販売を増加することに集中することとなり、製造活動にとって適切な改善がしやすくなるのである。従来の原価計算における、製品あたりの原価は把握してもそれを改善につなげるのが難しいという問題点が解決しやすくなるという利点もある。

> **〈ケーススタディ〉ある工場における製品ミックス**

具体的にスループット会計を採用すると何が変わるのか、一例を見ていこう。すでに、スループットの世界では「T＝売上高－純変動費」と考えると説明した。これをさらに進めて、スループット会計では製品別のスループットを「その製品の制約条件の工程（以下、制約工程）で必要とする加工時間で割った時間あたりスループット」に着目して意思決定する。

　製品別時間あたりスループット
　　＝製品別スループット÷その製品の制約工程の時間

たとえば、製品X、製品Yを生産する工場で考えてみよう。図2-19の生産工程を持つ工場において、制約がありXの需要（週100個）、Yの需要（週75個）を満たすことができない場合、どちらの製品を優先すべきだろうか。

①従来の原価計算による検討
　まずは従来の原価計算を活用して、製品X、製品Yの利益率を検討してみよう。従来の原価計算では直接材料費に加えて、直接労務費（総工程の時間×工数レート）が加算される。具体的には次の計算式のとおりである。
　製品Xの原価＝9000円＋（90分×50円）＝1万3500円
　製品Yの原価＝8000円＋（80分×50円）＝1万2000円
　各製品の「売価－製品原価＝利益」を算出すると、製品Xの1個あたり利益が4500円、製品Yの1個あたり利益が8000円となる。この場合、

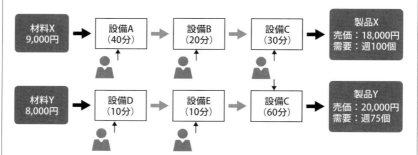

図2-19 スループット会計計算例：ある工場における製品X・Yの生産工程

※この工場の操業時間は週4800分、総固定費は週120万円、作業員数は設備A～Eまでを1人ずつ担当するため5人である。つまり工数レートは120万円÷（4800分×5人）となり50円／分となる。
出所：圓川隆夫著『現代オペレーションズ・マネジメント――IoT時代の品質・生産性向上と顧客価値創造』朝倉書店, 2017年に加筆・修正

製品Yを優先して生産し、残った余剰時間で製品Xを生産したほうが良いと判断するのが妥当だろう。つまり、まずは製品Y（需要：週75個）を生産する。このとき、ラインバランシングで説明したサイクルタイムの概念に基づくと、資材を投入する間隔（＝完成品が生まれる間隔）はボトルネック工程に引っ張られる。この工場におけるボトルネック工程は設備Cである。製品Yの場合は設備Cの所要時間は60分となる。したがって、下記のとおりである。

製品Y（75個）の生産時間／週＝75個×60分＝4500分／週

つまり製品Yを75個つくるのに4500分かかるということになる。ちなみにこの工場の操業時間は4800分であるため、製品Xに充てられる時間は残りの300分／週ということになる。これに基づいて、製品Xの個数を求めると次のとおりである。

製品Xの製造個数＝300分÷30分（ボトルネックとなる設備Cの時間）
　　　　　　　＝10個

したがって、従来の原価計算による検討では、製品Xを10個、製品Yを75個生産することになる。なお、製品Xの製造ラインを図2-19で一見すると、40分かかる設備Aがボトルネックのように見えるかもしれない。しかし、製品Yを製造している間、製品Yの生産ラインではない設

表2-10　従来の原価計算とスループット会計の利益の計算

	従来の原価計算	スループット会計
製品ミックス	X：10個、Y：75個	X：100個、Y：30個
算出プロセス	(18,000円－9,000円)×10個＋(20,000円－8,000円)×75個－1,200,000円（工場の総固定費／週）	(18,000円－9,000円)×100個＋(20,000円－8,000円)×30個－1,200,000円（工場の総固定費／週）
利益	△210,000円	60,000円

備Aは製品Xの部品を準備することが可能である。したがって、実際には設備Cがボトルネックとなり、サイクルタイムは30分となる。

②スループット会計による検討

続いて、スループット会計で検討してみよう。スループット会計の特徴は各製品別の制約工程の特定である。前述したように、この工場では設備Cがトータル90分の時間が必要になるため、制約工程となる。それを踏まえて、それぞれのスループットを算出すると以下のようになる。

製品Xのスループット＝（1万8000円－9000円）÷30分＝300円／分
製品Yのスループット＝（2万円－8000円）÷60分＝200円／分

したがって、製品Xのスループットが高くなるため、製品X（需要：週100個）を優先して製造し、余剰時間で製品Yを生産することとする。製品Xを100個製造した場合の生産時間と、残りの時間を使って製造できる製品Yの個数は下記のとおりである。

製品X（100個）の生産時間／週＝100個×30分＝3000分／週
製品Yの製造個数＝（4800分－3000分）÷60分＝30個

つまり、製品Xを100個、製品Yを30個生産することになるのである。

③利益の算出

最後に従来の原価計算によって検討した場合と、スループット会計によって検討した場合の利益の差を確認してみよう。

従来の原価計算による検討（製品X：10個、製品Y：75個）の利益を算出してみよう。表2-10を確認してほしい。従来の原価計算による検討で意思決定をした場合は21万円の赤字になるが、スループット会計の考え方で検討して意思決定をした場合は6万円の黒字になるのである。このように、無理に製品あたりの原価を計算して行うよりも、スループットを最大化することを目的としたシミュレーションのほうが、効率的に利益を生み出しやすいという結果となった。

我が国では、スループット会計を明示的に導入している企業はそれほど多く見受けられないが、企業業績や財務情報の報告を目的とした財務会計とは別に、経営上の意思決定を行うための管理会計という視点で、スループットの考え方を導入している企業は少なくない。スループットを最大化することをゴールとした企業経営は、常に制約条件に意識を置き、改善やブラッシュアップを続ける柔軟性と創造性を兼ね備えた組織を生み出す素地を作り出すことができるだろう。

演習問題

問題1．PERTとCPMの考え方に基づいて、プロジェクトを進めていくときの流れについて説明しなさい。

問題2．VEにおける価値の高め方について説明しなさい。

問題3．TOCで提示された企業活動のゴールとそのゴールに向かっているかを示す3つの指標について説明しなさい。

問題4. 延期の原理について概要を説明しなさい。

問題5. 活動基準原価計算を取り入れることでどのような利点があるか説明しなさい。

演習問題解答

解答1. まずは、プロジェクト全体のアクティビティを細分化したうえで、所要時間を測定する。次に、作業の先行関係を明らかにしPERT図を展開する。そこからクリティカルパス（CP：最長経路）を導き出したうえで、その経路を重点的に管理する。この際、最長経路で遅れが生じるとプロジェクト全体も計画通りに終わらなくなる可能性があるため、注意が必要である。また、クリティカルパス以外の経路では手待ちが発生している可能性があるため、クリティカルパスのアクティビティを振り分けるなど、プロジェクトの納期短縮も考慮する。

解答2. VEでは、価値について「価値（Value）＝機能（function）÷原価（cost）」と定義したうえで価値を高める方向性として、①機能は維持しながら原価を下げる、②機能を高めて原価を下げる、③原価は高くなるがそれ以上に機能を高める、④原価は維持しながら機能を高める、という4つを示している。VEの最大の特徴は機能にフォーカスして思考を行うことである。したがって、価値向上の基本原則は、使用者優先、機能重視でアイデアを創出することであり、機能を下げる考え方は含まれないため、顧客の要求を損なうような安易な機能の引下げは、たとえコストダウンが期待できても認められない。

解答3. TOCでは、企業のゴールを極めてシンプルに「キャッシュ（お金）を稼ぎ出すこと」と定義する。そして、そのゴールに近づいているか否かを判断するために「T：スループット」「I：投資資産」「OE：業務費用」の3つ

の指標を活用する。TOCにおけるスループットとは、販売を通してキャッシュを生み出す速度であり「売上高－純変動費」で表す。投資資産とは、最終製品を製造し売るために投資した原材料や部品、最終在庫などの資産のうち加工による付加価値を含まない額である。また、業務費用とは投資資産をスループットに変換するために支出する費用であり人件費や家賃などの固定費がすべて含まれるものである。

解答4. 延期の原理とは、受注が確定するまで生産や物流などの活動を起こさず、需要の不確定性に伴うリスクを回避しようとする考え方である。具体的には、最終製品として特徴を決定するタイミングをできる限り遅らせるものであり、受注生産形態に近い形をとる。受注生産に近づけば近づくほど、顧客ニーズに適合した製品を生産するため、売れ残りによるロスや欠品による機会損失は発生しにくいが、一般的に納入リードタイムは長くなるというデメリットが生じる。半製品の状態で在庫しておき顧客の注文を受けてから生産するプル延期、半製品から製品への最終工程を消費者に近い流通センターで実施するロジスティクス延期、既存商品を用意しておき、顧客ニーズに合わせたカスタマイズを出荷直前に実行するフォーム延期の3つの類型に分けることができる。

解答5. 活動基準原価計算を導入する利点は、緻密なコスト分析で従来の原価計算では見えにくい製品別原価の実態を捉えやすくなることである。その結果、①顧客別の採算分析、②出荷1ケースあたりのコストを算出、③製品別・サービス別の費用分析、④配送先店舗別の費用分析、⑤物流サービスの内容に応じた価格設定、などが可能になる。また、製品別原価の実態を把握しコスト発生のメカニズムを捉えやすくなることによって、なぜ物流コストが上昇しているのか、何をすればコストを下げられるのか把握することも可能になる。それによって、製品機種の統廃合、海外生産化への転換、内外作変更などといった経営判断も行いやすくなるのである。

【参考文献】

Corbett, Thomas, *Throughput Accounting*, North River Press, 1998

Goldratt, Eliyahu M., and Jeff Cox, *The Goal: A Process of Ongoing Improvement*, North River Press, 1992

Gray, C. F. and E. W. Larson, *Project Management: The Managerial Process with MS Project*, McGraw-Hill Higher Education, 2013

Haugan, Gregory T., *Work Breakdown Structures for Projects, Programs, and Enterprises*, Berrett-Koehler Publishers, 2008

Irwin./Heizer, J. and B. Render, *Operations Management*, Pearson, 2014

Project Management Institute, *A Guide to the Project Management Body of Knowledge*, 5th Edition, Project Management Institute, 2013

Wooliscroft, Ben, Robert D. Tamilia, and Stanley J. Shapiro, *A Twenty-First Century Guide to Aldersonian Marketing Thought*, Springer, 2010

圓川隆夫著『現代オペレーションズ・マネジメント──IoT時代の品質・生産性向上と顧客価値創造』朝倉書店，2017年

大野耐一著『トヨタ生産方式──脱規模の経営をめざして』ダイヤモンド社，1978年

門田安弘著『トヨタ プロダクションシステム──その理論と体系』ダイヤモンド社，2006年

苦瀬博仁編著『サプライチェーン・マネジメント概論──基礎から学ぶSCMと経営戦略』白桃書房，2017年

産能大学VE研究グループ著，土屋裕監修『新・VEの基本──価値分析の考え方と実践プロセス』産業能率大学出版部，1998年

社団法人日本経営工学会編『生産管理用語辞典』日本規格協会，2002年

髙桑宗右ヱ門著『オペレーションズマネジメント──生産・サプライチェーンの管理』中央経済社，2015年

中小企業庁「物流ABC（Activity-Based Costing）準拠による物流コスト算定・効率化マニュアル」

鳥島朗広，岩瀬敦智，松崎研一，谷口克己著，山口正浩監修『2013 速修テキスト〈4〉運営管理（TBC中小企業診断士試験シリーズ）』早稲田出版，2013年

中泉拓也「『トヨタ生産方式だから災害に弱い』は本当か」東洋経済オンライン，

2016年2月20日
野中郁次郎, 勝見明著『イノベーションの本質』日経BP社, 2004年
藤本隆宏著『生産マネジメント入門Ⅰ』日本経済新聞出版社, 2001年
矢作敏行著『現代流通――理論とケースで学ぶ』有斐閣, 1996年
湯浅和夫編著, 中小企業庁監修『「物流ABC」導入の手順――究極のローコスト物流を実現！ 原価計算の知識がなくてもできる！』かんき出版, 2003年
日本バリュー・エンジニアリング協会　Webページ
ファーストリテイリング　Webページ
リコーグループ社内実践事例カタログ2017

第3章 統計学
Statistics

この章のキーワード
- 記述統計
- 推測統計
- 多変量解析
- 度数分布表
- ヒストグラム
- 平均
- 標準偏差
- 正規分布
- 正規分布曲線
- 標準正規分布
- 散布図
- 相関係数
- 回帰分析

この章で何を学ぶか

　パソコンや表計算ソフトなどの普及により、ビジネス上のさまざまな意思決定において、勘や経験ではなく、データ分析に基づくことの重要性が認識されつつある。そして、データ分析をするにあたり必要となる知識が統計学である。

　統計学の分野は大きく、「記述統計」「推測統計」「多変量解析」の3つに分類される。

　「記述統計」では、「度数分布表」「ヒストグラム」「平均」「標準偏差」といったデータを要約し、そこから特徴を導く方法、それに関連して「正規分布」「正規分布曲線」といったデータの分布に関わる概念を学ぶ。

　「推測統計」では、一部のデータから全体を推定する方法について学ぶ。仮に、フィットネスクラブに通っている女性の平均年齢を調べたいと考えているとしよう。厳密に平均年齢を知りたいのであれば、日本に住んでいてフィットネスクラブに通っている女性全員の年齢を調べる必要がある。ただし、フィットネスクラブに通っている女性全員を探し出すには時間もお金も膨大にかかり、現実的な方法ではない。そこで無理のない方法として、フィットネスクラブに通っている女性を100人集めて年齢を聞いたとしよう。これによって、平均年齢を知るという目的は達成できるが、この平均年齢はあくまで100人分のデータから算出された値であり、本当に知りたい平均年齢ではない。一部のデータから算出した値（例：フィットネスクラブに通っている女性100人の平均年齢）から、全体の値（例：日本に住んでおりフィットネスクラブに通っている女性全員の平均年齢）をどのように推定するのかといったことが推測統計のテーマとなる。

　「多変量解析」とは、複数のデータを同時に分析する統計的手法である。多変量解析の種類は豊富であり、基本的な手法には「相関分析」「回帰分析」がある。

　本章では、紙面制約の都合上、推測統計については専門書に譲り、記述統計・多変量解析に分野を絞って解説するが、統計学のエッセンスを学ぶには十分な内容となっている。

記述統計

データの特徴を可視化する（度数分布表とヒストグラム）

　データを分析するにあたっては、データを「度数分布表」にするか、それを「ヒストグラム」にして、データの特徴を視覚的に把握することから始める。

　度数分布表もヒストグラムも聞きなれない用語であると思うが、度数分布表とは「集計表」のことであり、ヒストグラムとは「棒グラフ」のことであると解釈して構わない。表3-1は、14人分の1カ月間の携帯電話の使用料金であるとしよう。表3-1を見ると、たとえばA氏は1万2500円であり、B氏は4500円となっている。このようなデータがN氏まで14人分ある。これを度数分布表にしたのが表3-2である。

　「階級」と書いてある場所は、データ区分を意味する。階級は3000-4999円（3000-4000円台）に始まり、1万1000-1万2999円（1万1000-1万2000円台）で終わっており、2000円ごとに区分されている。

　次に「度数」とは、その区分に対応するデータの件数を指す。3000〜4000円台は5人いるので、3000〜4999円の度数は5となる。「相対度数」とは、全体に占める構成比率を指す。たとえば、3000〜4999円は5件あり、データは14件あるので、5÷14＝0.357（35.7％）となる。

　度数分布表にするということは、データを要約することを意味する。表3-1のデータを目で追わなくても、表3-2を見れば、3000〜4000円台の使用料金が多いことがすぐわかる。今回の例ではデータ数は少ないが、データ数が多いとき（たとえば1000件・1万件のとき）は、データを目で追って特徴を把握することは現実的ではない。度数分布表にすることで、特徴を一目で確認できるようになる。

　さらに、度数分布表をヒストグラムにすると視覚的にも特徴を解釈しやす

表3-1　携帯電話の使用料金

氏名	料金（円）	氏名	料金（円）
A氏	12,500	H氏	4,400
B氏	4,500	I氏	10,000
C氏	5,600	J氏	6,300
D氏	4,300	K氏	11,800
E氏	11,500	L氏	3,400
F氏	11,000	M氏	7,100
G氏	6,500	N氏	3,900

表3-2　携帯電話の使用料金の度数分布表

階級（＝区分）	度数（＝件数）	相対度数（＝％）
3,000-4,999	5	35.7
5,000-6,999	3	21.4
7,000-8,999	1	7.1
9,000-10,999	1	7.1
11,000-12,999	4	28.6

図3-1　携帯電話の使用料金のヒストグラム

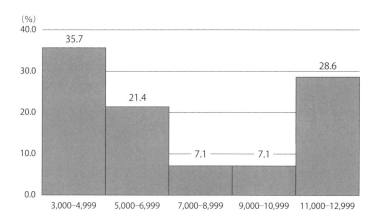

くなる。度数分布表をもとにヒストグラムを作成したのが図3-1である。

データの特徴を1つの数値で示す（平均と標準偏差）

　度数分布表・ヒストグラムはデータの特徴を可視化する方法であるが、「平均」「標準偏差」はデータの特徴を1つの値で示す方法である。平均は、データの総和をデータの数で割った値である。表3-1の例で言えば、A氏からN氏までの使用料金をすべて足し合わせて14で割ればよい。結果、平均は7342.9円となる。

　ここで注意して欲しいのは、平均のみではデータの特徴を判断することは難しいということである。なぜならば、データの中で平均に近い値が多くを占めている場合もあれば、そうではない場合もあるためである。実際、平均は7342.9円であるが、表3-2・図3-1を眺めると、3000 ～ 4000円台の使用料金を支払っている人たちと、1万1000 ～ 1万2000円台の使用料金を支払っている人たちが多く、7000 ～ 8000円台の使用料金を支払っている人たちはむしろ少ないことがわかる。

　したがって、データの特徴を把握する際には、平均とともに、平均に近い値が多いのか、平均から離れた値が多いのか、を確認する必要がある。これには、平均とともに、度数分布表やヒストグラムで確認する方法もあるが、標準偏差によって確認する方法もある。

　標準偏差とは、データのバラつき加減を1つの値で示す指標である。
　簡単に言えば、データがバラついているとは「データの各値が、平均から大きく離れた値をとっていること」、バラついていないとは「データの各値が、平均に近い値をとっていること」である。携帯電話の使用料金の例で言えば、平均の7342.9円から離れているデータが多いため、バラつきの大きいデータと言える。

　表3-1から標準偏差を計算してみよう。まず、各データの平均からの差を計算する。各データから平均を差し引いた値を、統計学では「偏差」と呼んでいる。平均は7342.9円であり、A氏の使用料金は1万2500円だから、A氏

表3-3 携帯電話の使用料金の偏差

氏名	料金（円）	偏差	氏名	料金（円）	偏差
A氏	12,500	5,157.1	H氏	4,400	−2,942.9
B氏	4,500	−2,842.9	I氏	10,000	2,657.1
C氏	5,600	−1,742.9	J氏	6,300	−1,042.9
D氏	4,300	−3,042.9	K氏	11,800	4,457.1
E氏	11,500	4,157.1	L氏	3,400	−3,942.9
F氏	11,000	3,657.1	M氏	7,100	−242.9
G氏	6,500	−842.9	N氏	3,900	−3,442.9

の偏差は「12500円−7342.9円＝5157.1円」となる。これは、A氏の使用料金は、平均使用料金よりも5157.1円分高かったということを意味する。これをすべて計算したものが表3-3である。

偏差は各データの平均からの離れ具合を示しているため、偏差を見れば、平均から大きく外れている人が多いということがわかる。このバラつきを1つの値で示すには、偏差の平均を計算するのが一番良い方法であるが、不可能である。なぜなら、偏差の合計は必ずゼロになってしまうので、偏差の平均もゼロになってしまうためである。

そこで、偏差の平均を計算するための工夫をする。まず、偏差をすべて2乗する。偏差を2乗してしまえば、その値はすべてプラスになるため、合計するとプラスとマイナスで打ち消しあうようなことはなくなる。偏差を2乗したのが表3-4である。

次に偏差の2乗をすべて足し合わせ、平均を算出する。合計すると1億4247万4285.7となるため、平均は「142,474,285.7 ÷ 14 ＝ 10,176,734.7」となる。この値は「分散」と呼ばれる。

ただし、分散の値だけでは、どの程度バラついているか（何円程度バラついているのか）まではわからない。これは、偏差を2乗してから計算したため、単位は円^2（円の2乗）になっているためである。

そこで、算出された値の平方根をとる。平方根というのは2乗の逆であり、

表3-4 携帯電話の使用料金の偏差の2乗

氏名	偏差の2乗	氏名	偏差の2乗
A氏	26,596,122.4	H氏	8,660,408.2
B氏	8,081,836.7	I氏	7,060,408.2
C氏	3,037,551.0	J氏	1,087,551.0
D氏	9,258,979.6	K氏	19,866,122.4
E氏	17,281,836.7	L氏	15,546,122.4
F氏	13,374,693.9	M氏	58,979.6
G氏	710,408.2	N氏	11,853,265.3

「√」で示される。たとえば、2の2乗は4であるが、4の平方根は2である。1017万6734.7の平方根（$\sqrt{10,176,734.7}$）は、3190.1となる。この値が標準偏差である。これは偏差の平均と解釈できる。使用料金の平均は7342.9円であるが、平均的に3190.1円程度のバラつきがあるという意味になる。

標準偏差の計算式を示すと、

$$\sqrt{分散} = 標準偏差 = \sqrt{\frac{偏差の2乗の合計}{データ数}}$$

となる。

標準偏差からバラつきを確認したほうが効率が良い場合も多い。たとえば、男性と女性の携帯電話の使用料金の特徴を比較したい場合など、使用料金のバラつき加減の比較には、度数分布表やヒストグラムによって比較するよりも、標準偏差のような客観的数値のほうが比較しやすい。

95％の確率でとりうる範囲を推定する（正規分布と正規分布曲線）

平均を中心にヒストグラムが山なりになる状態は、「正規分布」と呼ばれる。

図3-2　1日の食品数に関するヒストグラム

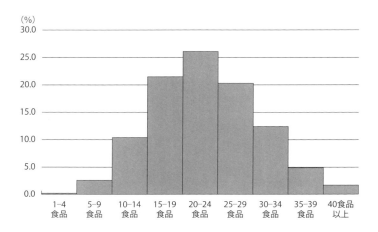

　携帯電話の使用料金の例のように、ヒストグラムが図3-1のような形になるケースは、実はそれほど多くはない。多くの場合、さまざまなデータをヒストグラムにすると、その形は平均付近を中心に山なりになる傾向がある。

　たとえば、図3-2は、厚生労働省が平成25年に実施した「国民健康・栄養調査」の結果をもとに、調査の対象者（7785名）が回答した「1日にとる食品数」をヒストグラムにしたものである。平均（22.3食品）付近を中心とした山なりのヒストグラムになっていることがわかる。正規分布とは、このようなデータの分布を指している。

　先の調査は7785名に対して実施されたものであるが、さらにデータを無数にとってヒストグラムにするとしよう。データを無数にとるとき、最終的にそのヒストグラムは平均を中心に完全に左右対称の曲線になると仮定する。これを「正規分布曲線」と呼んでいる。

　たとえば、図3-2は、7785名分の回答結果をヒストグラムにしたものであるが、仮に5万人など測定人数を増やしてヒストグラムを作成すると、図3-3のように、さらにきれいな山なりに近づくだろうことが予想される。ここからさらに、測定人数を増やすとともに、階級の幅（棒の幅）をどんどん狭めていくと、究極的には図3-4のような平均を中心とした、完全に左右対称の

図3-3 データ数を増やしたヒストグラム

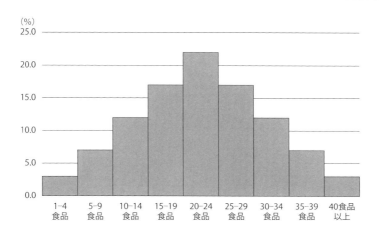

図3-4 正規分布曲線

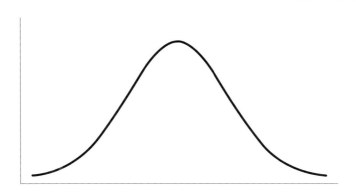

曲線になるだろうということである。正規分布曲線も、ヒストグラムの棒の幅が非常に狭くなったものの集まりなので、ヒストグラムの一種である点に注意してほしい。

正規分布曲線は、「平均を中心として完全に左右対称である」「(平均－1.96×標準偏差)〜(平均＋1.96×標準偏差) の間に、全データの95％が含まれる」などといった性質を持つ。

前者については、正規分布曲線もヒストグラムの一種なので、正規分布曲

図3-5 平均と標準偏差の関係

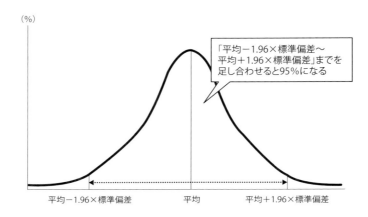

線の端から端までを足し合わせると100％になるとともに、正規分布曲線は左右対称なので、中心（平均）から右側をすべて足し合わせると50％、左側をすべて足し合わせると50％になるという意味である。後者については、図3-5で示しているように、正規分布曲線上の「平均－1.96×標準偏差〜平均＋1.96×標準偏差」の間を足し合わせると95％になるという意味である。

　整理すると、以下のようになる。データからヒストグラムを作成すると、それが正規分布になるとする。データを無数に増やすことは不可能であるが、無数に増やすならば、最終的には正規分布曲線になると仮定する。そういう仮定を置いたうえで、平均と標準偏差の値がわかっているならば、データの95％がとりうる範囲（もしくは、95％の確率でとりうる範囲）を推定できるということである。

　たとえば、あるカー用品店では、1日の来店者数について平均が400名、標準偏差が50名であることがわかっているとしよう。このカー用品店では、1日限りでオリジナルのステッカーを来店者全員に渡したいと考えている。オリジナルのステッカーを全員に渡すには、何個程度を用意しておけばよいだろうか。

　平均と標準偏差しかわからないので、来店者の人数をヒストグラムにすると正規分布するかどうかは実際にはわからないが、データ数を増やしていく

と最終的には正規分布曲線になると仮定しよう。このとき、データの95％が含まれる範囲は、

平均－1.96×標準偏差～平均＋1.96×標準偏差
→400－1.96×50 ～ 400＋1.96×50
→302 ～ 498

となる。これは、「1日の来店者数は95％の確率で302人から498人の間になる」ことを意味する。正規分布曲線は完全に左右対称であることを踏まえれば、来店者数が302人から498人の間になる確率は95％なので、来店者数が302人を下回る確率は2.5％、498人を上回る確率は2.5％になる。したがって、来店者が498名を上回る確率は2.5％なのだから、ステッカーを498個確保しておけば、品切れが生じることはめったにないと判断できる。

特定の値以上（特定の値以下）になる確率を推定する（標準正規分布）

「データの95％が含まれる範囲（もしくは、95％の確率でとりうる範囲）」の推定方法について解説した。ただし、来店者数が「600人以上になる確率」「200人以下になる確率」「300人～500人になる確率」といった問いには答えることができない。この問いに答えるには「標準正規分布」を学ぶ必要がある。

標準正規分布とは平均が0、標準偏差が1の正規分布曲線であり、図3-6のような形をしている。まず、マイナスの値からプラスの値までが並んでいる状況を考える。これらは単なる数字であって、体重や身長を測定するときのような単位は存在しない。そして、並んでいる数字の平均は0、標準偏差は1であるとする。これらの数字をもとに作成されたものが標準正規分布である。標準正規分布は、平均が0、標準偏差が1なので、

0－1.96×1 ～ 0＋1.96×1
→－1.96 ～ ＋1.96

図3-6 標準正規分布①

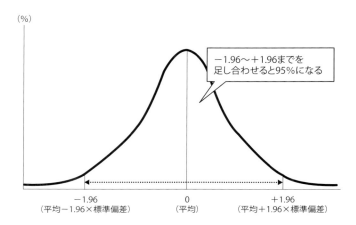

の間に95%のデータが含まれることになる。

標準正規分布上では、「特定の値以上」「特定の値以下」「特定の値から特定の値」に何%のデータが入るのかが、すでにわかっている。何%のデータが入るのかについては、「標準正規分布表」から知ることができる。表3-5が標準正規分布表である。

標準正規分布表は、標準正規分布上における平均（0）から特定の値（Z）までに何%のデータが含まれるのかを示している（図3-7）。

たとえば、「標準正規分布」上で0から1.15の間に何%のデータが含まれるのかを調べてみよう。まず、表3-5の標準正規分布表を使い、「左端列で1.1と書いてある箇所を探す」。次に「右に進み、0.05と書いてある列と交わる箇所を探す」。

この手順で当該箇所を探すと0.3749と書いてある。これは、標準正規分布上では0〜1.15の間に37.49%のデータが含まれている（もしくは、標準正規分布上では0〜1.15の値をとる確率は37.49%）という意味である。さらに1.15以上に何%のデータが含まれているかを知りたい場合には、50%から37.49%を差し引けばよい。なぜならば、標準正規分布は左右対称なので、0から右半分は50%のデータ（0から左半分も50%のデータ）が入っているためである。

表3-5　標準正規分布表

Z	0.00	0.01	0.02	0.03	0.04	0.05	0.06	0.07	0.08	0.09
0.0	0.0000	0.0040	0.0080	0.0120	0.0160	0.0199	0.0239	0.0279	0.0319	0.0359
0.1	0.0398	0.0438	0.0478	0.0517	0.0557	0.0596	0.0636	0.0675	0.0714	0.0753
0.2	0.0793	0.0832	0.0871	0.0910	0.0948	0.0987	0.1026	0.1064	0.1103	0.1141
0.3	0.1179	0.1217	0.1255	0.1293	0.1331	0.1368	0.1406	0.1443	0.1480	0.1517
0.4	0.1554	0.1591	0.1628	0.1664	0.1700	0.1736	0.1772	0.1808	0.1844	0.1879
0.5	0.1915	0.1950	0.1985	0.2019	0.2054	0.2088	0.2123	0.2157	0.2190	0.2224
0.6	0.2257	0.2291	0.2324	0.2357	0.2389	0.2422	0.2454	0.2486	0.2517	0.2549
0.7	0.2580	0.2611	0.2642	0.2673	0.2704	0.2734	0.2764	0.2794	0.2823	0.2852
0.8	0.2881	0.2910	0.2939	0.2967	0.2995	0.3023	0.3051	0.3078	0.3106	0.3133
0.9	0.3159	0.3186	0.3212	0.3238	0.3264	0.3289	0.3315	0.3340	0.3365	0.3389
1.0	0.3413	0.3438	0.3461	0.3485	0.3508	0.3531	0.3554	0.3577	0.3599	0.3621
1.1	0.3643	0.3665	0.3686	0.3708	0.3729	**0.3749**	0.3770	0.3790	0.3810	0.3830
1.2	0.3849	0.3869	0.3888	0.3907	0.3925	0.3944	0.3962	0.3980	0.3997	0.4015
1.3	0.4032	0.4049	0.4066	0.4082	0.4099	0.4115	0.4131	0.4147	0.4162	0.4177
1.4	0.4192	0.4207	0.4222	0.4236	0.4251	0.4265	0.4279	0.4292	0.4306	0.4319
1.5	0.4332	0.4345	0.4357	0.4370	0.4382	0.4394	0.4406	0.4418	0.4429	0.4441
1.6	0.4452	0.4463	0.4474	0.4484	0.4495	0.4505	0.4515	0.4525	0.4535	0.4545
1.7	0.4554	0.4564	0.4573	0.4582	0.4591	0.4599	0.4608	0.4616	0.4625	0.4633
1.8	0.4641	0.4649	0.4656	0.4664	0.4671	0.4678	0.4686	0.4693	0.4699	0.4706
1.9	0.4713	0.4719	0.4726	0.4732	0.4738	0.4744	0.4750	0.4756	0.4761	0.4767
2.0	0.4772	0.4778	0.4783	0.4788	0.4793	0.4798	0.4803	0.4808	0.4812	0.4817
2.1	0.4821	0.4826	0.4830	0.4834	0.4838	0.4842	0.4846	0.4850	0.4854	0.4857
2.2	**0.4861**	0.4864	0.4868	0.4871	0.4875	0.4878	0.4881	0.4884	0.4887	0.4890
2.3	0.4893	0.4896	0.4898	0.4901	0.4904	0.4906	0.4909	0.4911	0.4913	0.4916
2.4	0.4918	0.4920	0.4922	0.4925	0.4927	0.4929	0.4931	0.4932	0.4934	0.4936
2.5	0.4938	0.4940	0.4941	0.4943	0.4945	0.4946	0.4948	0.4949	0.4951	0.4952
2.6	0.4953	0.4955	0.4956	0.4957	0.4959	0.4960	0.4961	0.4962	0.4963	0.4964
2.7	0.4965	0.4966	0.4967	0.4968	0.4969	0.4970	0.4971	0.4972	0.4973	0.4974
2.8	0.4974	0.4975	0.4976	0.4977	0.4977	0.4978	0.4979	0.4979	0.4980	0.4981
2.9	0.4981	0.4982	0.4982	0.4983	0.4984	0.4984	0.4985	0.4985	0.4986	0.4986
3.0	0.4987	0.4987	0.4987	0.4988	0.4988	0.4989	0.4989	0.4989	0.4990	0.4990

図3-7　標準正規分布②

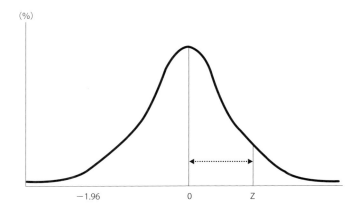

　先のカー用品店の例を使い、仮に、来店者数が510人以上になる確率を知りたいとしよう。これには2つの手順を必要とする。最初のステップとして、値を「標準化」して標準正規分布上の値に変換する。特定の値に対して標準化というデータ変換作業を行うと、どのような値でも標準正規分布上の値に変換することができる。標準化は、

(データの値－平均)÷標準偏差

という計算で行うことができる。カー用品店の例では、来店者数の平均は400（標準偏差は50）であった。また、平均と標準偏差から、来店者数は95％の確率で302人から498人の間になることを解説した。そこで、302、400、498という値を標準化してみよう。

$(302 - 400) \div 50 = -1.96$
$(400 - 400) \div 50 = 0$
$(498 - 400) \div 50 = 1.96$

　標準化によって、400という平均が、標準正規分布上の平均である0に変

図3-8　正規分布曲線と標準正規分布①

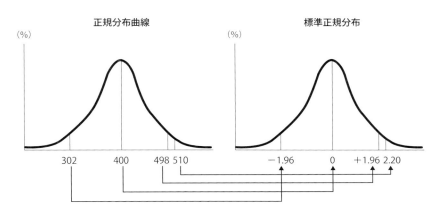

換され、95％の区間である302から498が、標準正規分布上の95％の区間である−1.96、1.96に変換された。このように、標準化をすることで標準正規分布上の値に変換することができる。

では、510という値は、標準正規分布上ではどのような値に対応するのだろうか。同じように標準化を行うと、

$$(510 - 400) \div 50 = 2.2$$

となる。つまり、510という値は、標準正規分布上では2.20という値に相当する。この関係を図3-8に示す。

510という値が、標準正規分布上では2.20という値に対応することがわかった。そこで、標準正規分布表を使い、2.2以上になる確率を調べる。標準正規分布表を使って、「左端列で2.2と書いてある箇所を探す」「右に進み、0.00と書いてある列と交わる箇所を探す」と、0〜2.20にはデータの48.61％が含まれている（もしくは、0〜2.20の値をとる確率は48.61％である）ということがわかる。知りたいのは2.20以上になる確率なので、50％から48.61％を差し引けばよい。すると、1.39％ということがわかる（図3-9）。これが、来店者数が510人以上になる確率である。

図3-9　正規分布曲線と標準正規分布②

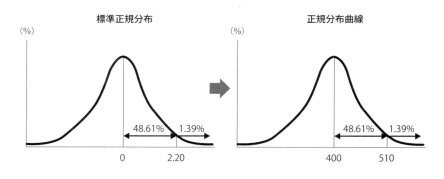

多変量解析

2つのデータ間の関係性を視覚的に判断する（散布図）

　ビジネス上でも、「コンビニ店頭の品揃え数と来店客数の関係はどうだろうか？」「気温と販売量との関係はどうだろうか？」といったように、2つのデータ間の関係性に着目することは多いだろう。

　2つのデータ間の関係を調べる際には、「散布図」「相関係数」を使うことが多い。散布図とは2つのデータの関係を視覚的に示す図であり、相関係数とは2つのデータの関係を数値で表したものである。

　ある家具店が、2つの地区における折込チラシの配布枚数と来店客数との関係を調べたいと考えているとしよう。表3-6と表3-7は、A地区とB地区の折込チラシの配布枚数と当日の来店客数に関するデータである。図3-10・図3-11は、各データをもとに、配布枚数を横軸、来店客数を縦軸にして配置した散布図である。それぞれ10個のデータがあるため、点は10個ある。

　この散布図を見ると、A地区における点の散らばりは右上がりとなってい

表3-6 A地区の配布枚数と来店客数

配布枚数	来店客数
1,250	220
1,000	120
2,500	320
2,800	300
3,000	450
1,500	250
3,200	400
1,800	186
900	150
4,000	500

表3-7 B地区の配布枚数と来店客数

配布枚数	来店客数
1,200	280
980	200
2,000	320
2,600	180
1,200	350
1,800	250
2,400	250
1,800	186
1,200	320
3,500	350

る。つまり、配布枚数が多くなるほど、来店客数が多くなっていることがわかる。一方、B地区に関しては、そのような関係性はないようである。

　2つのデータ間の関係性を分析するにあたって、この関係性には大きく分けると3つの種類がある。

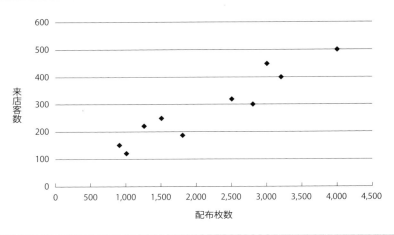

図3-10　A地区の散布図

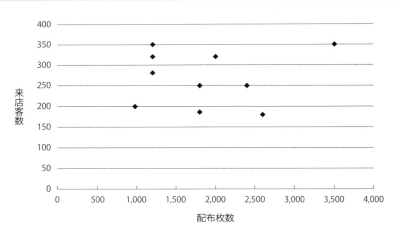

図3-11　B地区の散布図

(1) 正の関係（右上がりの関係）

　片方のデータの値が大きくなると、片方のデータの値も大きくなるという関係である。この場合、図3-12のように、散布図上の点の分布は右上がりになる。

図3-12 正の関係

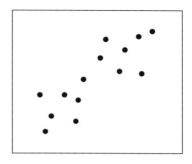

図3-13 負の関係

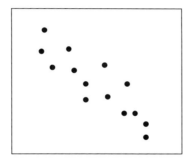

図3-14 関係なし

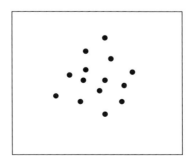

(2) 負の関係（右下がりの関係）

片方のデータの値が大きくなると、片方のデータの値は小さくなるという関係である。この場合、図3-13のように、散布図上の点の分布は右下がりになる。

(3) 関係なし

2つのデータの間に関係がない場合には、図3-14のように、散布図上の点の分布は右上がりにも右下がりにもならない。

2つのデータ間の関係性を客観的指標から判断する（相関係数）

散布図から2つのデータ間の関係性を把握する方法は、関係性を視覚化したい場合には適しているが、見た目で関係性を判断する場合、同じ散布図を見て、ある人は「正の関係」があると判断し、またある人は「負の関係」があると判断するかもしれない。

2つのデータ間の関係性について、誰が見ても同じような判断ができる客観的な指標が相関係数である。そこで、先の配布枚数と来店客数のデータ（表3-6・表3-7）を使って、相関係数を算出した（表3-8・表3-9）。

表3-8・表3-9について配布枚数と来店客数が交差する箇所の値を確認すると、A地区は0.95、B地区は0.08という値になっている。この値が配布枚数と来店客数の相関係数であり、2つのデータ間の関係性を表している。

相関係数は、表計算ソフトのエクセルで簡単に算出することができる。そのため、本書では相関係数の具体的な計算式については専門書に譲り、相関係数の解釈の仕方について解説する。

相関係数の解釈にあたっては、まず、相関係数の絶対値に着目する。絶対値とはプラスやマイナスを無視した値の大きさを指す。そして、絶対値が大きければ大きいほど、2つのデータ間の関係性は強いと判断する。関係性の強さに関しては、一般的に使われている目安があるため、以下を参考にして判断するとよい。

表3-8　A地区の相関係数

	配布枚数	来店客数
配布枚数	1	
来店客数	0.95	1

表3-9　B地区の相関係数

	配布枚数	来店客数
配布枚数	1	
来店客数	0.08	1

0〜0.2：ほとんど関係性なし
0.2〜0.4：やや関係性あり
0.4〜0.7：かなり関係性あり
0.7〜1.0：強い関係性あり

　A地区の配布枚数と来店客数の関係性を示す0.95という値は、0.7〜1.0の間に収まっているので、「強い関係性あり」と判断できる。一方、B地区の配布枚数と来店客数の関係性を示す0.08という値は、0〜0.2の間に収まっているので、「ほとんど関係性なし」と判断できる。

　次に、相関係数の符号に注目する。符号がプラスであれば「正の関係」、マイナスであれば「負の関係」を意味する。A地区の符号はプラスとなっているため、配布枚数と来店客数の間には、配布枚数を増やすと（減らすと）来店客数が増える（減る）といった、正の関係があることがわかる。

　このように相関係数を使えば、客観的かつ効率的に2つのデータ間の関係性を判断することができる。

　なお、表計算ソフトのエクセルを使えば、散布図の作成に加えて、先に述べたように相関係数を算出することができる。

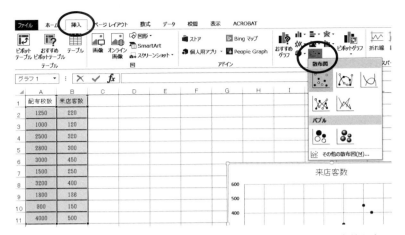

散布図に関しては、エクセル上でラベル（たとえば、配布枚数・来店客数と書いてあるセル）を含めたデータエリアを指定し、「挿入」→「グラフ」グループから「散布図」を選択すればよい。

手順1

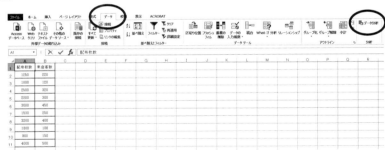

相関係数の算出に関しては、「データ」→「分析」グループから「データ分析」を選択する。

手順2

「相関」を選択し、OKボタンを押す。

手順3

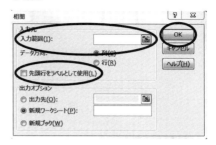

「入力範囲」にラベルを含めたデータエリアを指定する。「先頭行をラベルとして使用」にチェックを入れる。OKボタンを押す。

設定によっては、「データ分析」がエクセル上に表示されない場合がある。そのときは、エクセルの「ファイル」→「オプション」→「アドイン」から、「Excelアドイン」の設定ボタンを押し、「分析ツール」にチェックを入れてOKボタンを押せばよい。

データ間の関係性を利用して予測する（回帰分析）

データ間の関係性を調べる手法として散布図と相関係数について解説したが、このようなデータ間の関係性を利用すると予測が可能になる。

表3-10は、表3-6のデータを、配布枚数順に並べ替えたものである。表3-10を眺めるだけでも、若干のブレはあるものの、配布枚数が多くなるにし

表3-10 A地区の配布枚数と来店客数

配布枚数	来店客数
900	150
1,000	120
1,250	220
1,500	250
1,800	186
2,500	320
2,800	300
3,000	450
3,200	400
4,000	500

たがって来店客数は増える傾向にあることがわかる。

　仮に、このデータから配布枚数を2000枚にしたときの来店客数を予測してみよう。データから推測するならば、1800枚を配布したときの来店客数は186人、2500枚を配布したときの来店客数は320人なので、この傾向を見る限り、2000枚にしたときの来店客数は250人あたりだろうか。

　このように、配布枚数と来店客数の関係性に着目すると簡単な予測が可能だが、回帰分析という手法は、同じようにデータ間の関係性を利用して予測する手法である。

　回帰分析をするにあたっては、原因と結果の関係を決めることから始める。今回の例で言えば、配布枚数で来店客数を予測したいため、原因が「配布枚数」、結果が「来店客数」と考える。統計学では、原因となるデータを「独立変数」、結果となるデータを「従属変数」、と呼んでいる。今回の例で言えば、独立変数が「配布枚数」、従属変数が「来店客数」となる。

　図3-10の散布図の点の散らばりに沿って直線を引いたのが、図3-15である。回帰分析では、配布枚数と来店客数の関係をもとに、点の散らばりに沿うようにして図3-15のような直線を引く。この直線を使って予測をするのが回帰分析である。

　図3-15を使って説明をするならば、たとえば配布枚数が2000枚のときの

図3-15　散布図と回帰分析

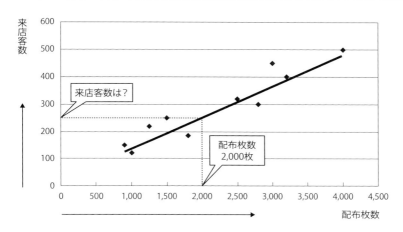

　来店客数を予測したい場合、配布枚数2000枚から直線に向かって垂線を引く。そして、直線と交わったところで、この垂線の高さが散布図上でどれくらいの来店客数に相当するのかを確認する。これが予測される来店客数になる。

　この直線の引き方に関しては、複雑な計算が必要になるため、その考え方についてのみ解説する。

　図3-16は、データが4つしかない場合の散布図であるとしよう。回帰分析では、点A・B・C・Dの散らばりの傾向に沿って、直線と4つの点との差（図3-16における矢印の長さ）の合計が最も小さくなるように調整して直線を引いている。

　もう少し具体的に解説すると、直線と4つの点との「差の2乗」の合計が最も小さくなるように直線を引いている。これは、直線からの差をそのまま合計してしまうと、プラスの値とマイナスの値で打ち消しあってしまうというのがその理由である。たとえば、点A・Dは直線よりも上にあるため、直線との差は数値上、プラスである。一方、点B・Cは直線よりも下にあるため、直線との差は数値上、マイナスである。そのため、点と直線との差をすべてプラスの値にするために2乗している。

　図3-15では直線を、散布図上に描いている。ただし、散布図上の直線から来店客数を予測しようとすれば、見た目で判断しなければならない。具体

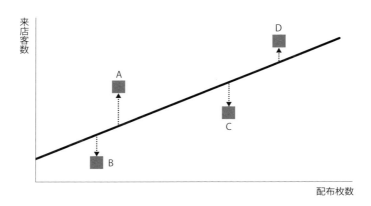

図3-16　回帰分析における直線の引き方

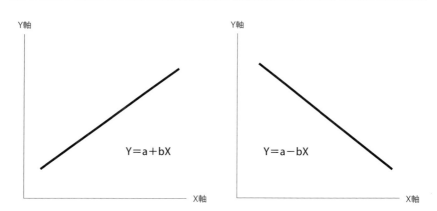

図3-17　直線と数式

的に来店客数を予測したいならば、この直線を数式で表す必要がある。

　一般的に、散布図上の縦軸はY軸、横軸はX軸と呼ばれる。そして、Y軸とX軸上に直線を引っ張ったとき、その直線が右上がりのときは「Y＝a＋bX」、右下がりのときは「Y＝a－bX」という数式で表すことができる（図3-17）。たとえば、図3-15のY軸は来店客数、X軸は配布枚数に相当し、そこに引いた直線は右上がりなので、その直線は「来店客数＝a＋b×配布枚数」で表すことができる。

aとbの値がわかれば、配布枚数に何かしらの値を入れることで、来店客数を予測することができる。相関係数の算出と同様、エクセルを使えば、回帰分析を実施することができる。

手順1

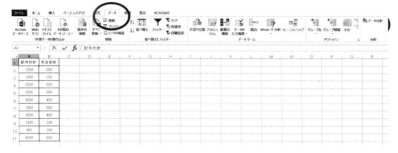

「データ」→「分析」グループから「データ分析」を選択する。

手順2

「回帰分析」を選択し、OKボタンを押す。

手順3

「入力Y範囲」にラベルを含めた従属変数を指定する。「入力X範囲」にラベルを含めた独立変数を指定する。「ラベル」にチェックを入れる。OKボタンを押す。

　表3-11が、エクセルで回帰分析を実行した後に出力される結果である。さまざまな数値が出力されるが、主に確認すべき箇所に印をつけている。

表3-11 A地区の配布枚数と来店客数に関する回帰分析の結果

概要

回帰統計	
重相関 R	0.95
重決定 R2	0.89
補正 R2	0.88
標準誤差	44.47
観測数	10

分散分析表

	自由度	変動	分散	観測された分散比	有意 F
回帰	1	132796.67	132796.67	67.16	0.00
残差	8	15817.73	1977.22		
合計	9	148614.40			

	係数	標準誤差	t	P −値	下限 95%	上限 95%	下限 95.0%	上限 95.0%
切片	36.81	33.90	1.09	0.31	−41.36	114.98	−41.36	114.98
配布枚数	0.12	0.01	8.20	0.00	0.08	0.15	0.08	0.15

係数を確認し、予測式を作成する

「係数」における「切片」はaの値、「配布枚数」はbの値を示している。「切片」は36.81、「配布枚数」は0.12となっているので、直線を数式で表すと「来店客数＝36.81＋0.12×配布枚数」となる。チラシ2000枚を配布する場合には、配布枚数に2000という値を入れると、「来店客数＝36.81＋0.12×2,000＝276.8」となり、来店客数は277人程度になるということが予測される。

重決定R2を確認し、予測式の信頼性を確認する

回帰分析の結果から、配布枚数が2000枚のときの来店客数は277人程度になることが予測された。この結果の信頼性を判断する指標が「重決定R2」である。重決定R2の値が大きければ大きいほど、予測式から導かれた結果は信頼性が高いと判断する。どの程度、重決定R2の値が大きければ良いのかに関しては諸説あるが、0.4以上であれば問題はないと判断してよい。

信頼性がどのように計算されているかについて、図3-18・図3-19・図3-

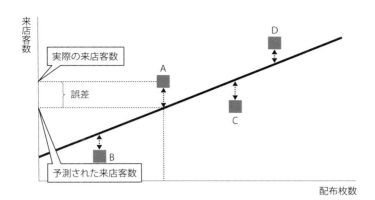

図3-18　重決定R2が大きいケース

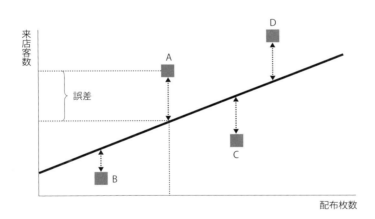

図3-19　重決定R2が小さいケース

20を使い説明しよう。

　配布枚数と来店客数の関係を示す散布図が3つあるとする。それぞれの散布図上に直線が引かれている。図3-18は図3-19と比較して、直線と各点との距離が短くなっている。直線と各点との距離が短いということは、回帰分析により予測される結果と実際の結果との誤差が小さいということを意味する。逆に直線と各点との距離が長いということは、回帰分析により予測される結果と実際の結果との誤差が大きいということを意味する。

図3-20 重決定R2が最大値をとるケース

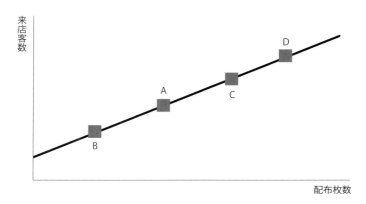

表3-12 B地区の配布枚数と来店客数に関する回帰分析の結果

概要

回帰統計	
重相関 R	0.08
重決定 R2	0.01
補正 R2	− 0.12
標準誤差	69.37
観測数	10

分散分析表

	自由度	変動	分散	観測された分散比	有意 F
回帰	1	234.46	234.46	0.05	0.83
残差	8	38501.94	4812.74		
合計	9	38736.40			

	係数	標準誤差	t	P−値	下限 95%	上限 95%	下限 95.0%	上限 95.0%
切片	256.55	58.83	4.36	0.00	120.89	392.21	120.89	392.21
配布枚数	0.01	0.03	0.22	0.83	− 0.06	0.07	− 0.06	0.07

　そして、実際のデータと予測された結果の誤差を計算し、誤差の平均が小さい場合は重決定R2の値は大きくなり、誤差の平均が大きい場合は重決定R2の値は小さくなるようになっている。たとえば、図3-18のデータに対し

て回帰分析をしたときの重決定R2の値は、図3-19の重決定R2の値よりも大きくなる。また、現実にはありえないことであるが、図3-20のように直線がすべての点に沿っていれば、重決定R2は最大の値である1をとることになる。

今回のケースで言えば、重決定R2は0.89となっているため、回帰分析により予測される結果の信頼性は高いと言える。

表3-7のB地区の配布枚数と来店客数のデータを使い回帰分析を行った結果が表3-12である。重決定R2は0.01となっており、回帰分析の結果から予測式を作成して予測したとしても、予測された結果の信頼性は高くないことが示されている。

データ間の関係性を利用して予測する（重回帰分析）

回帰分析は、理屈のうえでは独立変数はいくつあっても構わない。同じ回帰分析ではあるが、独立変数が1つだけの場合には「単回帰分析」、独立変数が2つ以上の場合には「重回帰分析」と呼び名を変えている。先の来店客数とチラシ配布枚数の例は、単回帰分析のケースとなる。仮に来店客数とチラシ配布枚数のデータに加え、その日の気温に関するデータがあったとしよう（表3-13）。

ここでは、来店客数を配布枚数と気温の2つの独立変数から予測する。重回帰分析では、独立変数が複数あるため、$Y = a + bX + cX'$……というように、予測式を構成する項目が増える。今回の例で言えば、「来店客数＝a＋b×配布枚数＋c×気温」という予測式になる。

エクセルで重回帰分析を行う場合も、単回帰分析の場合と同様である。「入力X範囲」にラベルを含めた独立変数をすべて指定すればよい。従属変数を来店客数、独立変数を配布枚数・気温として、エクセルで回帰分析をした結果が表3-14である。

まず、係数を確認し予測式を作る。係数における「切片」はaの値、「配布枚数」はbの値、「気温」はcの値を示している。「切片」は－65.46、「配布枚数」は0.11、「気温」は6.59となっているため、予測式は、「来店客数＝－

表3-13　A地区の配布枚数・気温と来店客数

配布枚数	気温	来店客数
1,250	24	220
1,000	15	120
2,500	22	320
2,800	16	300
3,000	23	450
1,500	15	250
3,200	23	400
1,800	10	186
900	19	150
4,000	20	500

65.46＋0.11×配布枚数＋6.59×気温」となる。

　この予測式に値を入れれば、それに対応した来店客数を予測することができる。たとえば、チラシ配布枚数が1500枚で、気温が20度のときの来店客数は、「来店客数＝－65.46＋0.11×1500＋6.59×20＝231.3人」となる。

　単回帰分析では、予測式の信頼性は重決定R2から判断したが、重回帰分析の場合には、一般的に補正R2から信頼性を確認する。これは、重決定R2の算出には、独立変数が多くなるにつれて、重決定R2の値も大きくなってしまうという計算上の問題があるためである。

　たとえば、独立変数を1つから2つに増やしたとき、重決定R2が高くなったとしよう。この理由は2つ考えられる。1つは、独立変数を増やしたことで実際に予測式の信頼性が高まった。2つ目は、計算上、重決定R2の値が大きくなってしまっただけという解釈である。

　これでは、信頼性の判断が難しくなるので、計算上の問題による重決定R2の増加分を調整する必要がある。このようにして調整された重決定R2が補正R2である。補正R2に関しても、0.4以上あれば問題ないと解釈して構わない。

表3-14　A地区の配布枚数・気温と来店客数に関する重回帰分析の結果

概要

回帰統計	
重相関 R	0.97
重決定 R2	0.94
補正 R2	0.93
標準誤差	34.97
観測数	10

分散分析表

	自由度	変動	分散	観測された分散比	有意 F
回帰	2	140053.40	70026.70	57.26	0.00
残差	7	8561.00	1223.00		
合計	9	148614.40			

	係数	標準誤差	t	P-値	下限 95%	上限 95%	下限 95.0%	上限 95.0%
切片	-65.46	49.73	-1.32	0.23	-183.05	52.14	-183.05	52.14
配布枚数	0.11	0.01	9.00	0.00	0.08	0.13	0.08	0.13
気温	6.59	2.71	2.44	0.05	0.19	12.99	0.19	12.99

重回帰分析を行ううえでの注意点

　重回帰分析を行うにあたり、独立変数がいくつあっても構わないが、独立変数間で関係性が強い場合には、予測式に不具合が生じることがある。たとえば、来店客数・配布枚数・気温のデータに、特売商品点数のデータを追加したとしよう（表3-15）。配布枚数・気温・特売商品点数・来店客数の相関係数を算出した（表3-16）。

　表3-16を見ると、独立変数である「配布枚数」「特売商品点数」間の相関係数の値が大きいことがわかる。このデータを使って重回帰分析をした（表3-17）。

　結果から、予測式は「来店客数＝－70.29＋0.13×配布枚数＋7.14×気温＋(－3.28)×特売商品点数」となる。相関係数を見ると、来店客数と特売商

表3-15　A地区の配布枚数・気温・特売商品点数と来店客数

配布枚数	気温	特売商品点数	来店客数
1,250	24	15	220
1,000	15	8	120
2,500	22	25	320
2,800	16	28	300
3,000	23	22	450
1,500	15	10	250
3,200	23	20	400
1,800	10	12	186
900	19	5	150
4,000	20	30	500

表3-16　配布枚数・気温・特売商品点数・来店客数間の相関係数

	配布枚数	気温	特売商品点数	来店客数
配布枚数	1			
気温	0.33	1		
特売商品点数	0.90	0.38	1	
来店客数	0.95	0.52	0.83	1

品点数の相関係数は0.83なので、特売商品点数が多ければ、来店客数も増えるという関係があることがわかる。しかし、重回帰分析による予測式は、特売商品点数の係数はマイナスなので、特売商品点数が多ければ、来店客数は減ることを意味している。

　このように、重回帰分析を実施する際、独立変数間に強い相関がある場合に生じる問題を「多重共線性」と呼んでいる。このような場合には、関係性の強いデータを同時に使わず、いずれか一方を除外する必要がある。今回の例では、「配布枚数」「気温」を独立変数に採用する、もしくは、「特売商品点数」「気温」を独立変数に採用して重回帰分析を行うことで、生じる問題に対

表3-17 A地区の配布枚数・気温・特売商品点数を独立変数とした重回帰分析の結果

概要

回帰統計	
重相関 R	0.98
重決定 R2	0.95
補正 R2	0.93
標準誤差	34.62
観測数	10

分散分析表

	自由度	変動	分散	観測された分散比	有意 F
回帰	3	141423.30	47141.10	39.33	0.00
残差	6	7191.10	1198.52		
合計	9	148614.40			

	係数	標準誤差	t	P−値	下限 95%	上限 95%	下限 95.0%	上限 95.0%
切片	−70.29	49.44	−1.42	0.20	−191.27	50.68	−191.27	50.68
配布枚数	0.13	0.02	5.18	0.00	0.07	0.19	0.07	0.19
気温	7.14	2.73	2.62	0.04	0.47	13.82	0.47	13.82
特売商品点数	−3.28	3.07	−1.07	0.33	−10.78	4.22	−10.78	4.22

処することができる。

演習問題

問題1. ある弁当屋では、1日あたりのおにぎりの販売個数の平均が80個、標準偏差が10個であるとしよう。おにぎりの販売個数は正規分布していると仮定するならば、この弁当屋がおにぎりの品切れの確率を3％以下にするには、1日あたり何個のおにぎりを作っておけばよいだろうか。

問題2. 以下の表は、関東地域における総合スーパーの店舗数と人口のデータである。相関係数を算出し、店舗数と人口の関係性を調べなさい。

	神奈川県	千葉県	東京都	栃木県	茨城県	群馬県	埼玉県
店舗数	90	93	123	22	29	36	74
人口（千人）	9,048	6,216	13,159	2,008	2,970	2,008	7,195

問題3．以下の表は、コンビニエンスストアの駅からの距離と1日あたりの売上のデータである。回帰分析を行い、コンビニエンスストアが駅から1000mの場所にある場合の1日あたりの売上を予測しなさい。

	店舗A	店舗B	店舗C	店舗D	店舗E	店舗F	店舗G	店舗H	店舗I	店舗J
駅からの距離（m）	580	190	720	1,200	120	1,800	980	620	110	500
1日の売上（万円）	55	84	32	44	102	28	75	68	90	58

演習問題解答

解答1．

　品切れの確率を3％に抑えたいのだから、標準正規分布上で0～Zに入る確率が47％となるZの値を探せばよい。表3-5の標準正規分布表から探すと、約47％（0.4699）となるのはZが1.88のときである。

　　Z＝(データの値－平均)÷標準偏差

だから、Z＝1.88、平均＝80、標準偏差＝10を式に代入すればよい。

　　1.88＝(データの値－80)÷10

　　データの値＝98.8

したがって、おにぎりを99個作っておけばよい。

解答2．

　相関係数は0.95であり、強い関係性があること、また、値はプラスである

ので、正の関係性があることがわかる。

	店舗数	人口（千人）
店舗数	1	
人口（千人）	0.948082534	1

解答3.

　回帰分析の結果から、予測式は「1日あたりの売上＝88.52－0.04×駅からの距離」となる。今回は駅からの距離が1000mのときの売上を予測したいので約49万円（88.52－0.04×1,000＝48.52）となる。

概要

回帰統計	
重相関 R	0.785979591
重決定 R2	0.617763918
補正 R2	0.569984408
標準誤差	16.19951179
観測数	10

分散分析表

	自由度	変動	分散	観測された分散比	有意 F
回帰	1	3393.006542	3393.006542	12.92947363	0.007025457
残差	8	2099.393458	262.4241822		
合計	9	5492.4			

	係数	標準誤差	t	P－値	下限 95%	上限 95%	下限 95.0%	上限 95.0%
切片	88.52170833	8.618543737	10.27107491	0.000006949	68.64731085	108.3961058	68.64731085	108.3961058
駅からの距離（m）	－0.036542094	0.010162557	－3.595757726	0.007025457	－0.059976994	－0.013107195	－0.059976994	－0.013107195

【参考文献】

上田太一郎著『新版　Excelでできるデータマイニング入門』同友館，2001年

内田学，兼子良久，斉藤嘉一著『文系でもわかるビジネス統計入門』東洋経済新報社，2010年

内田学，兼子良久著『仕事が10倍速くなる！　統計学の活かし方』PHP研究所，2011年

内田学，兼子良久，矢野佑樹著『ビジュアル　ビジネスに活かす統計入門』日本経済新聞出版社，2012年

兼子良久著，内田学監修『専門知識ゼロでも使いこなせる　ビジネス統計入門』アスキー・メディアワークス，2010年

小島寛之著『完全独習　統計学入門』ダイヤモンド社，2006年

前野昌弘，三國彰著『図解でわかる　統計解析――データの見方・取り方から回帰分析・多変量解析まで』日本実業出版社，2000年

第4章 アカウンティング
Accounting

この章のキーワード
- 財務会計
- 損益計算書
- 収益
- 費用
- 利益
- 貸借対照表
- 資産
- 負債
- 純資産
- 棚卸資産会計
- 金融商品会計
- 固定資産会計
- 引当金会計
- 連結会計
- 財務分析

この章で何を学ぶか

　会計はなぜ重要なのか。端的に指摘すると、企業活動の良否は、会計情報でしか判断できないためである。

　ある企業のビジネス活動がどれくらいうまくいっているかは、金額で示すほかはない。また企業存続のためには、そもそも投資した資金が回収できているかどうか、回収余剰がどれくらい出ているのか把握する必要があり、そのために会計は重要な役割を担っている。

　本章では、重要な役割を担う会計についての基本的な原理について学んでもらいたい。とりわけ、読者にとって重要なことは、会計の報告書たる財務諸表の構造を理解することである。あるいは、財務諸表の構造を支えている原則を理解することといってもよいかもしれない。

　本章では、細かいことにとらわれずに大きな流れを理解していただきたい。

アカウンティングの本質

会計とは

　企業はさまざまな活動を行うが、その際に必要となるのがアカウンティング（以下、会計）である。会計とは、記録と報告という2つの要素から構成される。これはすべての会計に共通する要素である。会計には財務会計、管理会計、その他さまざまな種類が存在するが、本章では財務会計を取り扱っていく。

財務会計と管理会計

(1) 財務会計

　企業にはさまざまな利害関係者が存在する。彼らのことをステークホルダーと呼ぶ。ステークホルダーとして、資金提供者である株主（投資家）・金融機関（債権者）、取引先、顧客、税務当局、行政官庁、地域住民等が指摘できる。

　企業は利害関係者の存在なくして、存続することができない。たとえば、資金を提供してくれる株主（投資家）が存在しないと企業活動を行うことはできない。

　ステークホルダーは、状況の良い企業や魅力のある企業と関係を持つことを望んでいる。そこで企業はステークホルダーに自らの状況を報告することになる。ここで自らの状況とは、財政状態や経営成績のことである。

　企業は利害関係者と適切な関係を結ぶために企業の経済活動を貨幣額によって捉え、企業の利害関係者（ステークホルダー）に情報を提供する必要がある。そのための会計が財務会計である。利害関係者は企業の外部に存在し、

表4-1 財務会計と管理会計の比較

	財務会計	管理会計
情報利用者	利害関係者(外部)	経営者・管理者(内部)
利用目的	企業業績の把握	意思決定・業績管理
対象時点	過去	過去・現在・未来
報告書	財務諸表(決算書)	社内文書(予算についての文書等)
社会的要請	強制	任意
法規制	会社法・金融商品取引法	法規制なし
情報の性質	適正性	有用性・目的適合性・適時性

出所:櫻井通晴著『管理会計 第4版』同文舘出版, 2009年, p.14をもとに加筆修正

彼らに対して報告するものであるから、財務会計は外部報告会計とも呼ばれる。

(2) 管理会計

企業経営の目的は、企業価値を高めることである。そのために、経営者は計画に基づき全体の目的を明確にし、それをどのような手段で達成するか、誰がやるかを明示しなくてはならない。また結果がどうであったか、そのフィードバックが必要となる。

このような一連の企業活動において、管理会計は、経営者および管理者に有用な情報を提供する。ここで管理会計とは、企業経営において必要な財務情報および非財務情報(金額で示されない情報)を、経営者や管理者の目的に応じ、彼らの意思決定に適合的な形で提供する会計である。すなわち、よりよい企業経営を行うために、経営者に有用な情報を提供する会計である。

(3) 財務会計と管理会計の比較

上述したことをまとめると、両者の性質はかなり異なることが理解できる。そもそも財務会計の情報利用者は企業の外部にいる利害関係者であり、管理

会計の情報利用者は内部の経営者・管理者である。

　財務会計において、利害関係者は企業の状況を把握し自らの投資意思決定に役立てるために財務会計の情報を用いることになる。そこで要請される財務会計情報の性質は「適正性」である。適正性というのはある種の正しさを表現しているが、単なる正確性という意味ではなく、投資者の証券投資（株式投資）の意思決定を誤らせない程度の正しさを意味している。すなわち、財務諸表は1円単位で正確に会計情報が作成されているわけではないことを示唆している。

会計の目的

　会計の役割や機能としては、利害調整機能と情報提供機能が存在する。

(1) 利害調整機能

　利害調整機能とは、現代の株式会社制度において対立関係にある株主と経営者、株主と債権者の利害関係を調整する役割のことである。

　利害調整機能は古くからある伝統的な機能である。たとえば、株主からすると経営者の多額の報酬は好ましくなく、他方で経営者からすると株主への多額の配当は好ましくない傾向がある。利益を獲得したなら、なるべく内部留保して新事業の投資に振り向けたほうがよい状況は存在するからである。

　財務会計はそのような場合に、配当の金額や内部留保の金額を確定することで、利害対立を防ぐ役割を有する。

(2) 情報提供機能

　情報提供機能とは、投資者に対して、証券投資（株式投資）の意思決定に有用な情報を提供して投資者を保護し、証券市場がその機能を円滑に遂行できるようにするものである。

　近年の会計制度の変更は、情報提供機能を重視して実施されるものが多くなっており、今後も会計制度は変化し続けることが予想される。とりわけ近年議論されたのが、国際会計基準（IFRS）についてであろう。このように、

情報提供機能は近年ますます重要視される傾向にある。

会計制度

　企業は財務諸表を作成するにあたり、会社法、金融商品取引法、法人税法といった3つの法律の規制を受けることになる。このような法律に基づく会計は、制度会計といわれる。

　これらの法律は、それぞれの目的（制度趣旨）が異なる。そのため制度会計の理解には、それぞれの法律の目的と相違点を理解する必要がある。

(1) 会社法会計

　会社法会計における会計制度の目的は、企業に対しての債権者（銀行等）と株主との間の利害対立を、債権者の観点から調整することである。

　会社法上、株式会社の株主には間接有限責任の規定が存在し、債権者にとって頼りになるのは会社財産のみである。すなわち、会社財産をめぐって、債権者と株主の利害対立が生じるのである。そのため会社法会計では、債権者のための財産確保と、株主のための配当可能利益計算について規定がなされている。会社法は、大小を問わず国内のすべての会社に適用されることになる。

(2) 金融商品取引法会計

　金融商品取引法における会計制度の目的は、証券取引所等における証券取引を円滑化し、とりわけ投資者保護のために有価証券発行企業の実態を明らかにするために、企業に情報開示させることにある。すなわち、投資者が十分な投資判断を行えるように、企業の財務内容等を正確かつ明瞭に開示させることが、金融商品取引法会計の目的である。

(3) 税法会計

　法人税法における会計制度の目的は、課税所得の公平な算定を目的としている。すなわち、法人税法では税金についての負担が公平に行われるような

表4-2　制度会計の相違点

	会社法会計	金融商品取引法会計	税法会計
目的	債権者保護	投資者保護	課税所得の公平性
主要な会計のルール	会社法、会社計算規則	企業会計原則、企業会計基準、財務諸表等規則	法人税法、同施行令、同施行規則

規定を設けている。なお、法人税法は、企業の確定した決算に基づいて課税所得および法人税額を算定することを要求している。これを確定決算主義と呼ぶ。

財務諸表

　財務諸表とは、金融商品取引法の規定により提出される財務書類のうち、損益計算書、貸借対照表、キャッシュフロー計算書、株主資本等計算書、および付属明細書のことである。

損益計算書

　損益計算書は、一定期間の経営成績を示す報告書である。ここで一定期間とは通常1年間であるので、1年間において企業がどれだけ儲けたのか、どのように儲けたのか、といった企業の経営成績を示すフローの計算書である。損益計算書は、収益というパーツと費用というパーツから構成され、さらに収益から費用を差し引くことにより利益の計算を行うことになる。損益計算書において重要なことは、企業にとって一定期間における企業活動からどれくらいの利益を獲得したか、またどのような活動から利益を獲得したかを示

図4-1 収益と費用の対応関係

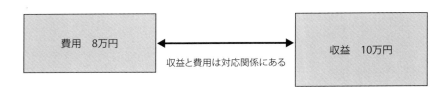

すことにある。

(1) 収益と費用

　利益は、一定期間における企業の経済活動の成果である収益とその成果を獲得するための犠牲としての費用との差し引きによって計算される。すなわち利益を正確に算定したいなら、そもそも収益と費用を正確に算定する必要がある。そのために財務会計では、利益を正しく算定するためにさまざまな工夫がなされている。たとえば、費用と収益を適切に対応させたり、固定資産の減価償却の計算や引当金の計上といった工夫である。

　ここで収益とは、企業が一定期間（1年間）に実行した営業活動によって資産の増加（負債の減少）が生じるが、その原因のことである。たとえば、企業が営業活動によって顧客に販売価格10万円の商品販売に成功したとする。この取引により企業は現金や売掛金といった資産が10万円増加することになるが、この際に売上という収益が発生することになる。

　また費用とは、企業が一定期間（1年間）に実行した営業活動によって資産の減少（負債の増加）が生じるが、その原因のことである。たとえば、企業が営業活動によって取引先から原価8万円の商品を仕入れたとする。この取引により企業は現金という資産が8万円減少（あるいは買掛金という負債が8万円の増加）することになるが、この際に仕入という費用が発生することになる。ここで理解してほしいことは、収益や費用が発生したということは、その裏側でなにかしらの資産・負債の増加・減少を伴っているということである。すなわち貸借対照表と損益計算書は、連動しているということである。

　この場合収益10万円を獲得するために、費用8万円がかかったと理解する

ことになる。その差額が利益ということになる。

(2) 売上総利益の計算

　売上総利益（粗利とも呼ばれる）は、売上高から売上原価を差し引いて計算がなされる。ここで売上原価（費用）は、企業が販売した商品の仕入原価や製品の製造原価を表す。売上総利益は、企業が本業で提供する製品やサービスの生み出す利益と捉えることができる。商品や製品の生み出す利益は大きいほうが好ましく、そういった商品や製品は収益性が高いと呼ばれることとなる。なお売上原価には、販売のための費用は含まれない。すなわち、工場で発生した人件費は売上原価に含まれるが、営業所等で発生する販売員に対する人件費は売上原価に含まれず、販売費および一般管理費に含まれることとなる。

(3) 営業利益

　営業利益は、売上総利益から販売費および一般管理費を差し引いて計算がなされる。ここで販売費とは、販売活動に係る費用であり、上述のように販売員に対する人件費や広告費といった販売経費を意味する。また一般管理費とは、企業の管理部門等で発生する費用であり、スタッフ部門における人件費等を意味する。そのため営業利益は、企業の本業の活動から獲得される利益を表し、本業の活動が良好かどうかを表すことになる。

(4) 経常利益

　経常利益（ケイツネとも呼ばれる）は、本業の活動から獲得した営業利益に営業外収益を加算し、営業外費用を減算することによって計算される。ここで営業外収益および営業外費用は、本業以外の活動に関連して発生する収益、費用であり、主に資金調達や運用に関する財務活動によって生じるものである。営業外収益には資金の運用から発生する収益が多く、受取利息、受取配当金、有価証券売却益、不動産賃貸料といった項目がある。それに対して、営業外費用には資金の調達によって発生する費用が多く、支払利息、社債利息、有価証券売却損といった項目がある。経常利益は、本業の活動すなわち

表4-3　報告式損益計算書の例

損益計算書	
20×1年4月1日～20×2年3月31日	（単位：百万円）
Ⅰ 売上高	1,389,900
Ⅱ 売上原価	692,600
売上総利益	697,300
Ⅲ 販売費および一般管理費	593,900
営業利益	103,400
Ⅳ 営業外収益	60,000
Ⅴ 営業外費用	28,000
経常利益	135,400
Ⅵ 特別利益	100
Ⅶ 特別損失	100
税引前当期純利益	135,400
法人税等	56,000
法人税等調整額	1,000
当期純利益	80,400

営業活動の成果だけでなく、資金調達活動の状況、投資活動（資金運用）の成果も含む企業全体の利益概念であり、企業の経常的な収益力（正常な収益力）を示すこととなる。

(5) 当期純利益

　税引前当期純利益は、経常利益に特別利益を加算し、特別損失を減算することによって計算される。ここで特別利益および特別損失は、経常的（正常な活動から）ではなく臨時的に発生する収益、費用である。特別利益には、本来売却を予定していない土地や建物、投資有価証券といった固定資産の売却益（収益）を含む。また、特別損失には、本来売却を予定していない固定資産の売却損（費用）と災害損失（費用）といった項目を含む。

　さらに、税引前当期純利益から当期の負担となる法人税、住民税および事業税（これらを法人税等と呼ぶ）を差し引き、法人税等調整額（税効果会計に伴う調整額）を加減して税引後当期純利益を計算することになる。

表4-4 包括利益の事例

当期純利益		300
その他の包括利益		
その他有価証券評価差額金	80	
為替換算調整勘定	20	
包括利益		400

(6) 包括利益

　包括利益とは、当期純利益にその他の包括利益（評価・換算差額等）を加えたものである。当期純利益は収益から費用を差し引いて計算がなされ、企業の活動の成果が示される。しかし当期純利益には、包括利益に含まれる資産・負債の評価差額（その他の包括利益）を含まない。そのため当期純利益は、貸借対照表の純資産に生じた当期の増減額と一致しない。そこで、それらを一致させるために、すなわちクリーンサープラス関係を成立させるために、包括利益の概念が要請されるようになった。包括利益は現行の制度では、連結会計上開示が要請されている。

　この場合、当期純利益は企業の営業活動による成果を示し、その他の包括利益は、当期純利益に含まれない資産・負債の評価差額を示す。それらを合計した包括利益は、貸借対照表における純資産の増加額と一致することとなる。

貸借対照表

　貸借対照表は、企業の一定時点の財政状態を示す報告書である。言い換えると貸借対照表は、資金の調達源泉と運用形態を示すということである。貸借対照表は、資産、負債、純資産という3つのパーツから構成される。一般的に、図4-2のように、左側に資産が記載され、右側に負債と純資産が記載される。貸借対照表を右側から見ると、純資産とは会社の所有者たる株主からの資金提供を示し（株主資本）、負債とは銀行や他の会社からの資金提供

図4-2　貸借対照表の構造

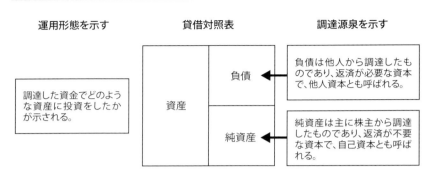

を示す（他人資本）。すなわち貸借対照表の右側は、調達源泉を示すことになり、誰から資金を集めたのかを示すということになる。また集めた資金で企業がビジネス活動を行ううえで必要な資産を取得することになる。貸借対照表の左側は、どのような資産で保有しているか、あるいはどのような資産に投資をしているかを示すため、運用形態を示すことになる。当然のことであるが、調達源泉と運用形態は同じ金額となり両者はバランスするため、貸借対照表はバランスシートと言われる。

(1) 資産

　資産とは、企業の財産と考えるとわかりやすいだろう。貸借対照表において、資産は流動資産、固定資産、繰延資産に区分される。流動資産は、現金および預金、受取手形、売掛金、短期貸付金、棚卸資産（販売目的で保有している商品や製品）といった項目が含まれる。流動資産は、本業の営業活動のサイクルの中で流れ動いている資産である。そのため流動資産は、回収や返済により、比較的短期間で現金に換えることができる資産とも指摘できる。

　固定資産は、有形固定資産、無形固定資産、投資その他の資産に区分される。固定資産に共通するのは、販売目的ではなく本業の活動の中で当該固定資産を長期間使用するために保有しているという点である。有形固定資産には、土地、建物、設備、備品、車両運搬具といった項目が含まれる。無形固定資

産には、商標権やのれん等といった実体のない項目が含まれる。投資その他の資産には、子会社株式、長期貸付金、投資不動産といった長期利殖目的で保有している項目が含まれる。

　繰延資産とは、会計における特殊な資産である。すなわち、繰延資産はすでに代価の支払い（支出）も完了した費用であるが、その支出の効果（長期にわたり収益を生み出す効果）が長期にわたるため、当該支出をいったん資産として計上し期間の経過に伴い徐々に費用として配分される資産である。すでに発生した費用を経過的に（一時的に）資産として繰り延べるのは、上述したようにその支出の効果が将来にわたって発現すると期待される費用については、発生した期間の費用とするよりも、その効果が発現する期間の収益と対応させたほうが、適正な期間損益計算（適正な1年間の利益計算）に有用であるためといえる。

(2) 負債

　負債とは、銀行からの借入金や社債発行によって調達した資金を示す。すなわち企業にとっての債務（支払義務）を示すこととなる。貸借対照表において、負債は流動負債、固定負債に区分される。流動負債とは、本業の営業活動のサイクルの中で流れ動いている負債である。支払手形、買掛金、未払金、短期借入金といった項目が、流動負債に該当する。これらの項目は、比較的短期間に支払いや返済を求められる。また、固定負債とは短期的に支払いや返済が求められない負債である。長期借入金、社債、退職給付引当金といった項目が、固定負債に該当する。

(3) 純資産

　純資産は、かつて株主からの出資部分等を示すという意味で資本の部と呼ばれていた。しかしながら現代会計において、会計基準の改定等により会計処理が変更され、その他有価証券評価差額金のような資本以外の項目が含まれるようになった。そのため、資本以上のものを含んでいるという意味で純資産と呼ばれるようになり、純資産は資産と負債の差額を示すこととなった。すなわち純資産は、株主によって払い込まれた資金や企業内部に留保した利

表4-5　株主資本の内訳

	内容	項目
資本金	株主からの出資額	資本金
資本剰余金	株主からの出資額で資本金に入れなかった金額	資本準備金、その他資本剰余金
利益剰余金	獲得した利益のうち内部留保した金額	繰越利益剰余金、利益準備金

益、評価換算差額などを示すのである。

　純資産は、株主資本と評価換算差額等によって構成される。株主資本として、資本金、資本剰余金、利益剰余金といった項目が該当する。また、評価換算差額等として、その他有価証券評価差額金、繰延ヘッジ損益といった項目が該当する。純資産には、資本以外の項目たる評価換算差額等も含まれるようになったが、株主資本の各項目の金額が企業の安全性を示すという意味で依然として重要である。とりわけ、利益剰余金の中の繰越利益剰余金の金額により企業の状況を判断することが可能である。すなわち、資本金や資本剰余金の合計金額に比して利益剰余金の金額が大きい企業は、長期的に業績が良い可能性が高いといえる。

　なお企業が自社株買いを行う場合があり、これを自己株式と呼ぶ。取得した自己株式については、取得原価をもって純資産の部の株主資本から控除する。これは自己株式を出資の払い戻しと考えるからである。

（4）流動・固定の分類基準

　貸借対照表の資産や負債は雑然と並んでいるわけでなく、一定のルールに基づいて配列されている。配列の方法としては、流動性配列法と固定性配列法がある。流動性配列法とは、流動性の高い資産・負債から、流動性の低い資産・負債へ配列する。より具体的には、資産であれば現金に換えやすい資産から現金に換えづらい資産の順番に並んでいるということである。負債であれば、支払期日が近い負債から、支払期日が遠い負債の順番に並んでいるということである。ほぼすべての企業は、貸借対照表で財政状態や流動性の

状況を明らかにするため、流動性配列法を選択している。

他方で固定性配列法とは、固定性の高い資産・負債から順番に配列する。固定性配列法を選択する企業は、電力会社やガス会社である。これらの企業は、総資産のうち固定資産の占める割合が極めて高い企業であり、重要性の高い資産・負債から並べるために固定性配列法を採用している。流動性配列法と固定性配列法のいずれの方法を選択するにしても、資産・負債の流動・固定分類を行う基準が必要となる。ここで、流動・固定分類を行う基準について理解しておく必要がある。

①正常営業循環基準

正常営業循環とは、企業の本業として行っているビジネス活動のサイクル（流れ）のことである。すなわち正常営業循環とは、企業の本業としての営業取引を通して行っている循環のことで、ビジネス活動に投下する現金からはじまり、原材料や商品の仕入れ、製品の製造、製品・商品の販売、代金の回収という一連のサイクル（あるいはプロセス）のことである。正常営業循環で流動・固定を分類するにあたっては、これらの営業循環（ビジネス活動のサイクル）の中にある、原材料・商品・仕掛品（作りかけの製品）・製品・売掛金・受取手形といった項目が流動資産に該当する。また、仕入取引の際に発生する買掛金・支払手形といった項目は、流動負債に該当する。正常営業循環基準により流動・固定分類する場合、正常営業循環に含まれる資産・負債は、現金に換えるまで1年以上かかったとしても流動項目に分類することとなる。たとえば、ワインのように数年間寝かせる醸造企業にとって、仕掛品（寝かせているワイン）は流動資産ということになる。

②1年基準

上述した正常営業循環（ビジネス活動のサイクル）に含まれない資産・負債については、1年基準により流動・固定の分類がなされることとなる。ここで1年基準とは、当該資産・負債の回収ないし支払いの期日が決算日（貸借対照表の日付）の翌日から1年以内に到来する資産・負債については流動項目とし、そうでない資産・負債については固定項目とするものである。

表4-6 貸借対照表の例

貸借対照表
20×2年3月31日　（単位：億円）

I 流動資産　7,169		I 流動負債　2,731	
現金および預金	3,140	買掛金その他	1,851
売掛金その他	565	短期借入金	137
棚卸資産	2,232	引当金	161
その他流動資産	1,232	その他流動負債	582
II 固定資産　2,750		II 固定負債　829	
有形固定資産	1,143	長期借入金	276
のれん	267	引当金	76
のれん以外の無形固定資産	469	その他固定負債	477
投資その他の固定資産	871	負債合計　3,560	
		純資産	
		資本金	102
		資本剰余金	98
		利益剰余金	5,257
		その他	902
		純資産合計　6,359	
資産合計	9,919	負債・純資産合計	9,919

キャッシュフロー計算書

(1) 背景

　会計により計算される収益や費用、その差額たる利益は、さまざまな仮定や方法に基づいて計算される。そのため、利益は「意見」であると指摘されることがある。すなわち、どのような仮定や方法に基づくかによって、利益の数値は変わることになる。従来の安定した経営環境であれば、利益こそが企業の成果を示すと言われてきた。しかしながら、近年のように急激に変化する経営環境では、利益だけでなく企業の資金の状況も明確にする必要が生じた。利益が出ていても資金繰りが悪化すると、企業経営は困難な状況に陥る。そこで、情報の硬度（ハードネス）が高いキャッシュフローの状況を示すキ

ャッシュフロー計算書が制度的に要請されるようになった。というのもキャッシュは、利益と異なり計算をするにあたって、さまざまな仮定や方法に依存しないからである。そのため、キャッシュは「事実」であると指摘される。会計上の「利益」と比較して、キャッシュは客観性や確実性が高く、情報の硬度が高いと言われる。

(2) 定義

　キャッシュフロー計算書は、ある一定期間における資金の流れの状況を活動区分別に表示する報告書である。キャッシュフロー計算書は、企業の経営活動から生じるキャッシュフローを営業活動、投資活動および財務活動という3つの活動に区分して表示し、キャッシュフロー創出能力を明らかにするものである。

　キャッシュの残高については貸借対照表でも確認することができるが、キャッシュフロー計算書の存在により、ある一定期間（1年間）のキャッシュの増加減少がどのような原因によるものかを明確にすることができる。ここでキャッシュフロー計算書の対象となるキャッシュは、現金および現金同等物となる。現金とは、手元にある現金だけでなく、当座預金、普通預金といった預金が含まれる。また、現金同等物とは容易に換金可能であり、かつ、価値の変動について僅少なリスクしか負担しない短期投資も含まれる。たとえば、取得日から満期日までの期間が3カ月以内の定期預金といったものが該当する。

(3) キャッシュフロー計算書の構造

①営業活動によるキャッシュフロー

　営業活動によるキャッシュフローとは、1年間における本業の活動から獲得したキャッシュフローを示す。ここで営業活動とは、企業が本業として営む事業に関する活動であり、本業から得られる売上収入、仕入支出、人件費支出、販売費および一般管理費の支出といった項目が営業活動によるキャッシュフローに該当する。これらのキャッシュフローは、企業が外部からの資金調達によらず、本業たる事業活動で自ら生み出したキャッシュフローであ

り、ここから1年間の事業成果を判断することが可能となる。

　なお、営業活動によるキャッシュフローの区分の表示方法としては、直接法と間接法がある。実務上の煩雑さを避けるため一般的には間接法が採用される。間接法とは、損益計算書の税引前当期純利益をスタート地点として、これに必要な調整を加えることにより、1年間のキャッシュフローの変動を間接的に明らかにする方法である。たとえば、減価償却費は、損益計算書では費用として計上され税引前当期純利益を小さくするが、キャッシュの流出を伴わない費用なのでキャッシュフロー計算書では当期純利益に足し戻されることとなる。間接法によった場合、当期純利益と営業活動による関係を明らかにすることができるというメリットもある。

　②投資活動によるキャッシュフロー
　投資活動によるキャッシュフローとは、ビジネスに必要な資産に投下する活動によって増加・減少するキャッシュフローを示す。ここで投資活動とは、企業が将来の利益獲得のため、また企業の成長のために行う活動である。固定資産取得（設備投資）のための支出および固定資産の売却収入、有価証券取得のための支出および売却収入といった項目が、投資活動によるキャッシュフローに該当する。これらのキャッシュフローは、企業が自らの成長のためにどの程度のキャッシュフローを費やしているかを表すことになる。

　③財務活動によるキャッシュフロー
　財務活動によるキャッシュフローとは、資金調達や返済に関する活動によって増加・減少するキャッシュフローを示す。ここで財務活動とは、資金（キャッシュフロー）の調達や資金の返済に関連する活動であり、銀行からの新規借り入れによる収入、社債発行や株式発行による収入、借入金返済による支出、社債償還による支出といった項目が財務活動によるキャッシュフローに該当する。これらのキャッシュフローは、営業活動によるキャッシュフローや投資活動によるキャッシュフローを補完する役割を担っている。すなわち、営業活動や投資活動でキャッシュフローが不足している場合、財務活動によってキャッシュフローを獲得する必要がある。

表4-7 キャッシュフロー計算書の例

キャッシュフロー計算書	
20×1年4月1日～20×2年3月31日　　（単位：百万円）	
Ⅰ 営業活動によるキャッシュフロー	
税引前当期純利益	135,400
その他調整項目	△24,900
営業活動によるキャッシュフロー	110,500
Ⅱ 投資活動によるキャッシュフロー	
定期預金の減少額	△2,100
有形固定資産の取得による支出	△41,400
有形固定資産の売却による収入	1,400
その他項目	△14,200
投資活動によるキャッシュフロー	△56,300
Ⅲ 財務活動によるキャッシュフロー	
短期借入による収入	800
長期借入金の返済による支出	△3,800
配当金の支払額	△30,500
その他の項目	△10,500
財務活動によるキャッシュフロー	△44,000
Ⅳ 現金および現金同等物の増加額	10,200
Ⅴ 現金および現金同等物期首残高	303,800
Ⅵ 現金および現金同等物期末残高	314,000

(4) フリーキャッシュフロー

　フリーキャッシュフローとは、企業が自由に活用できる資金を意味するが、営業活動から生じたキャッシュフローから企業活動を維持するために必要な投資額を差し引いたものである。営業活動を維持するために必要なキャッシュフローを厳密に計算するのは困難である。そのため、通常は投資キャッシュフローを用いて、営業活動によるキャッシュフローから投資活動によるキャッシュフローを差し引いてフリーキャッシュフローを計算する。

重要な論点

総論

(1) 収益費用アプローチと資産負債アプローチ

　財務会計の重要な役割として情報提供機能があることはすでに述べている。何をもってして情報提供機能を果たしたといえるかということについて検討する。収益や費用をどのタイミングで認識し、測定値をいくらにするかによって、利益計算が変わってくる。利益計算をどう行うかによって、資産・負債の測定値も変わってくる。現行の会計制度では、利益計算を行うにあたり、収益および費用を重視する収益費用アプローチという考え方と、資産と負債の差額の純資産の増減額で利益を算定しようとする資産負債アプローチという2つのアプローチが存在する。現行制度はこの2つの考え方を混合した立場を採用している。

(2) 発生主義と実現主義

　ここでは収益費用アプローチに基づく考え方を概括していく。収益や費用をどのように認識していくかについて、現金主義という考え方がある。これは、現金の収支という事実に基づいて収益・費用を認識する方法である。現金収入や現金支出が生じた際に、収益・費用を認識する方法といえる。現金主義の場合、成果の確実性が確保できるというメリットがある。しかし、掛け取引のような信用制度の発達に伴い、現金収支と財・サービスの価値減少のタイミングにずれが生じるようになった。そうすると、現金主義に基づき収益・費用を認識し利益計算を行うと、成果計算として実態を示さなくなる。たとえば、現金主義によった場合、固定資産を現金で取得すると全額費用となってしまい、固定資産取得時の費用計上が極めて大きな金額になるため、この

図4-3 費用、収益と利益の関係

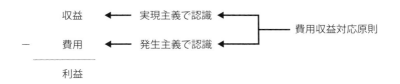

ような利益計算は実態を示さないことになる。

　そこで発生主義という考え方が導入された。発生主義とは、現金収支のタイミングにかかわらず、財・サービスの価値の発生という事実に基づいて費用・収益を認識する方法である。これにより、発生主義に基づき収益・費用を認識し、利益計算を行うと成果計算として実態に沿ったものとなる。すなわち、情報提供機能が向上することになる。しかし、発生主義による認識は費用については問題がないものの、収益には問題が生じてしまう。というのは、自動車生産工場で自動車を製造している段階で価値の増殖は発生しているが、作りかけの自動車は客観性と確実性を満たさないのである。すなわち、その段階でいくらで売れるかという販売価格は確定しておらず、販売可能性も未確定の状態なのである。

　そこで、収益については実現主義で認識することとなる。ここで実現主義とは、顧客に財やサービスを提供し、顧客からその対価としての現金同等物を獲得した際に、収益は実現したと認識する方法である。実現主義をとることにより、いくらで売れるかということ、販売の確定ということが満たされ、収益の確実性と客観性が満たされることになる。

　このように現行の制度では費用は発生主義で、収益は実現主義での認識になり、このままだと費用と収益の期間的対応ができなくなるため、費用収益対応原則が存在する。すなわち、発生主義で認識した費用のうち、収益と関係するものだけを抜き出して当期の費用とする。

表4-8 有価証券の分類

保有目的別分類	評価額	評価差額
売買目的有価証券	時価	当期の収益・費用
満期保有目的の債券	原価もしくは償却原価	—
子会社株式・関連会社株式	取得原価	—
その他有価証券	時価	純資産の部に計上

金融商品会計

　金融商品会計の中心となるのは有価証券であるので、ここでは有価証券のみを取り扱う。有価証券には、株式と債券（国債、社債）が存在する。企業として、余剰資金等によりこういった有価証券を所有している場合、時価評価を基本として保有目的に応じた処理方法を定めている。売買目的有価証券は短期的に売買が予定されている有価証券である。すなわち、価格変動で利益を上げるために保有している有価証券である。貸借対照表作成時には、時価で計上され、評価差額は収益・費用として認識される。

　満期保有目的の債券は、満期日まで保有し続ける社債等のことである。満期保有目的の場合、満期日まで保有して元本と利息を受け取ることが目的となる。そのため市場価格が存在していても、途中売却を考えていないため原価もしくは償却原価で評価すればよいことになる。

　子会社株式・関連会社株式は、支配目的で保有しているため、売却を考えていない。そのため価格変動があったとしても時価評価する必要はない。

　その他有価証券は企業同士の提携関係に伴う相互持ち合い株式等が該当する。それ以外にも上述した保有目的に含まれない有価証券が該当することになる。さまざまな保有目的があるため、時価評価をすることとなる。しかし評価差額についてはその他有価証券は短期的に売却することは困難であるため、評価差額は当期の収益・費用とはせずに純資産の部に計上されることとなる。

表4-9　棚卸資産の分類

項目	内容
商品・製品	通常の営業過程において販売するために保有される資産
仕掛品	販売を目的として作りかけた資産
原材料	販売目的の資産を作るために必要な資産
消耗品	販売活動・管理活動において短期間に消費される資産

棚卸資産会計

　棚卸資産とは、販売目的のために保有される財貨や用役であり、一般には在庫と呼ばれる。棚卸資産に該当するものとして以下のものがある。

　棚卸資産の特徴は、固定資産等と異なり、消費数量が直接的に把握できる点にある。すなわち、売上原価の金額や期末棚卸資産の金額は、数量×単価で計算することができる。なお棚卸資産は取得時に費用として認識するのではなく、販売されたものだけが費用化されることになり、費用化されたものが売上原価として損益計算書に計上される。

> ＜設例１＞
> 20×1年4月1日～ 20×2年3月31日
> 　1年間で10個の商品を単価@100円で仕入れた。このうち、売れた数量が8個で在庫品として残ったのが2個だとする。このとき、費用化されるのは8個×@100＝800円ということになる。この800円が売上原価として損益計算書に計上される。一方、期末在庫品は2個×@100＝200円ということになる。この200円は販売されるまで費用としてではなく資産として貸借対照表に計上されることとなる。

表4-10　固定資産の分類

項目	内容
有形固定資産	1年以上営業活動に利用するために保有し、具体的な形態を持った資産のことである。土地、建物、機械装置、設備、車両運搬具、備品等が該当する。
無形固定資産	長期的に利用するために保有し、具体的な形態を持たない資産のことである。のれん、特許権等が該当する。
投資その他の資産	本業たる営業活動以外の目的で保有される資産のことである。長期にわたって所有する有価証券、出資金、長期貸付金等が該当する。

固定資産会計

(1) 有形固定資産の定義

　有形固定資産とは、企業の本業（主たる営業活動）のために長期間使用する目的で保有し、具体的な形態を持つ資産である。これらの有形固定資産の基本的性質が以下のように3点列挙できる。まず、これらの有形固定資産は販売目的で取得するのではなく、ビジネス活動において使用するために取得する、すなわち使用目的で取得するという性質がある。次に、有形固定資産は長期間にわたり使用するという性質がある。有形固定資産は販売目的で取得する棚卸資産のように期間（たとえば1年以内）に短期間に費消するものではない。すなわち、有形固定資産は1年以上使用するという性質を有する。最後に、有形固定資産は、実体があるものとして、すなわち具体的な物的存在としての性質を有する。

(2) 減価償却

　有形固定資産は、取得されて廃棄または売却されるまでに、使用や時の経過といった原因により価値減少が生じる。そこで、このような価値減少に対応して、有形固定資産の取得原価を耐用年数（使用する期間）にわたって費用として規則的に配分する必要がある。このような費用配分の手続きを減価

償却という。有形固定資産の減価償却は、期間費用（1年間の費用）の計算にある。そのため、減価償却の目的は、適正な期間損益計算にあるといわれる。

なお有形固定資産の価値減少については直接把握ができず、仮定計算にならざるをえない。その方法としては、毎年一定額ずつ価値減少を認識する定額法と毎年一定率ずつ価値減少を認識する定率法がある。定額法によると、費用配分が毎期均等に行われ、定率法によると初期に多くの減価償却費が計上され、その後逓減していくことになる。

> ＜設例2＞
> 以下の有形固定資産（備品）について、定額法により減価償却を行う。
> 取得原価：100万円
> 耐用年数：3年
> 残存価額：取得原価の10％（100万円×10％＝10万円）
>
> これらの資料から判明することは、取得原価100万円の備品を3年間使用すると、3年後に取得原価の10％の価値が残存するということである。したがって、当該備品について3年間で90万円分の価値減少が生じていることがわかる。90万円の価値減少を3年間に一定額ずつ費用化していく手続きが必要となる。
> 計算式：（100万円－10万円）÷3年＝30万円
>
> すなわち、1年間の減価償却費は30万円ということになる。各年度の減価償却費と帳簿価額との関係を以下に示しておく。
>
> | | 減価償却費 | 帳簿価額 |
> | --- | --- | --- |
> | 取得時 | 使用していないためゼロ | 100万円（取得原価） |
> | 1年後 | 30万円 | 70万円 |
> | 2年後 | 30万円 | 40万円 |
> | 3年後 | 30万円 | 10万円（残存価額） |

(3) 固定資産の減損会計

　固定資産の減損会計とは、固定資産の収益性が低下し、投資額を回収できなくなった場合に、固定資産の帳簿価額を回収可能価額まで減額し、減損損失（特別損失）を計上することである。

　減損損失は、減損の兆候がある固定資産（当該固定資産を利用している事業が数年間赤字であるような場合）については、減損損失の認識および減損損失を計上することとなる。減損損失を認識する場合は、固定資産の帳簿価額を回収可能価額まで引き下げることとなる。

＜設例3＞
20×1年3月31日　決算日
設備（固定資産）に減損の兆候があり、減損損失を認識する。
取得原価：2,000万円（減価償却累計額800万円）
すなわち、帳簿価額1,200万円（＝2,000万円－800万円）

　そして、この時点における①使用価値は800万円（このまま当該事業で使用し続けて獲得できるキャッシュフロー）であり、②正味売却価値は750万円（現在、固定資産を売却して獲得できるキャッシュフロー）である。この場合、経営者としては獲得できるキャッシュフローが大きい案を選択することになり、回収可能価額は使用価値800万円ということになる。すなわち当該固定資産は帳簿価額1,200万円から回収可能価額800万円に引き下げられることになる。

　そこで、帳簿価額1,200万円－回収可能価額800万円＝減損損失400万円ということになる。したがって貸借対照表に計上される設備は、800万円となり、損益計算書に計上される減損損失は400万円となる。

---

(4) 無形固定資産

　無形固定資産に該当するものとして、特に重要な項目は、のれんである。のれんとは、超過収益力と呼ばれており、当該企業の持つブランド力や経営上のノウハウのことである。企業自らが作った超過収益力、すなわち自己創設のれんの計上は認められていない。しかし、M&A等で企業を買収した際に

は、のれんの計上は認められる。すなわち、有償のれんや買入のれんの計上は認められている。

引当金会計

(1) 引当金の意義

引当金とは、期間損益を適正に計算するため、すなわち1年間の利益計算を正しく行うために、将来において発生すると予測される特定の費用（損失）の見込額を当期の費用（損失）として計上する際に生じる負債（たとえば退職給付引当金）や評価勘定（貸倒引当金）といった項目である。

以下の4つの要件を満たす場合、当期の負担とすべき費用（損失）を損益計算書に計上するとともに、その金額（あるいは必要とする金額）を引当金として貸借対照表に計上する。

(2) 引当金の計上要件

①将来の費用または損失であること

この要件は、将来において費用または損失として特定できる支出であることを意味する。

②その発生が当期以前の事象に起因していること

この2つ目の要件は、将来発生予定の支出の発生原因が当期以前の事象にあるということを意味する。すなわち、将来発生予定の支出に対応する収益がすでに発生している場合には、当該収益と費用を対応させるために、まだ発生していないにもかかわらず費用または損失として見越計上が認められることとなる。

③発生の可能性が高いこと

3つ目の要件は、将来支出または資産減少が生じる可能性が高いことを意味する。発生の可能性が低い場合は、引当金として計上されず、注記としてのみの開示となる。

④その金額を合理的に見積もることができること

4つ目の要件は、合理的な方法で金額を見積もることができることを意味する。ある程度の正確性をもって金額計算ができなければならず、合理的に金額計算ができない場合、引当金としての計上は認められない。

(3) 貸倒引当金

貸倒引当金は、受取手形、売掛金といった営業から生じる金銭債権（お金を受け取ることができる権利）について、将来回収不能（貸倒）と予想される金額を見積もって当期の費用（貸倒引当金繰入額）として損益計算書に計上する際に、貸借対照表に評価勘定（貸倒引当金）として計上されることとなる。貸借対照表上、貸倒引当金は評価勘定として、受取手形や売掛金といった金銭債権から、マイナスする（差し引く）形で記載される。

＜設例4＞
20×1年3月31日　決算日
　売掛金100万円（期末残高）があり、実積率法により、期末残高の2％について貸倒引当金を設定する。この場合、毎年売掛金の残高のうち回収できなくなるものが2％あるということである。よって、100万円×2％＝2万円（貸倒引当金）で算定されることとなる。
　※貸借対照表に計上される売掛金は、98万円となる。

---

(4) 退職給付引当金

退職給付とは、退職時および退職後に従業員に支払われる給付であり、退職一時金（いわゆる退職金）と企業年金が存在する。また退職給付には、確定給付型と確定拠出型がある。確定給付型とは将来支払われる企業年金の金額が確定している制度であり、確定拠出型とは、拠出額が確定しており、その後の運用については従業員の意思決定に任される制度である。確定拠出型の場合、企業は拠出を行えばリスク負担はなく問題とならない。しかしながら、確定給付型の場合、将来従業員に給付する金額は確定しているため、将来の給付額に対して運用資産（年金資産）が不足すると、将来の不足分について

は企業が追加で拠出しなければならない。すなわち確定給付型の場合、企業はリスクを負うこととなり、将来に向けて運用資産（年金資産）の不足が生じたら、どの程度不足しているのか退職給付引当金（負債）として計上する必要がある。したがって、退職給付会計が必要となるのは確定給付型の場合である。

退職給付引当金は、以下のように算定される。

退職給付引当金＝退職給付債務－年金資産

ここで退職給付債務とは、退職時に予想される退職給付（退職一時金と企業年金の合計額）のうち現時点までで発生したと認められ、かつ割引計算されたものである。要するに、退職給付債務とは将来支払わねばならない退職給付の現在価値である。また年金資産とは、将来の退職給付に備えて企業外部で運用されている信託財産等である。

＜設例5＞
20×1年12月31日　決算日
期末退職給付債務：3,000万円（現在価値）
期末年金資産：2,800万円

　現時点において、退職給付債務を年金資産でカバーできないことがわかる。カバーできない分は、企業にとって将来のリスクである。そこで、3,000万円－2,800万円＝200万円（退職給付引当金）と算定する。退職給付引当金200万円は、貸借対照表に負債として計上される。なお損益計算書に退職給付費用200万円が計上される。

連結会計

ここまでは個々の企業における会計を前提に説明を進めてきた。個々の企業が単独で作成するのが、個別財務諸表である。しかし、現代では企業グループとしての経営が重要である。そのため、企業グループ全体を1つの企業

と捉えて、企業グループ全体の経営成績や財政状態を示す連結財務諸表が作成されることとなった。

(1) グループ経営の進展

現代の企業にとって、親会社だけでなく子会社も含めた企業グループ全体としての活動が重要となっている。すなわちグループ経営の重要性が高まっている。そのような状況において個々の企業の個別財務諸表だけでは、企業グループ全体の状況を理解することは難しい。そこで、個々の企業（親会社や子会社）の個別財務諸表を合算（連結）して、企業グループ全体の財務諸表、すなわち連結財務諸表の作成が社会的に要請されることとなった。

(2) 意義

連結財務諸表とは、企業単体ではなく支配従属関係にある子会社を含めた企業グループを1つの企業と見なし個別財務諸表を合算して作成されるものである。連結財務諸表を作成することにより、企業グループの経営成績および財政状態を明らかにすることができる。

(3) 連結会計の手続き

まず親会社および子会社の個別財務諸表を単純合算する。その後、連結会計上適正な数値に修正するために、投資勘定と資本勘定の相殺消去、グループ企業間の債権と債務の相殺消去、グループ企業同士の取引高の相殺消去を行う。

(4) 連結の範囲

連結財務諸表の作成にあたって、企業グループに含まれる企業（会社）の範囲を決定する必要がある。この際に現行の制度では、支配力基準が用いられる。支配力基準では、親会社が子会社の議決権のある株式の過半数を所有し支配している場合と、過半数を所有していなくても、役員を送りこんでいて財務や経営の方針を実質的に支配している場合に子会社と判断することになる。

表4-11　セグメント情報

	エレクトロニクス事業	ゲーム事業	映画事業	金融事業	連結
営業収益	5,000	1,200	1,100	900	8,200
営業費用	4,880	1,000	700	500	7,080
営業利益	120	200	400	400	1,120

(5) 関連会社と持分法

上述の子会社のように支配する状況には至っていないが、親会社（もしくは子会社）が財務や経営の方針に重要な影響を与えることができる場合、その会社を関連会社と判断することとなる。関連会社は支配には至っていないため連結の対象にはならない。しかし、関連会社の獲得した利益のうち、親会社の持分比率に応じた金額を企業グループの投資利益とみなし連結財務諸表に計上することになる。

(6) セグメント情報の重要性

連結財務諸表においては、性質の異なる事業を営んでいる子会社の財務諸表が合算されており、また業績の良い事業を営んでいる子会社とそうでない子会社が合算されている。そのため、企業グループ全体の状況の把握はできても、企業グループ内の個々の事業の詳細な状況の把握は難しくなる。そこで連結財務諸表では、セグメント情報の開示が義務づけられている。

セグメント情報を確認することにより、企業グループ全体にどの事業の貢献が大きいか理解できる（表4-11）。売上高についてはエレクトロニクス事業が占める割合が大きく、この企業グループのメインのビジネスであることがわかる。しかし営業利益に大きな貢献を果たしているのは金融事業と映画事業であり、特に金融事業の収益性の高さが理解できる。

財務分析

財務分析の意義

　財務分析とは、財務諸表を用いて企業の財務内容を分析することである。ここでは、特に重要と思われる安全性分析と収益性分析について比率分析を中心に解説していく。単に比率の計算をするのではなく、分析を通して、何が良くて、何が悪いのか、そしてそのために何を改善すべきか、ということについて検討してもらいたい。なお、財務分析は万能ではなく限界があることも理解してもらいたい。

安全性分析

(1) 安全性分析の意義

　安全性分析とは、企業の財務的体質について分析を行うものである。ここで安全性とは、企業の債務支払能力の面からみた財務内容の健全性のことである。すなわち、安全性分析を行うにあたっては、自己資本が充実しているかどうか（資本構成が優れているか）や資金のゆとりがあるかどうか（支払能力があるか）等について分析を行う。本節では代表的な指標について説明する。

(2) 自己資本比率

　自己資本比率(%)＝自己資本÷総資本(総資産)×100

　自己資本比率が高いということは、負債が小さいということである。負債の金額が大きいと支払利息の金額も大きくなり、返済日には巨額の資金が必要となる。すなわち、自己資本が充実しているほうが経営的に安全であると

いうことである。なお、ここでの自己資本は、貸借対照表における純資産の金額と理解していただいて差し支えない。

(3) 流動比率

　流動比率(％)＝流動資産÷流動負債×100

　流動比率とは、流動負債（短期間で返済の必要な負債）とこれを返済するために必要な資金能力（流動資産）の比率である。流動資産が流動負債をカバーできているかどうかを測る指標である。この比率が高いほど短期債務に対する支払能力があり、経営の安全性が維持できていることになる。

(4) 固定比率

　固定比率(％)＝固定資産÷自己資本×100

　固定比率とは、固定資産の取得資金が、株主からの出資金でカバーできているかどうかを示す指標である。固定資産の取得に要した資金は、その回収に長期間を要するため、その取得のための資金は返済の必要のない自己資本によって賄うことが安全である。

(5) 固定長期適合率

　固定長期適合率(％)＝固定資産÷(自己資本＋固定負債)×100

　固定長期適合率とは、固定資産の取得資金を自己資本と固定負債でカバーできているかどうかを示す指標である。固定資産に投下した資金は一般に巨額であり、回収に時間がかかる。そのため、固定資産の取得に要した資金は、返済不要な自己資本と長期的に返済していく固定負債で賄う必要がある。

　固定長期適合率は、100％以内が好ましい。これが100％を超えるということは、長期資金（長期資本）で固定資産の取得が行われていないこととなり資金繰りの圧迫要因となる。

収益性分析

(1) 収益性分析の意義

　企業が事業を継続するためには、利益を上げることが必要となる。ここで収益性とは、企業がどれだけの儲ける力を有するかということであり、利益獲得能力のことである。現実の利益の金額だけを比較するのではなく、そのためにどれだけの投資が必要であったかも分析すると、投資とリターンの関係、すなわちその企業の効率性も見えてくることとなる。

(2) 総資産利益率（総資本利益率）

　総資産利益率(%)＝事業利益(営業利益＋受取利息・配当金)÷総資産×100

　総資産利益率（ROA）は、企業全体の投資額（総資産）からどの程度の事業利益を獲得できているかの比率を示す指標である。ここでの事業利益とは、本業の営業活動で獲得した営業利益に財務活動で獲得した収益（受取利息・配当金）を加算した金額を意味する。

　総資産利益率は、以下のように売上高を間に入れることにより、売上高利益率と総資産回転率に分解することができる。

$$総資産利益率(\%) = \frac{事業利益}{売上高} \times \frac{売上高}{総資産} \times 100$$
$$\quad\quad\quad\quad\quad\quad\quad (売上高利益率) \quad (総資産回転率)$$

　このような分解を試みることにより、それぞれの企業のビジネスのやり方が見えてくる。一般的に売上高利益率と総資産回転率はトレード・オフの関係がある。すなわち、売上高利益率が高い企業は、あまり総資産回転率を高める必要はない。一方、売上高利益率が低い企業は、総資産回転率を高めて総資産利益率を高めざるをえない。このことは薄利多売と言われる。

(3) 自己資本利益率

　株主の視点から見た収益性分析として、自己資本利益率（ROE）が存在している。算定が比較的簡単であるため、株主の視点から分析する際に頻繁に使われる指標である。

　自己資本利益率(%) ＝ 当期純利益 ÷ 自己資本(株主資本) × 100

　従来より日本企業は欧米企業よりもROEが低く、日本企業の効率性の悪さとして指摘される。自己資本利益率も売上高を入れて分解することができる。

$$\text{自己資本利益率} = \underbrace{\frac{\text{当期純利益}}{\text{売上高}}}_{\text{(売上高利益率)}} \times \underbrace{\frac{\text{売上高}}{\text{総資産}}}_{\text{(総資産回転率)}} \times \frac{\text{売上高}}{\text{自己資本}}$$

　ROEを高めるためには、売上高利益率の向上や総資産回転率の向上が必要となるのは当然であるが、財務レバレッジを高めることも方法の1つである。財務レバレッジを高めるとは、資金調達の際に負債比率を高めることであり、銀行からの借り入れ等を増やすことである。これは資本コストを意識して財務構成を検討することが必要であることを意味する。

財務分析の限界

　財務諸表で表されるのは、企業活動のうち貨幣で示されることだけである。企業の業績や実力は、それ以外のことによって大きく影響を受ける。そのため、会計だけでは表現できない定性的な要素も、企業分析においては重要である。そこで財務分析を行うにあたっては、定性的な要素（たとえば経営者は誰か等）も考慮する必要がある。

　また、財務諸表は原則として過去の経営成績や財政状態を示しているにすぎず、このような過去の情報はその企業の将来予測に必ずしも有用であるとはいえない。財務分析を行う際にはこの点に留意する必要がある。

演習問題

資料に基づいて、財務分析を行い①〜⑥の比率を算定しなさい。端数については、小数点第2位を四捨五入しなさい。

①自己（株主）資本比率　②流動比率　③固定比率　④固定長期適合率
⑤総資産利益率　⑥自己資本利益率

【資料】

損益計算書
20×1年4月1日〜×2年3月31日　（単位：千円）

Ⅰ 売上高	460,000
Ⅱ 売上原価	300,000
売上総利益	160,000
Ⅲ 販売費および一般管理費	125,000
営業利益	35,000
Ⅳ 営業外収益	2,000
Ⅴ 営業外費用	5,000
経常利益	32,000
Ⅵ 特別利益	100
Ⅶ 特別損失	100
税引前利益	32,000
法人税等	11,800
法人税等調整額	1,000
当期純利益	19,200

貸借対照表
20×2年3月31日　（単位：千円）

Ⅰ 流動資産		Ⅰ 流動負債	
現金預金	37,000	支払手形	16,000
受取手形	15,000	買掛金	18,000
売掛金	20,000	短期借入金	20,000
棚卸資産	20,000	Ⅱ 固定負債	
その他流動資産	18,000	長期借入金	31,000
Ⅱ 固定資産		退職給付引当金	5,000
有形固定資産	120,000	負債合計　90,000	
		純資産	
		資本金	42,000
		資本剰余金	8,000
		利益剰余金	90,000
		純資産合計　140,000	
資産合計	230,000	負債・純資産合計	230,000

演習問題解答

①自己(株主)資本比率
(資本金42,000＋資本剰余金8,000＋利益剰余金90,000)÷230,000×100≒60.9％

②流動比率
(現金預金37,000＋受取手形15,000＋売掛金20,000＋棚卸資産20,000＋その他流動資産18,000)÷(支払手形16,000＋買掛金18,000＋短期借入金20,000)×100≒203.7％

③固定比率
有形固定資産120,000÷(資本金42,000＋資本剰余金8,000＋利益剰余金90,000)×100≒85.7％

④固定長期適合率
有形固定資産120,000÷(資本金42,000＋資本剰余金8,000＋利益剰余金90,000＋長期借入金31,000＋退職給付引当金5,000)×100≒68.2％

⑤総資産利益率
当期純利益19,200÷総資産230,000≒8.3％

⑥自己資本利益率
当期純利益19,200÷(資本金42,000＋資本剰余金8,000＋利益剰余金90,000)×100≒13.7％

【参考文献】
伊藤邦雄著『新・現代会計入門 第3版』日本経済新聞出版社，2018年
桜井久勝著『財務会計講義 第19版』中央経済社，2018年

櫻井通晴著『管理会計　第4版』同文舘出版，2009年
田中建二著『財務会計入門　第5版』中央経済社，2018年

第5章 ファイナンス
Finance

この章のキーワード
- 現在価値・将来価値
- 永続価値・成長永続価値
- 割引率
- 企業価値
- 負債資本コスト・株主資本コスト
- WACC
- NPV・IRR
- 財務レバレッジ
- 最適資本構成

この章で何を学ぶか

「ファイナンス」は日本語では金融、財務などと言われるが、辞書によると金融は「金銭を融通すること」とある。つまり、金銭を持っている者から必要とする者へ融通するその仕組みが金融なのである。

ファイナンスがカバーする領域は広いが、本質的には上述したような金融の定義に当てはまる。証券やプロジェクトへの投資の意思決定、資金調達の方法、配当政策など、ファイナンスは金銭の動きに関わる領域を扱う。

ファイナンスと聞くとすぐに「数学は苦手」と思われる方も多いと思う。しかし基礎的な勉強をするのに高度な数学は不要である。本章ではできる限り数式に頼ることなく、ファイナンスの基本的な考えを解説していきたいと考えている。

ファイナンスの基本

コーポレートファイナンスが扱う領域

　本章で扱うコーポレートファイナンスは、そのコーポレート（会社）という名が示すとおり、企業の財務について扱う。これとは異なり、ファイナンシャルプランナー（FP）などが関係するのがパーソナルファイナンスで、個人の財務、つまり家計に関わる分野を扱うものである。

　ファイナンスには他にインベストメントマネジメントと呼ばれる証券投資を扱う分野、数理ファイナンスと呼ばれる数学的なアプローチから研究をする分野、また行動ファイナンスという心理学的な視点から研究をする分野など、実に幅広い分野がある。本章ではコーポレートファイナンスの基礎を解説するが、その中でも特に企業の投資に関する意思決定方法や資本政策について扱う。

金銭の時間価値

　金銭の時間価値とは、簡単に言うと今日の100円は、明日の100円とは同じではないということである。今日の100円を銀行に預金することで、1日経過した明日にはいくらかの利息がついている。つまり今日の100円は、明日の100円に利息を足したものに等しいということになる。同じく明日の100円は今日の100円と同じではなく、今日の100円未満の金額に、1日分の利息を足したものが明日の100円と等しくなる。

現在価値(Present Value)と将来価値(Future Value)

　現在価値とは現時点における価値のことで、将来価値とは将来のある時点における価値のことを言う。

　現在100円を持っており、銀行預金金利が年率5%であった場合を想定しよう。100円を銀行に預けると1年後には105円になる。この105円が、現在の100円の1年後の将来価値となる。一方で、同じ状況において1年後の100円の現在価値はいくらになるか。現在の95円を銀行に預けると1年後には約100円になる。つまり現在の95円が1年後の100円の現在価値ということである。

　現在価値と将来価値の考えにおいて注意すべきなのは、時間が違う金額を合計してはならないということである。たとえば、現在価値の100円と、1年後の将来価値105円をそのまま合計してはいけない。現在価値に合わせて合計するか、または将来価値に合わせて合計するか、いずれにせよ時間を合わせて計算しなければならない。

【例題】

　預金Aと預金Bの価格を現在価値と将来価値でそれぞれ合計せよ。なお、預金金利は年利3%とする。

	現在価値	1年後の価値
預金A	95	?
預金B	?	103

【解答】

　計算を行う場合は時間を合わせて行う。
1. 現在価値での合計
　預金A 95＋預金B（103÷(1＋0.03)）＝195

2. 1年後の将来価値での合計
   預金A（95×(1＋0.03))＋預金B 103＝201

単利と複利

先ほどの例で、5年の期間を考えるとどうなるだろうか。100万円を年利5％で預けると1年間の利息は5万円となる。5万円が5年分で25万円。当初の元本を足すと5年後には125万円となる。これが単利の計算方式である。

［単利の計算］
元本＋(元本×利率×年数)
100万円＋(100万円×5％×5年)＝125万円

単利計算では利息に利息はつかない。しかし元本の100万円を年利5％で預け、期中に支払われた利息が再投資され、それにも5％の金利がついた場合はどうなるだろうか。1年目に支払われる利息5万円にさらに利息がつき、その利息にもさらに利息がつく。このように利息に利息がつく計算方法を複利計算と言う。

［複利の計算］
元本×(1＋利率)^{年数}

複利で計算をすると、利息につく利息の分だけ単利よりも5年後の金額が大きくなる。5年間預けた場合、5年後には以下のとおり約128万円になる。

1年後：100万円×(1＋5％)＝105万円
2年後：105万円×(1＋5％)＝110万円
3年後：110万円×(1＋5％)＝116万円
4年後：116万円×(1＋5％)＝122万円

5年後：122万円×(1＋5％)＝128万円

これを1つの式で表すと「100万円×(1＋5％)^5＝128万円」となる。

> **コラム　複利の力**
>
> 資産運用の世界ではよく「複利の力」と言われる。これは運用期間が長期になるほど、複利で運用したほうが単利で運用するよりも圧倒的に有利になることを表している。
>
> 簡単な例として、年利10％で運用する場合、元本を倍にするのに単利と複利でそれぞれ何年かかるか比較してみよう。単利では10年かかるが、複利では7年と少しで済む。複利のほうが短いのは、運用益にさらに運用益がついて雪だるま式に元本が増えていくからである。
>
> 期間を長くするほど、複利運用のメリットは増大する。手元に1000万円あったとしよう。これを定年退職までの30年間、年利10％で運用したとする。単利で運用した場合は4000万円になるが、複利で運用した場合はなんと1億7450万円になる。単利と比較して4.4倍である。
>
> 複利のメリットを享受したければ運用資産からの収益は引き出さず、そのまま再投資に回すほうが長期的な視点からはメリットがあるようだ。

永続価値

永続価値とは一定の金額が永遠に発生するとした場合の現在価値の合計のことを言う。たとえば、毎年5万円の利息を永遠にもらえる債券があるとしよう。割引率を5％とした場合、この債券の価格（＝現在価値）はいくらになるか。永続価値の計算には次の公式を使う。

$PV = CF/r$
PV：永続価値（＝将来のキャッシュフローの現在価値の合計）
CF：キャッシュフロー
r：割引率

$PV = 5万円／5\% = 100万円$

成長永続価値

永続価値では毎年のキャッシュフローが一定であったが、毎年キャッシュフローが成長する場合はどうだろうか。先ほどの例では1年目の利息は5万円だったが、その後毎年利息が3％ずつ増加する債券の価値を考えよう。このような債券の価格はいくらになるだろうか。割引率は5％とする。成長永続価値の計算には次の公式を使う。

$PV = CF/(r-g)$
PV：成長永続価値（＝将来のキャッシュフローの現在価値の合計）
CF：キャッシュフロー
r：割引率
g：キャッシュフローの成長率
ただし$r > g$とする

$PV = 5万円／(5\% - 3\%) = 250万円$

年金価値

年金の特徴は一定の期間に決められた金額を受け取るところにある。永続価値では永遠に同じ金額を受け取る計算をしたが、年金価値ではそれが一定の期間であるというところが異なる。期間は有限だが、年金価値は先に説明した永続価値の公式をもとに計算することができる。

図5-1 年金価値計算の概念図

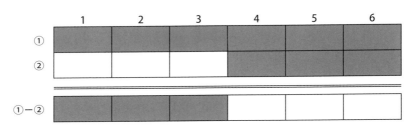

図5-1において1-3の期間に一定金額支払われる年金価値を求めるには、まず①の永続価値を求める。そして次に②のように第4期の期初を起点とする永続価値を求めて、それを現在価値に引きなおす。①から②の現在価値に引きなおした値を引くと、1-3の期間の年金価値が求められる。

> **コラム**
>
> 永続価値の公式（$PV=CF/r$）の算出
> $PV=CF/(1+r)+CF/(1+r)^2+\cdots\cdots+CF/(1+r)^n\cdots\cdots$ (1)
> 両辺×$(1+r)$
> $(1+r)PV=CF+CF/(1+r)+\cdots\cdots+CF/(1+r)^{n-1}\cdots\cdots$ (2)
>
> (1)−(2)
> $PV=CF/r-CF/(1+r)^n$
> nが十分大きければ、$CF/(1+r)^n\fallingdotseq 0$と考えられるため、
> $PV\fallingdotseq CF/r$
>
> 成長永続価値の公式（$PV=CF/(r-g)$）の算出
> $PV=CF/(1+r)+CF(1+g)/(1+r)^2+\cdots\cdots$
> $\quad +CF(1+g)^{n-1}/(1+r)^n\cdots\cdots$ (1)
> 両辺×$(1+r)/(1+g)$
> $[(1+r)PV]/(1+g)=CF/(1+g)+CF/(1+r)+\cdots\cdots$

$$+ CF(1+g)^{n-2}/(1+r)^{n-1}\cdots\cdots \quad (2)$$
(1)−(2)
$$PV = CF/(r-g) - CF(1+g)^n/[(r-g)(1+r)^n]$$
n が十分大きければ、$CF(1+g)^n/[(r-g)(1+r)^n] \fallingdotseq 0$ と考えられるため、
$$PV \fallingdotseq CF/(r-g)$$

【例題】

今から10年間、毎年末に100万円支払われる年金の現在価値を求めよ。割引率は5%とする。

【解答】

① 1年後から毎年100万円が支払われる年金の現在価値
100÷0.05＝2,000

② 11年後から毎年100万円が支払われる年金の現在価値
a. 11年後から毎年100万円が支払われる年金の10年後時点の将来価値
100÷0.05＝2,000
b. aの現在価値
2,000÷(1＋0.05)^{10}＝1,228

③ ①−②
2,000−1,228＝772万円

割引率

　割引率とは、これまでの例に出てきたような将来価値を現在価値に換算する際のレートのことである。現在価値から将来価値を計算する際も同じレートを使うが、将来の価値を割り引くという意味で割引率という名前がついている（英語ではDiscount Rateという）。

これまでの例では銀行金利などを使っていたが、ファイナンスにおいて割引率は、期待収益率や投資利回りを指す。

金銭の時間価値と期待収益率

将来価値を現在価値にする際に用いた割引率について考察を進める。先ほどの例では銀行の預金金利を用いたが、次のような例ではどうだろうか。

1年後に100万円の元本が返還される債券がある。この債券は期間中に利払いのない割引債とする。この債券をいくらなら買いたいと考えるか。

債券の価格を計算するのに必要なのはあなたが欲しいと思っている収益率である。年10％の収益率が欲しいと考えるなら100万円を10％で割り戻した91万円（100万円÷（1＋10％）≒91万円）以下であれば購入するだろう。なぜなら現在91万円で購入した債券は1年後には100万円で償還されるわけであるから、年利は約10％になる（(100万円－91万円)÷91万円）。一方、年利5％で十分と考える人なら、100÷（1＋5％）≒95万円以下であれば購入してもよいと考えるだろう。現在の債券の価格が93万円であれば、年利で10％が欲しい投資家は購入しないが、5％でいいと考える投資家は購入することになる。

将来価値、上の例では1年後の100万円を、希望する収益率（「期待収益率」と呼ぶ）で割り引くことによって現在価値が導き出される。以下に解説するDCF法においてもこのような考えのもと、将来のキャッシュフローの予測値を投資家の期待収益率で割り引いて現在価値を算出する。

企業価値の計算

企業価値とは

　企業価値とは企業の価値を金銭で表したものである。
　企業価値はどのように計算できるであろうか。実は企業価値の計算は唯一のやり方があるわけではなく、さまざまな方法がある。また何円というように答えが客観的に1つに決まるようなものではない。企業価値が客観的に1つに決まるのであれば、株式の取引や企業の買収などは簡単になるだろうが、現実にはそのようにはいかない。

　図5-2は、企業価値の計算方法を例示したものである。主要な方法を挙げるだけでもこれだけの数がある。どの方法が正解ということではなく、用途に応じて使い分ける必要がある。
　株式を公開している会社であれば企業価値が明確であると思われるかもしれない。しかし株式市場で決定する価格は、さまざまな市場参加者が、それぞれ保有する情報をもとに評価した金額を前提に取引が行われた結果としての価格にすぎない。ゆえにそれが正しいというわけではなく、その時点の市場参加者の均衡点にすぎない。
　1つの方法だけで計算するのではなく、複数の方法で計算し、妥当性を検証するのが一般に行われていることである。

企業価値と株式価値

　企業価値に近い言葉に株式価値というものがある。この2つは似ているようで異なる概念である。

図5-2　さまざまな企業価値の計算方法

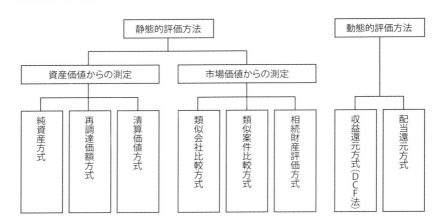

企業価値はその名の示すとおり、企業全体の価値を表し、一方で株式価値は株式のみの価値を表す。上場している会社であれば株式価値は時価総額で計ることができる。

両者の関係を式で表すと以下のようになる。

企業価値＝株式価値＋純有利子負債価値

企業価値は、株式価値と純有利子負債価値を合計したものである。純有利子負債価値は、有利子負債から手元にある余剰現金を差し引いたものである。

数式の純有利子負債価値を分解すると、企業価値は以下のように表現できる。

企業価値＝株式価値＋有利子負債価値－余剰現金

企業は、大きく分けて負債と株式の2つの資金調達源を持っている。これがバランスシートの右側（貸方）を構成する。集めた資金をどのように使ったのかを表しているのが、バランスシートの左側（借方）である。バランスシート全体の価値が企業価値であるが、余剰資金はその定義上、企業の運営

に必要な資産ではないので、通常は負債と相殺することで企業価値を算出する。

バランスシート全体の価値が企業価値であるといっても、バランスシートをどのように計測するかによって価値は変わってくる。資産を簿価で計測するのか、時価で計測するのかによっても変わるし、また時価といっても単純に資産の市場での取引額を時価とする場合もあれば、資産を使って将来生み出すキャッシュフローの合計を資産の時価とみなすこともできる。

先ほどの式を操作し、株式価値を表現すると以下のとおりとなる。企業価値を求める際はそれを直接求めるやり方もあるが、株式価値を先に求めて、そこから企業価値を計算する方法もある。

株式価値＝企業価値－有利子負債価値＋余剰現金

DCF法による企業価値の算出方法

以下では先ほど挙げた企業価値を算出する方法の中から、最も一般的に活用されている収益還元方式（DCF法）について解説していく。

(1) 収益還元方式（DCF法）

DCFとはDiscounted Cash Flowのことである。将来のキャッシュフローの予測値を割り引いて、現在価値を算出する方法をいう。DCF法は企業価値の計算だけでなく、キャッシュフローを生むような資産であれば何にでも応用できる便利な方法である（たとえば、不動産、特許、プロジェクトなど）。DCF法は企業価値の算出に一般的に用いられている方法である。

(2) DCF法による企業価値算出の手順

具体的にDCF法を使って企業価値を算出するには以下のような手順とな

る。
① 将来のキャッシュフローを予測する
② 資本コストを計算する
③ キャッシュフローの予測値を資本コストで割り引いて企業価値を算出する

キャッシュフローの予測

　DCF法において一番難しいのが、このキャッシュフローの予測をする部分である。

　事業計画を作成した経験のある人であればわかるだろうが、将来を予測するのは非常に難しい。単に財務的な知識だけではなく、営業、マーケティング、オペレーション、税務その他さまざまな知識が要求される。それだけでなく、会社の経営戦略、会社が事業を行う業界全体の動向、ひいてはマクロ経済の予測まで必要に応じて考慮に入れる必要がある。

　さらに言うと、キャッシュフローを予測する立場によっても予測値は異なってくる。会社が自らのキャッシュフローを予測する場合と、その会社を買収しようとしている会社の視点から予測するのとでは、予測値は異なる。買収側の視点では、自社のノウハウを買収先企業に注入することによるキャッシュフローの改善などを考慮できるからである。

　また、少数株主として予測する場合と、50％超の持分を持つ場合とではキャッシュフローの予測は異なるだろう。なぜなら、50％超の持分を持つことで会社に対する支配権が生まれるため、1人の投資家として受動的な投資ではなく、自らの考えで積極的に会社の方向性に影響を与えられるからである。

　複数の会社がターゲット会社を買収しようとする場面において、買収の提案価格が異なるのを目にしたことがあるだろうか。同じDCF法を使っていても最終的な企業価値の算定結果が大きく異なるこのような現象は、往々にし

て将来のキャッシュフローの予測が異なることが理由である。

　このように厳密に行うにはキャッシュフローの予測は非常に複雑ではあるが、実際には予測の正確性には限度があることを頭に入れながらも、一定の前提条件を置いて予測することになる。

(1) いつまで予想を行うか

　キャッシュフローの予測を行う際に決めなければならないのが、いつまでの予想を行うかである。会社の中期経営計画では3年や5年などが一般的だろう。期限の決まっているプロジェクトの評価であれば期限までのキャッシュフローを予測すればよい。

　しかし、会社は3年や5年で終わることを前提に存在するわけではなく、永遠に続くことを前提としている。したがってキャッシュフローも未来永久にわたって予測しなければならない。

　とは言っても永久に予測することは現実的ではないので、通常は一定期間を予測し、それ以降については先に紹介した永続価値や成長永続価値の考えを用いて一括して予測する手法をとる。

(2) フリーキャッシュフロー

　企業価値の算定において必要となるキャッシュフローをフリーキャッシュフローと呼ぶ。フリーキャッシュフローの本来の定義は次のとおりである。

　企業が事業から生み出すキャッシュフローから、その事業を維持するために必要な投資額を差し引いた余剰キャッシュフロー

　しかしながら「その事業を維持するために必要な投資額」というのは現実には計測が難しいので、簡易法として次のような計算式が用いられることが多い。

図5-3 フリーキャッシュフローと会計上の利益

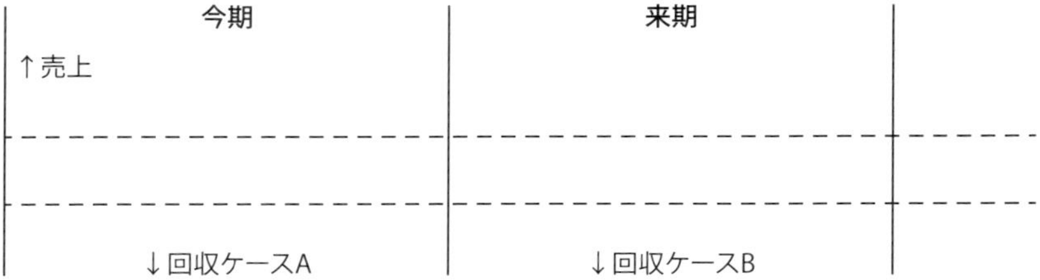

	今期	来期	
	↑売上		
	↓回収ケースA	↓回収ケースB	

フリーキャッシュフロー
＝営業利益(1－税率)＋減価償却費±投資キャッシュフロー±運転資本の変化

　フリーキャッシュフローのフリーとは、企業が資金提供者である債権者や株主に対して自由に分配できる現金であることからそのように呼ばれる。つまり、フリーキャッシュフローから企業は債権者や株主に対して分配を行い、余った金額を会社の剰余金とするのである。

(3) キャッシュフローと会計上の利益

　なぜDCF法では会計上の利益ではなく、キャッシュフローを用いるのであろうか。これには先ほど説明した金銭の時間価値が関係する。金銭には時間的な価値が存在するため、利益がいつ計上されるかより、キャッシュがいつ入るかが企業価値の計算には重要となってくるからである。

　図5-3において、今期の期初に売上を計上したとしよう。一方でこの代金の回収が今期中に行われるケースAと、来期に行われるケースBがあるとする。いずれのケースも売上は今期に計上されるので、今期と来期の売上、利益は等しくなる。唯一違うのは、今期末の貸借対照表で、ケースAでは売上分の現金が計上されているのに対して、ケースBでは同額の売掛金が計上されている。

会計上の議論だけであれば、ケースAもBも同じであるが、金銭の時間価値を考慮すると、早く回収したケースAのほうがより価値が高くなる。DCF法において会計上の利益ではなく現金をもとに企業価値を計算するのは、このように金銭の時間価値を考慮するからである。

【例題】

以下はY社の損益計算書と貸借対照表からの数字の抜粋である。Y社の当期のフリーキャッシュフローを求めよ。なお、今期取得した設備は今期に減価償却を行わず、来期から減価償却するものとする。また税率は40%とする。

(単位：億円)

	今期	前期
売上	120	100
営業利益	60	45
減価償却費	12	10
売掛金	20	15
棚卸資産	20	10
設備	70	60

【解答】

フリーキャッシュフロー＝60×(1−0.4)＋12−22−15＝11

(4) 投資キャッシュフローの変化

前期の設備残高が60億円で、今期の残高が70億円なので、投資キャッシュフローは10億円のように見えるが、前期の残高 (60) から今期の減価償却費 (12) を差し引いた48億円が前期から保有する設備の今期末の残高になる。今期の残高が70億円であることから、その差である22億円が今期の投資キャッシュフローとなる。

(5) 運転資本の変化

売掛金と棚卸資産の合計額が、前期末の25億円から今期末には40億円に

増えている。売掛金と棚卸資産の増加は損益計算書には反映されないが、現金が会社から出て行っているため、キャッシュフローの計算には、運転資本の増加額を差し引くことが必要となる。

資本コスト

　資本コストは一般的には聞きなれない言葉であろう。資本コストはその名のとおり、資本にかかるコストを意味する。
　会社がお金を集めるには一定のコストがかかる。資本コストは資金提供者に対して支払うべきコスト（資金提供者にとっての利回り）を指している。

　会社が資金調達をする方法は大きく分けて、負債と株式の2通りがある。負債と株式では調達コストが異なるため、まず別々に計算し、その後この2つのコストを統合することで会社全体の資本コストを計算する。
　資本コストについては言葉が似通っており混乱するので、以下のとおり整理をしておく。ここでは負債のコストを「負債資本コスト」と呼び、株式のコストを「株主資本コスト」と呼ぶ。そして両方を合わせた会社全体のコストを「資本コスト」と呼ぶ。

（1）負債資本コスト

　一般的に、負債には銀行借り入れや債券などがある。会社がこれら負債の手段で資金を調達する際にかかるコストはいくらだろうか。原則として負債には利率があらかじめ決められている。したがって負債で資金を調達した会社が払うべきコストは明確である。
　5％の利率で銀行借り入れした会社があったとしよう。この会社がいくら儲けようと、銀行に支払うべき利息は5％分と決まっている。予定よりも儲かったから決められた利率よりも多く払おうとする会社もないし、また銀行もそのようなことは要求しない。
　ただし、気をつけないといけないのが税金である。支払利息は会社にとって費用となり、その分だけ税金が減額される。したがって、会社にとっての

図5-4　資本コスト

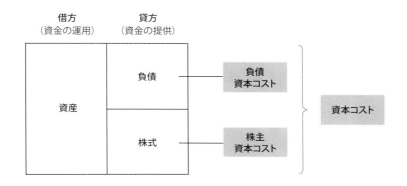

実際の負担は、利率よりも小さくなる。これを以下の例で示してみよう。

ここにA社とB社がある（表5-1）。利息と税金を差し引く前の利益は両社ともに1億円で同じだとする。ただしA社には銀行からの借入金2億円があり、年利5％（1000万円／年）の利息負担がある。税引前利益においては、両社の差は1000万円となっているが、これはA社に1000万円の利息負担がかかるからである。

しかしながら、税引後利益の差をみると、税引前には1000万円の差であったものが、600万円に縮小している。これはA社が支払った利息は損金（税務上の費用にできること）扱いとなり、そのためA社の税負担が少なくなったのが原因である。つまりA社にとって実質の利息負担は5％ではなく、税金分を考慮した3％（5％×(1－0.4)＝3％）なのである。

以上より、負債資本コストは税率を考慮して以下のように表すことができる。

負債資本コスト＝負債利率×(1－税率)

負債には金利があらかじめ一定に決められておらず、市場金利の動向などによって借入期間中にも変動する可能性のあるものがある。また上述した、支払利息が税金を軽減する効果はそもそも税金負担のない赤字企業には意味

表5-1 負債資本コスト

(単位：百万円)

	A社	B社	差（A－B）
利息・税引前利益	100	100	0
支払利息	10	0	
税引前利益	90	100	－10
税金（40％）	36	40	
税引後利益	54	60	－6

がないなど単純に計算できない場合もあるが、基本的な負債資本コストの考え方は上述のとおりである。

【例題】

負債金利5％、税率30％の場合における負債資本コストを求めよ。

【解答】
5％×（1－0.3）＝3.5％

（2）株主資本コスト

負債資本コストと同様に株主資本コストも算出しなければならないが、負債資本コストほど計算は単純ではない。

株主資本コストとは、株主が期待する利回りのことであるが、株式の利回りは負債のようにあらかじめ株主に約束されているものではない。経営努力の結果として利益が生まれ、それをもとに配当金が決まり、また株価が決まる。したがって株主資本コストの計算は少し複雑である。

ではどうやって株主が期待する利回りを計算するのであろうか。これにはさまざまな計算方法があるが、ここでは最も一般的に使われているCAPMという手法を紹介する。

(3) CAPM（キャップエム）

CAPMとはCapital Asset Pricing Modelの略で、日本語では資本資産評価モデルと言われている。

CAPMによると、株主資本コストは以下の数式で表される。

$E(ri) = rf + \beta [E(rm) - rf]$

$E(ri)$：投資家の期待利回り
rf：無リスク資産の利回り
　　（厳密には無リスクではないが、リスクが極めて低いため、一般的には国債の利回りが使われる）
β：ベータ値。市場全体の動きに対する当該株式の感度
$[E(rm) - rf]$：マーケットリスクプレミアム。無リスク資産に投資するのに比べ、株式市場全体へ投資する場合に、いくらの追加利回りが必要とされるかを表すもの

まずβについての解説を要するであろう。βはその株式が株式市場全体の動きに対してどのように反応するかを表した数値である。たとえば、市場全体が1％上昇したときに2％上昇する株式であれば、βは2となる。逆に市場と逆の動きをする株式はβがマイナスとなる。また株式市場全体と同じ大きさで動く株式はβが1となる。

　$\beta > 1$：市場全体より株価の変動が激しい
　$0 < \beta < 1$：市場の動きより株価の変動が小さい
　$\beta < 0$：市場全体と反対の動きをする

CAPMの数式を見れば、βとその株式への期待利回りの関係がわかる。βが高い、つまり市場の動きよりも値動きが激しい株式ほど、投資家の期待利回りは高くなる。これは一般的な言い方で表現すると「ハイリスク・ハイリターン」ということである。つまりCAPMは、投資家は高いリスクの株式には高いリターンを期待し、低いリスクの株式には低いリターンでも構わない

と考えていることを前提にしている。

$[E(rm)-rf]$ はマーケットリスクプレミアムを表す。これは無リスク資産に投資するのに比べて、リスクのある株式市場に投資するのに投資家はいくらの追加利回りを要求するかを表すものである。一般的には4％から7％の間の数字をとることが多いが、市場によっても若干異なる。

さて、ここでもう一度CAPMの数式に戻ってみよう。CAPMに従えば、ある株式への投資家の期待利回りは、無リスク資産の利回り、β値、マーケットリスクプレミアムがわかれば推測できるということになる。この中で個々の株式によって異なるのはβだけで、あとの2つはどの株式においても同じ値となる。

コラム　β値の計算方法

β値は統計学の章で学んだ回帰分析を使って求めることができる。β値は株式市場全体の動きと個別株式の動きとの関係であるので、以下のグラフのように市場全体の収益率をX軸に、個別株式の収益率をY軸にとり、回帰分析を行う。この回帰直線の傾き（図5-5の例では0.7）が

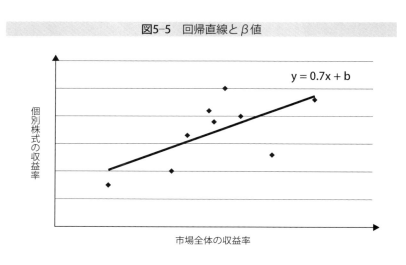

図5-5　回帰直線とβ値

β値である。

　β値を求めるにあたっては回帰分析を行う期間によって結果が異なるということに注意をすべきである。過去1年で計算するのか、5年で計算するかによって大きな違いが出ることがある。また収益率を日次で計算するのか、週次、月次、年次で計算するかによっても結果は変わる。

　さらに市場全体に何を使うのかも課題である。日経平均は225種類の代表的な銘柄で構成されるものであるから、市場全体と呼ぶには不十分であろう。東証株価指数（TOPIX）は東京証券取引所の第一部上場銘柄すべてをカバーするので市場全体の代用としては使えるが、それでも厳密には市場全体を表しているわけではない。

　そもそもβ値を利用するにあたっての一番の課題は、β値は過去の動きから計算されるものであって、株価が将来も同じように動くかどうかの保証にはならないということである。株価の動きは規則どおりにはいかないので、過去に市場とほぼ同じような動きをしていた株価が、ある時点を境にこれまでとは違う動きをすることも考えられる。過去のβ値を闇雲に信じるのではなく、β値の限界も知ったうえで注意して活用するのがよいだろう。

【例題】

　国債の利回りが3％、マーケットリスクプレミアムが5％であるとき、β値が1.5の株式の期待利回りをCAPMを使って求めよ。

【解答】
　3％＋1.5×5％＝10.5％

(4) WACC（ワック）

　さて、これまでのところで負債資本コストと株主資本コストが計算できた。次に会社全体の資本コストを計算する必要がある。

　経営者は債権者のため、株主のためと区分をして経営しているわけではな

い。会社を一体として経営している。したがって、負債資本コストと株主資本コストを個別に計算するだけでは不十分で、資本全体のコストを知る必要がある。それによって、経営上の判断を行う際に、検討中のプロジェクトが全体の資本コストを上回る利回りを上げられるかどうかを検証し、意思決定を行うことができるようになる。

資本コストの計算において一般的な手法にWACC（Weighted Average Cost of Capital）がある（日本語では「加重平均資本コスト」と呼ばれる）。その名が示すとおり、負債資本コストと株主資本コストを、負債と株主資本の総資産に対する割合で加重平均することで求められる。

WACC＝負債資本コスト×〔負債／（負債＋株主資本）〕＋株主資本コスト
　　　×〔株主資本／（負債＋株主資本）〕

株主資本と負債はともに原則として時価を使う。株主資本の時価は株式公開企業であれば時価総額を使うことができるが、非公開企業については何らかの手法で時価を計算するか、または簿価で代用する。負債については、時価が明瞭ではないので、よほど時価が簿価と乖離していると想定される場合を除いて、通常は簿価を使って構わない。

【例題】

先の例題で求めた、**負債資本コストと株主資本コスト**を使い、WACCによる資本コストを求めよ。なお、**負債および株主資本の時価**はそれぞれ40億円、60億円とする。

【解答】
3.0%×40/100＋10.5%×60/100＝7.5%

企業価値の算出

キャッシュフローの予測値が決まり、資本コストが決まったら、あとは資本コストを使ってキャッシュフローの現在価値を計算することで企業価値の算出ができる。

企業価値はさまざまな前提のうえに成り立っているため、前提条件が変わると結果も異なる。したがって、企業価値やプロジェクト価値を一意的に決めるのではなく、いくつかのシナリオを用意して、一定の範囲で価値を算出するのが一般的である。また同時に他の手法も使って、価値を多面的に計算することも重要である。以下ではDCF法以外に、企業価値の計算によく利用される手法をいくつか紹介しよう。

(1) DCF法以外の企業価値の計算方法

企業価値の計算にはさまざまな方法があり、その中の複数の方法を組み合わせて計算することが通常行われている。また目的によっても採用する手法は異なってくる。企業の買収を行うために評価するのか、相続税の計算のために評価するのかなど、目的に応じて手法も使い分ける必要がある。

(2) 純資産方式

貸借対照表の総資産から負債を差し引いた額を株式価値とする方法。

そのうち、簿価の数字をそのまま使う方式を簿価純資産方式と呼ぶ。計算は簡単だが、貸借対照表の資産額は時価と乖離している可能性もあり、そのまま使うことは実際にはあまりない。

貸借対照表を時価で評価し直したうえで、純資産を計算するのが時価純資産方式である。簿価純資産方式の欠点を補っているが、過去の経営成績を反映した貸借対照表の数字を使うという点において、将来の予測というより、過去の結果を重視した計算方法と言える。

(3) 類似会社比較方式

　非公開会社の企業価値を算出するにあたって、業種や事業が似ている他の株式公開会社を参考に企業価値を決定する方式である。株式公開企業の株式には市場で価格がついているため、それを参考に資産、利益水準を調整して価値を計算する。

　たとえば、株式非公開会社A社の利益が1億円であり、A社と類似の事業を行っている株式公開会社B社の利益が5億円で、時価総額が100億円だったとする。B社のPER（時価総額÷利益）は20倍であるので（100億円÷5億円）、それをA社に適応し、A社の企業価値を1億円×20倍＝20億円と類推する。実際には公開会社に比べて非公開の会社の株式は流動性が乏しいので、公開会社より類推した金額からディスカウントして価値を計算することが多い。

(4) 類似案件比較方式

　これは類似の業種や事業を行っている会社が資金調達をした場合や、M&Aの対象となった場合などにおける取引価格を参考に、価格を決める方法である。

　たとえば、A社と事業が似ているC社をY社が20億円で買収したとしよう。C社の利益は2億円であったとすると、買収金額は利益額の10倍である。A社の利益が1億円であった場合、C社の取引より類推して、A社の企業価値を1億円×10倍＝10億円として評価する。

(5) 配当還元方式

　配当還元方式はその名のとおり、将来の配当金を予測して、その金額をもとに企業価値を計算する方法である。配当金を出していない、または配当金が不安定な会社に適用することは難しいが、安定的に配当を出している会社であればこの方法は有益である。

　具体的な方法は以下のようになる。
　たとえば、毎年1株あたり50円の配当を実施している会社があるとしよう。

過去の経験からこの会社の配当金は安定しており、将来にわたっても大きな変更はないものと想定しよう。ただし、経済全体の成長率およびインフレ率に合わせて、毎年3％の割合で配当金が増加していくと想定する。割引率を5％とする場合、配当割引法による株式価値はいくらになるであろうか。

成長永続価値の公式を使って計算すると以下のとおりになる。
50円／(5％－3％)＝2500円

これは1株あたりの価値なので、これに発行済み株数を乗じることで全体の株式価値が求まる。さらに純有利子負債価値を足すと企業価値が求められる。

発行済み株数が1万株であれば、

株式価値＝2500円×1万株＝2500万円

純有利子負債価値が1000万円であれば、企業価値は以下のとおりとなる。

企業価値＝2500万円＋1000万円＝3500万円

【例題】
現在1株あたりの配当金が100円の株式がある。今後配当金は毎年3％ずつ増加することが予想される。この株式の価格を求めよ。なお、割引率は7％とする。

【解答】
100÷(0.07－0.03)＝2500円

投資の意思決定

さて、これまでのところで企業価値を計算することができた。繰り返しになるがこのプロセスは企業の価値を算出することに限らず、不動産やプロジェクトなどキャッシュフローの発生するものであれば同じである。

企業の価値が計算できたところで、最後に経営的な意思決定を行う必要がある。企業であればその価値でその企業へ出資をするのか、または買収するのか、プロジェクトであればそのプロジェクトを進めるのかについて決定を行う。

企業価値の計算と同様、意思決定においても、さまざまな手法が存在する。数値をベースに計算していく方法だけでなく、実際の経営の現場においては数字に頼らず経営的な勘で判断することもよく行われていることである。ここでは一般的に用いられているいくつかの手法を紹介する。

NPV（エヌ・ピー・ヴィー）

NPVはNet Present Valueの略で、日本語では「正味現在価値」と言われる。NPVとは予測したキャッシュフローの現在価値の合計から、投資額を差し引いた結果である。

数式で表すと以下のとおりとなる。

$$NPV = CFLO_0 + \frac{CFLO_1}{(1+r)^1} + \frac{CFLO_2}{(1+r)^2} + \frac{CFLO_3}{(1+r)^3} + \cdots\cdots + \frac{CFLO_n}{(1+r)^n}$$

$CFLO_n$：n期のキャッシュフロー
r：割引率

NPVがプラスであるということは、そのプロジェクトは要求される利回りを上回っているということであるから、投資を行うという判断をする。反対にNPVがマイナスであれば投資をしないと判断する。

【例題】

以下のような初期投資額を必要とする、2年間のプロジェクトがある。このプロジェクトのNPVを求め、投資の可否を判断せよ。なお、このプロジェクトへ要求する最低利回りは7%とする。

初期投資キャッシュフロー 　　－100億円
1年目キャッシュフロー 　　　　＋30億円
2年目キャッシュフロー 　　　　＋80億円

【解答】

各期のキャッシュフローを期待利回りである7%で割り引いた結果は以下のとおりである。これら現在価値の合計は－2.1億円と、マイナスとなる。NPV＜0となることから、この投資案件は7%以下の利回りしかもたらさないため、投資は行わないと判断する。

	将来価値	現在価値	
初期投資額	100億円	－100億円	
1年目キャッシュフロー	30億円	28億円	$(30 \div (1+0.07)^1)$
2年目キャッシュフロー	80億円	69.9億円	$(80 \div (1+0.07)^2)$
合計		－2.1億円	

IRR（アイ・アール・アール）

NPVが金額でプロジェクトの付加価値を表したのに対し、IRRは利回りを計算する（日本語では「内部収益率」と呼ぶ）。投資に必要な金額と将来の

キャッシュフローの現在価値とが等しくなるような収益率がIRRである。

数式で表すと、以下のとおりNPVが0になるr（割引率）がIRRとなる。

$$0 = \text{CFLO}_0 + \frac{\text{CFLO}_1}{(1+r)^1} + \frac{\text{CFLO}_2}{(1+r)^2} + \frac{\text{CFLO}_3}{(1+r)^3} + \cdots\cdots + \frac{\text{CFLO}_n}{(1+r)^n}$$

当該プロジェクトのIRRが要求される利回りを上回っていれば投資を行うが、下回っていれば投資を行わない。

IRR＞資本コスト：投資を実行する
IRR＜資本コスト：投資を実行しない

通常の電卓でIRRを計算する場合は、NPVが0になるようなrを見つけるために試行錯誤しながら何度も計算することになり、正確な数字を出すのは非常に大変である。関数電卓（または関数電卓アプリ）にはIRRを計算する機能が通常ついているのでそのような電卓を使うか、または表計算ソフトにもIRRを計算する関数機能がついているので活用するとよい。

実際の意思決定はこれほど単純ではないだろう。NPVがマイナス、つまりIRRが基準を満たさない案件であっても、キャッシュフローには反映できないメリットがあると判断すれば投資をすることもあるだろう。このプロジェクトを行うことが次のプロジェクトにつながり、全体として価値を生む可能性があることを理由に、投資を実行するということもありうる（これはファイナンスの世界では「リアルオプション」と呼ばれている）。

投資回収期間

投資の成果を投下資本の回収期間で考えるのも有効な方法である。

たとえば、初期投資に10億円がかかるプロジェクトがあり、このプロジェクトは毎年2億円のキャッシュフローを生むとする。この場合、初期投資の

10億円を回収するには5年かかるので、投資回収期間は5年ということになる。

金銭の時間価値を考慮して投資回収期間を考えると、より正確だろう。先ほどの例で割引率が5％であったとしよう。毎年のキャッシュフローを現在価値に換算すると、5年間のキャッシュフローの合計が8.7億円、6年間のキャッシュフローの合計が10.2億円となることから、5年と6年の間が回収期間となる（より正確には約5年9カ月）。

投資回収期間を計算したら投資する金額、投資回収期間からリスクを考慮して意思決定を行うことになる。

資本政策

資本政策とは、貸借対照表の右側（貸方）が表す会社の資金調達について、その手段、時期、構成などを計画することである。会社の資金調達手段には大きく分けて、負債と株式がある。そしてこの2つの中間に新株予約権付社債や優先株式のように両方の特徴を併せ持ったものが存在する。

また負債といっても銀行借り入れや社債などさまざまな手段があり、これら負債の中での組み合わせや、株式とどのような割合で組み合わせて資金を調達するかを考えないといけない。

さらにどの相手から調達を行うかというのも重要な資本政策の課題である。負債であればメインバンクから調達するのか、またはメインバンクの影響力を弱めるために他の銀行から借り入れるのか。株主資本を増強するのであれば、株式を誰に対して何株をいくらで発行するかなどは、会社にとって大きな問題である。これら資本にまつわる一連の課題を考えるのが資本政策である。

財務レバレッジ

資本構成を考える前に、財務レバレッジについて解説しておこう。

レバレッジとは、てこ（梃）を意味する英語の言葉である。ファイナンスの世界では、負債（自己資本（＝株主資本）の対比で、他人資本とも呼ばれる）を使うことで、株主資本以上の取引を行うことを意味する。負債を活用することで自己の資金以上の取引ができる様子が、小さい力で大きな物を持ち上げることのできる、てこに似ていることからレバレッジと呼ばれている。

自己資本以上の取引ができるということが、結果的に株主へのリターンを高めてくれる可能性があるため財務レバレッジが使われる。たとえば以下のような例を見てみよう。

A社は精密機器のメーカーであり、金利や税金を差し引く前の利益が10億円であった。この会社の総資産は50億円であり、資本構成を2つのパターンで考えている。パターンAは100％株主資本で賄ったケース、パターンBは株主資本を20％、負債を80％としたケースとする。ただし負債の金利は5％、税率は40％とする。

パターンAもパターンBも金利・税引前利益は同じ10億円であるが、その配分が異なる。パターンAでは、負債がゼロなので、10億円の配分は政府（税金）に4億円、株主に6億円となる。一方パターンBでは10億円の内訳は債権者に2億円、政府（税金）に3.2億円、株主に4.8億円となる。

株主への分配金の絶対額はパターンAのほうが多いが、株主にとってのリターンを考えるとどうであろうか。株主へのリターンは税引後利益を株主資本で除した、ROE (Return On Equity：株主資本利益率) によって求められる。

ROE（株主資本利益率）(%)＝税引後利益÷株主資本×100

両パターンのROEを求めると以下のとおりとなる。

パターンA：ROE＝12％（6÷50）

表5-2　財務レバレッジの例①

(単位：億円)

	パターンA 100%株主資本	パターンB 20%株主資本
負債	0	40
株主資本	50	10
総資産	50	50
金利・税引前利益	10	10
支払利息	0	2（40×5%）
税引前利益	10	8
税金（40%）	4	3.2
税引後利益	6	4.8

表5-3　財務レバレッジの例②

(単位：億円)

	パターンA	パターンB
負債保有者	0	2
政府（税金）	4	3.2
株主	6	4.8
合計	10	10

パターンB：ROE＝48%（4.8÷10）

　株主へのリターンという視点から考えると、パターンBはパターンAの4倍の利益率となる。これがレバレッジ効果と呼ばれるもので、株主資本を少なくし、必要な資本の多くを借り入れで賄うことによって株主へのリターンを増大させることができる。

　なぜ負債を増やすことで株主へのリターンが増えるのであろうか。それはこのケースにおいては、会社の利益率より低い利率で借り入れを行うことができたからである。

この事業には50億円の資金が必要であり、すべて株主資本で賄ったときの税引後利益は6億円で、投下資本に対する税引後利益率は12％である（パターンA）。これに対してパターンBでは、パターンAの株式資本50億円のうち、10億円は株主資本として残し、40億円を負債での調達に切り替えた。負債の利率は5％であり、税引後で考えると負債資本コストは3％（5％×（1－40％））である。株主資本分の資金から発生する利益は、率ではパターンAと同じく12％であるが、元本が10億円なので、金額では1.2億円となる。

　これに追加してパターンBでは、負債資本コストを上回る利回り、9％（12％－3％）分が株主のものになる。金額で言えば、3.6億円（40億円×9％）の利益が、株主資本からの利益1.2億円に追加されるので、合計の税引後利益は4.8億円となる。ゆえに株主資本に対する利回り（ROE）は、48％となる。

　これがレバレッジを行うことで株主へのリターンが高まる理由である。つまり、株主から調達する資金を減らし、その分を低利率の借り入れを増やして賄うことで、負債コストを上回る超過利益を株主利益に加えるのである。

　しかしながら、十分な利益が出なかった場合はレバレッジを効かせていることで逆に株主へのリターンは下がることになる。

　株主資本はリターンを約束していないので、利益が出なければ分配も必要ないが、負債は会社のリターンの有無にかかわらず、約束した金利を返さなければならない。赤字が続いている企業において過度に負債に頼ると、最悪の場合は倒産の危険性がある。財務レバレッジを活用する場合は、このようなマイナスの面も考慮して、企業にとって適正な値で行うべきである。

コラム　証拠金取引におけるレバレッジ

　近年、証拠金取引が広がっている。金融商品を取引する際に元本を全額用意する必要がなく、その一部を証拠金として用意することで取引できる形態である。決済する際には売買によって生じた損益のみを受け渡す。外国為替証拠金取引（いわゆるFX）はその一例である。

　証拠金取引を使えば、証拠金20万円で100万円の取引ができる。これは80万円を借り入れていることと同じで、レバレッジ（負債）を活用

証拠金取引の例

した取引と呼ばれる。この場合は5倍のレバレッジである（100万円÷20万円）。

　レバレッジ取引は自分が用意する投資資金（証拠金）と取引額が異なることに特徴があり、それゆえ大きく儲けることもあれば、大きく損をすることもある。

　5倍のレバレッジで考えてみよう。5倍のレバレッジとは、たとえば20万円の証拠金で100万円の取引ができるということである。これはつまり、損益が5倍に拡大するということを意味する。

　損益は取引額によって決まってくるため、たとえば資産が10％値上がりすると、100万円×10％＝10万円の利益となる。これは用意した証拠金20万円に対して、50％の利益である（10万円÷20万円）。つまり、5倍のレバレッジをかけることで、損益率は5倍（10％から50％）に拡大したということである。儲けるときはよいが、損をする場合もレバレッジの分だけ拡大するので、注意が必要である。

コラム　デュポン式ROE分析

　株主資本利益率（ROE）は、「税引後利益÷株主資本」で表されることを解説した。このROEは以下のように3つに分解することができる。

$$\text{ROE} = \underbrace{\frac{\text{当期純利益}}{\text{売上高}}}_{\substack{\text{売上高利益率}\\(\text{収益性})}} \times \underbrace{\frac{\text{売上高}}{\text{総資産}}}_{\substack{\text{総資産回転率}\\(\text{効率性})}} \times \underbrace{\frac{\text{総資産}}{\text{自己資本}}}_{\substack{\text{財務レバレッジ}\\(\text{負債の活用})}}$$

この手法をデュポン式ROE分析と言うが、ROEを3つに分解することでROEを上げるための方法が明確になる。

　売上高利益率は当期純利益を売上高で除したものである。これは会社の収益性を表している。収益性の高い会社ほど、ROEが高くなる。
　総資産回転率は、売上高を総資産で除したものであり、会社の保有する資産をいかに効率的に利用して売上をあげたかを表す指標である。遊休資産をたくさん持っている会社や不必要に手元現金が多い会社は資産の有効活用ができていないため、総資産回転率は下がる。
　最後の財務レバレッジは、それを利用することでROEが上がる場合があることは本文で解説したとおりである。
　ROEが同じ企業であっても、それを3つに分解することで企業の特徴が浮かび上がる。売上高利益率が高いので結果としてROEが高いのか、または売上高利益率、総資産回転率はあまり良くないのだが、レバレッジを高く設定していることによってROEが高いのか。ROEの結果だけを見るのではなく、ROEを分解して会社の特徴をつかむことは重要である。

最適資本構成

　さて、次に最適な資本構成について解説しよう。最適な資本構成を考えるうえで大切なのは、誰のために、何の目的で最適な資本構成を考えるのかということである。
　たとえば取引先からの信頼を得るために安全な資本政策にするということを目的にすれば、負債はないほうがよい。倒産の可能性を極力減らすことが財務的に安全な会社をつくることにつながるだろう。一方で、経営陣の報酬のほとんどが株価と連動しており、短期的にでも株価を上げることが経営陣にとっての目標となるのであれば、負債を増やした資本構成のほうがよいと判断されるだろう。
　ここでは、株主にとってのリターンを最大化するということを目的に資本

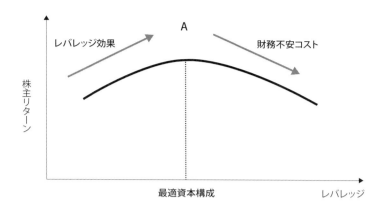

図5-6 レバレッジ効果と財務不安コスト

構成を考えてみよう。先に解説したとおり、財務レバレッジ効果によって、一定の条件のもとで負債を使うことは株主へのリターンを向上させることにつながる。

では理論通りに目一杯、たとえば99.9％の資本を負債で賄ったほうがいいのであろうか。常識的に考えるとそうはならないだろう。負債が増えすぎると少しの業績の変動で倒産の危機が訪れる。倒産に至らなくても、そのような状況下では経営は保守的になり、かえって株主へのリターンを低下させる要因になるであろう。

このように負債を増やしすぎることによって株主へのリターンが低下するのは、財務不安コスト（Cost of Financial Distress）が発生するからである。

図5-6で解説しよう。横軸に負債の総資産に対する比率をとり、縦軸に株主へのリターンをとる。負債ゼロの段階から徐々に負債の比率を上げていくことで、株主へのリターンは上昇する。これは先に解説したレバレッジ効果によるものである。

しかしながら、負債をさらに増やしていくと、徐々に負債の増加による財務不安コストが大きくなり、結果的に株主へのリターンが下がり始める。この図においては最適な資本構成は株主へのリターンが最大となる、Aのポイ

ントである。

　理論的にはAが最適なポイントではあるが、考慮すべき点がある。

　まず、このAのポイントを明確な解として把握するのは困難だということがある。理論的にはこのような最適ポイントAは存在するが、それが現実的に株主資本と負債のどの割合に該当するかを把握することは困難である。

　またこれが最適と呼ばれるのは、株主にとってのリターンという視点から最適なのであり、他のステークホルダー（当該企業に関係する人や他の企業）にとっての最適な解とは限らないことにも注意が必要である。

演習問題

問題1. 1年後から毎年15年間にわたって50万円が支払われる年金がある。この年金の現在価値を求めよ。割引率は5％とする。

問題2. 1年後から毎年10万円が支払われる債券がある。償還期限は3年後であり、元本は200万円とする。この債券の価格が210万円であれば購入したいと思うか。なお、割引率は3％とする。

問題3. A社の株式のβは1.5である。国債の利回りが2％、リスクプレミアムが5％とした場合にCAPMを使って株主資本コストを求めよ。

問題4. 問題3で求めた株主資本コストと以下の情報をもとにA社の加重平均資本コスト（WACC）を計算せよ。

A社の負債の利率	4％
税率	40％
A社の負債金額	30億円
A社の株主資本	50億円

問題5. あなたは機械メーカーX社の経営者で、初期投資に30億円をかけて工場の新設を検討している。この投資により1年後から毎年3億円の利益が生まれると予想される。工場の耐用期間は20年と想定される。またこのプロジェクトの資本コストは6%である。このプロジェクトのNPVを求めよ。

演習問題解答

解答1.

① この年金が永久に支払われると仮定した場合の現在価値
永続価値の公式より　$50 \div 5\% = 1,000$

② 16年目以降の永続価値を現在価値に換算したもの
$1,000 \div (1+0.05)^{15} = 481$

① − ② = 519万円

解答2.

1年後の利息の現在価値 $10 \div (1+0.03) = 9.7$
2年後の利息の現在価値 $10 \div (1+0.03)^2 = 9.4$
3年後の利息の現在価値 $10 \div (1+0.03)^3 = 9.2$
3年後の元本の現在価値 $200 \div (1+0.03)^3 = 183.0$
合計211.3万円
債券の価値は211.3万円であり、現在の価格210万円は割安と判断できるので購入したいと思う。

解答3.

$2\% + 1.5 \times 5\% = 9.5\%$

解答4.

A社の負債資本コスト：$4\% \times (1-0.4) = 2.4$
WACC

$= 2.4\% \times (30 \div 80) + 9.5\% \times (50 \div 80) = 6.8\%$

解答5.

1年後から20年後まで毎年3億円の利益が生まれることから、年金価値と同じ方式でこのプロジェクトの現在価値の計算ができる。

① 3億円が永久に発生すると仮定した場合の現在価値

　永続価値の公式より　$3 \div 6\% = 50$

② 21年目以降の永続価値を現在価値に換算したもの

　$50 \div (1 + 0.06)^{20} = 15.6$

① − ② = 34.4

　NPV = 34.4 − 30 = 4.4

NPV > 0なので、このプロジェクトは利益を生むと予想される。

【参考文献】

Higgins, Robert C., *Analysis for Financial Management*, Richard D Irwin, 1997

グロービス・マネジメント・インスティテュート著『MBAファイナンス』ダイヤモンド社，1999年

第6章 組織行動と人材マネジメント
Organizational Behavior and Human Resource Management

この章のキーワード
- ホーソンの工場実験
- 欲求階層論
- X理論・Y理論
- 衛生理論
- マクレランドの欲求理論
- 目標設定理論
- 期待理論
- アーク・オブ・ディストーション
- ジョハリの窓
- 状況適応(コンティンジェンシー)理論
- SL理論
- 組織構造と文化
- 成果主義
- コンピテンシーモデル

この章で何を学ぶか

　この章では、組織行動と人材マネジメントについて、各種理論を中心に学んでいく。組織行動と人材マネジメントの違いは、組織行動は組織で働く人々の行動や態度について体系的に学んでいくのに対して、人材マネジメントは人を動かすための組織の仕組みづくりに焦点を当てていく。組織行動論の分析レベルは、個人的行動、集団的行動、組織的行動の3つのレベルに分かれ、それぞれさまざまな理論が構築されている。個人的行動では、人を動かすために必要なモチベーションについて主に学び、どうしたら社員のモチベーションを高めることができるのか、これまで開発されてきた理論を中心に学ぶ。モチベーションを高めるには、人間の持っている欲求についてひもとき、それを満たすことで働く意欲を高めることが必要である。次いで、集団的行動に焦点を当てる。集団的行動では主にコミュニケーションの重要性について学び、送り手が送る言語と発する感情の2つが受け手側に伝わるということを知り、自分の認識と相手の認識が同じになるようオープンコミュニケーションを心掛けることの必要性を学んでいく。また、近年注目を集めているリーダーシップのあり方についても解説する。さらに、組織的行動においては、さまざまな組織構造や文化があり企業の目的に合った構造を選び、文化を創っていくべきだと知る。さらに、組織において人材は宝であり、人材の開発なくして、永続的に発展する企業を作り上げることはできない。そこで、効果的な人材管理に必要な採用や配置、教育訓練、評価と報酬についても考えていく。企業においては昨今、成果主義が導入され、それに伴って評価法も変わってきている。ここではコンピテンシーモデルを中心に、成果主義を導入するうえでの留意点についても考えていく。このように、この章では、組織と人材が企業の価値創造に貢献し、永続的に価値を生み出すために必要な理論や考え方を学び身につけていく。

組織とは何か

組織とは何か

　組織行動と人材マネジメントについて学ぶ際に、まずは組織とは何かを明確にすべきである。組織とは何か。さまざまな定義があるが、著名な経営学者であるチェスター・アーヴィング・バーナード（Chester Irving Barnard）は、組織を人間の協働のシステムと定義した。これを企業の組織に当てはめると、それは、組織の目標を達成するために個々の人間が集まり協力して働くシステムと言い換えられるだろう。ここで組織の目的は2つある。1つは、組織の目標を達成すること、もう1つは個人の目標も達成することである。個々の人間の集まりである組織は、組織の目標がなければ同じ方向に動くことができない。しかし人間は組織のためだけに生きているのではなく、個人の何かしらの目標や見返りがなければ動くことができない生き物である。したがって、企業はこれらを同時に達成するような組織を作ることが非常に重要である。組織行動論を学ぶ目的は、人と組織をより効果的に運営するために生み出された手法や概念を学ぶことにある。組織行動論の経営上のツールをまとめると図6-1のようになるだろう。

図6-1　組織行動論の経営上のツール

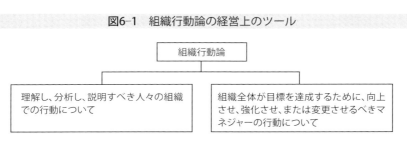

出所：George, Jennifer M. and Gareth R. Jones, *Understanding and Managing Organizational Behavior*, 6th Edition, Pearson, 2012, p.6

図6-2　組織行動論における分析レベル

個人的行動
- 認識と属性
- 学習
- モチベーション、能力、スキル
- 態度と価値観

集団的行動
- メンバーの役割と区別
- 非公式なグループの典型的な行動と社会的影響
- チームの持つ特徴
- チームの団結性とありがちな集団思考

組織的行動
- 構造と文化
- 外的環境
- 組織化の技術

出所：George, Jennifer M. and Gareth R. Jones, *Understanding and Managing Organizational Behavior*, 6th Edition, Pearson, 2012, p.34

組織行動論と人材マネジメント

　組織行動論（Organizational Behavior）の定義とは「組織内で人々が示す行動や態度についての体系的な学問である」といえる。つまり、組織行動論の目的は組織の中での人々の行動や態度に焦点を当て、人間の行動について説明し、予測し、統制するのを助けるものである。対して人材マネジメントは、組織を構成するメンバーを人的資源と見なし、それらをどう管理するかである。組織構造をどうするのか、人事システムをどうするのか、その仕組みづくりに焦点を当てる。組織行動は個人の行動に焦点を当てるのに対し、人材マネジメントとは人を動かすための企業組織に焦点を当てることになる。組織行動論には個人レベルと組織レベルとの間にチーム（集団）というレベルも存在する。チームというレベルは個人レベルと組織レベルの2つをリンクする役割を果たす。これら3つが合わさったものが、企業を前に動かす力になる。企業は、どれか1つに力を入れるのではなく、3つがうまく統合されることによって組織の目的を達成することができる。

組織行動論が提供するもの

　組織はあらゆるところに存在する。社会の中で目標を達成するために個人の力だけでなく、他者と協力することによってより効率的に成果を出せる。これまでの大きな仕事の成果は個人1人の力でなく大企業などの大きな組織

によって生み出されている。人間社会での偉業は組織によって達成してきたといえるだろう。つまり、人間が共同作業によって効率的・効果的に目的を達成するために組織は創造されるといえよう。具体的には組織行動論が存在する意義は以下のとおりである。

(1) 組織はどこでも存在する

組織は社会においてどこにでも存在する。たとえば、学生時代の教室は1つの組織である。さらに、職場やサークル、自治会など生きているほとんどの間、私たちは組織と関わっている。みなさんがこれまでに携わってきた組織にはさまざまな形があったのではないだろうか。経験上、目的を達成するために優れた組織があったはずだ。反対に、非効率で満足できない組織もあったのではないだろうか。良い組織はどうやって作られたのか、悪い組織は何が問題だったのか。それらを体系的に提供してくれるのが組織行動論である。したがって、組織行動論では、効率的で優れた組織を創るためにすべきこと、理解すべきことを学ぶことができる。

(2) 集団的活動のための欲求

社会で生きている中で、組織とは欠かせない概念である。日本は昔から好んで集団行動をしてきた。1つの共同体である村を形成し、集団で行動していた。この集団行動は、社会で生きていくうえで欠かせない要素であり、これまで日本という国家が成長してきたのは、組織をより良いものに発展させてきた結果であるとも言えよう。人が何かを達成しようとするとき、個よりも集団のほうが大きなことを達成できることは明らかである。人が人と協力し、目的に沿った行動をすることで、効率的にものごとを達成できる。その仕組みを知ることは私たちが組織で働くために非常に有効な知識となるだろう。

(3) 人や組織についての経営上の仮説

人は意識しているか、していないかは別にして、常に仮説を立てて行動している。たとえば、部下をほめるのはなぜだろうか。部下をほめれば部下はいい気分になり、ますますやる気を出してくれるかもしれないという仮説を

立てているからだろう。部下を叱るのはどうしてだろう。部下を叱れば、次回から同じミスをしないだろうという仮説を立てているからだろう。このように、私たちは常に仮説を立てて行動している。しかしこれらの仮説はどうやって立てられているのだろう。部下をほめたらやる気を出した、部下を叱ったらミスがなくなったという経験や勘から仮説が導き出されているのではないだろうか。しかし、私たちの経験は無限ではない。組織や人に関わるすべてのことを経験するには何年かかるだろう。そう考えたとき、さまざまな人や組織の経験を提供してくれる学問があれば私たちはさまざまなことを短期間で知ることができる。これらのことを体系的にまとめ提供するのが組織行動論である。

個人行動に関わる理論

　ここでは個人の行動に関わる理論について解説する。モチベーションはよく聞く言葉であろう。部下のモチベーションを上げることは、組織を運営していくうえで非常に重要な鍵となる。部下のモチベーションを上げるにはどうしたらいいのか悩んでいるマネジャーも多いだろう。モチベーションはMBAの組織行動論において頻繁に使われるワードである。以下の理論を知ることで、人を動かすための基本的な理論を知ることができるだろう。

モチベーション理論

　モチベーション理論では、モチベーションとは動機づけと訳され、「目標達成のために高レベルの努力を行なおうとする個人の意思」と定義されている。ここでは、モチベーションに関する多くの理論について見ていくことにする。これらの理論を理解することで、モチベーションを体系的に理解することが

できるだろう。

(1) ホーソンの工場実験

　ホーソンの工場実験とは、ハーバード大学のエルトン・メイヨー（G. Elton Mayo）とフリッツ・レスリスバーガー（Fritz J. Roethlisberger）らが、ウェスタン・エレクトリック社ホーソン工場で行った実験、実証研究のことである。彼らは生産性に関する変数（作業方法、材料の変更、休憩時間、天候など）を変え、生産性に影響するのかを調べた。それまでは物理的条件を向上させることによって、生産効率が上がると考えられていた。そこでこの実験でも物理的な条件をよくすることで、生産効率は上がると仮説が立てられていたが、その結果は違った。具体的には、5分休憩を2回とった場合と10分の休憩を2回とった場合、5分休憩を6回とった場合の作業効率を比較したり、また、作業場の照度を上げたり下げたりした場合の生産効率を比較した。

　結果、作業条件を悪くした場合でも生産効率が下がることはなかった。作業条件を悪くしても生産効率は上がり続けたのだ。このことは、彼らにとって不可思議なことであった。ではなぜこのような結果になったのか。ここで考えられたのは、工場で働く人たちの意識の変化が大きく影響したのではないかということである。実際に意識の変化は生産効率の向上に深く結びついている。この実験に参加した被験者たちは、自分たちは工員たちから選ばれたという意識から「選ばれているのだから、がんばろう」という感情や心理が影響したのである。さらに調査員との交流や言葉がけによって生産効率にプラスの効果があったのだと考えられた。

　このように、物理的作業条件をよくすれば、作業効率は上がるという理論は否定され、感情や心理、人間関係等によってモチベーションは向上し、生産効率に影響を与えることがわかった。この実験から、人間関係を重視する「人間関係論」が注目を浴びるようになる。

(2) マズローの欲求階層論（Hierarchy of needs mode）

　マズローの欲求階層論については、よく耳にすることだろう。1954年、米国の心理学者であるアブラハム・マズロー（Abraham H. Maslow）によって

発表された理論で、「欲求階層論」と呼ばれる。古い理論であるが、人間の基本的な欲求を階層別に表しており、広く多くの分野で用いられている。図6-3が示すとおり、人間の持つ欲求を1段階から5段階で示し、段階が上がるほど高次の欲求となる。

1段階：生理的欲求－人間の最も基本的な欲求であり、衣食住を満たそうとする欲求である。人間は、まずは生きるために人間の本能に密接した欲求を満たそうとする。お腹がすく、のどが渇くなど肉体的な欲求と関連する。

2段階：安全的欲求－物理的、精神的な苦痛から保護、安全を求める欲求であり、病気や脅威から放たれて生きたいという欲求である。病気を避けるために栄養価の高いものを食べたい、気温の変化から守られて生きたい、そのために継続的に仕事をしてその欲求を満たす仕事をしようというモチベーションにつながる。生理的欲求、安全的欲求は、人間にとって必要不可欠な欲求であり、この2つが満たされると、より高次な欲求、つまり社会の一員として人に必要とされる人間でありたい、愛情に満たされた生活をしたいという欲求が生まれてくる。

3段階：社会的欲求－社会や組織への帰属意識、愛情や友情のある生活、自分を受け入れてもらえる社会で暮らしたいなどの欲求である。そのために人は社会や組織とつながり、人間関係を構築し、より人間的な生活を求める。

4段階：自尊的欲求－社会に帰属し、愛情や友情に満たされた生活をした後は、自身を認められたいという欲求が現れる。組織の中でより認められる人間でありたいという欲求は、昇進や昇格への欲望になり、そのために自身を向上させようというモチベーションとなる。組織はこのようなモチベーションをうまく用いることで、より効果的な組織

図6-3　マズローの欲求階層モデル

出所：スティーブン・P・ロビンス著，髙木晴夫訳『新版　組織行動のマネジメント――入門から実践へ』ダイヤモンド社，2009年，p.80

へと昇華する。

5段階：自己実現的欲求－自分の目指すものになりたいという欲求、成長したいという欲求、自身の散在能力を全開にして自己実現したいという欲求である。自己実現は最も高次な欲求であり、際限のない欲求である。1段階の欲求が満たされれば、2段階の欲求、3段階の欲求と段階を上がっていくが、5段階目の自己実現の欲求には限りがなく、自身の潜在能力を達成しようとする継続的なモチベーションとなる。

　マズローの欲求階層論が現在の私たちに求めているものは何だろうか。それは私たちの欲求は常に変わり続けていくということだ。マネジメントに反映すると、社員や部下のモチベーションは常に変わり続けているといえる。たとえば、新入社員のころは、与えられた仕事をきちんとこなすことにモチベーションがあったとしても、数年後は、より高度な業務をやり遂げることがモチベーションになっているかもしれない。したがって、だからこそ、マネジメント側も変わらなければならない。10年前のシステムが今は有効ではないかもしれない。5年前に動機づけのために使われていた手法が今は通用しないかもしれない。マネジャーは常に部下が何を求めているのか把握し、その要求を満たすことでモチベーションを上げることができる。

図6-4 欲求階層論とX理論・Y理論の関係

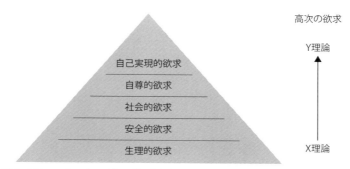

出所：スティーブン・P・ロビンス著，髙木晴夫訳『新版　組織行動のマネジメント——入門から実践へ』ダイヤモンド社，2009年，p.80に加筆

(3) X理論・Y理論

　1960年、欲求階層論をベースに、マネジャーの立場から見て、部下にあたる人間が持つ本性を相異なる2つの理論として対比させたのが、米国の心理学者であるダグラス・マグレガー（Douglas M. McGregor）によるX理論・Y理論である。

　X理論（X-theory）とは、「人間は本来怠け者であり仕事を嫌うものだから、できればそれを避けようとする。したがって、組織の目標に向かって努力させるためには、強制し、命令し、処罰を持って脅迫することも必要だ」という考えである。この考えをもとに、飴と鞭を使って労働者を指示・管理していく必要性を説いている。いわゆる専制的管理手法によって労働者を管理すべきだとする理論である。

　一方、Y理論（Y-theory）とは、「人間は本来、仕事を嫌ってはいない。働くことに喜びすら感じている。組織の目標に向かって努力させる方法は、外部からの脅迫ではなく、報償の力（自我満足）を利用すれば、その気を起こさせ、目標を達成することができる」としている。この考えをもとに、個人の能力を引き出しながら、動機づけによって労働者を管理すべきだとしている。つまり、専制的管理ではなく参加支援型管理によって、動機づけをもとに生産性を高められるとしたのである。

先ほど、この理論はマズローの欲求階層論をベースにしていると述べたが、欲求階層論とX理論・Y理論との関係は図6-4で示される。ここで注意したいのは、Y理論は適切な権威を否定するものではないことである。マグレガーによれば、マネジャーが部下の動機がどの段階なのか正しく理解することによって、適切な管理ができるとしている。

(4) ハーズバーグの動機づけ2要因理論（衛生理論）

　前記で述べた欲求階層論やY理論は、組織の中に人間的側面の必要性を説いた。しかしこれらの理論は仮説が中心となっていた。一方、心理学者フレデリック・ハーズバーグ（Frederick Herzberg）は実証研究から以下の理論を導き出した。ハーズバーグは、1950年代に約200人の会計士と技術者を対象に、「人は仕事から何を求めるか」という命題をもとに調査を行った。ハーズバーグは、人と仕事の関係は基本的なものであり、仕事に対する態度が成功か失敗かを決定するという信念を持っていた。

　調査は、「あなたが現在の仕事あるいは過去に経験した仕事について、特に満足したあるいは不満足であったと思ったときのことを考えてください。これは長期、短期どちらの場合でも結構です。そのとき何が起こったかを話してください。」という質問がベースになったものである。

　その結果、仕事に満足していると感じている回答者は内的要因（達成、表彰、仕事そのもの、責任、昇進）が満足感に関係があり、彼らはこれらの要素を自分の成果だとする傾向があった。一方、満足していない回答者は、外的要因（会社の方針、管理、監督、対人関係、作業条件など）を理由としていた。このことから、人間には心理的に成長しようとする人間的欲求と苦痛を避けようとする動物的な欲求という別々の欲求があるとし、苦痛を避けようとする動物的な欲求を充足しても、人間は不満足感が減少するだけで積極的な満足感を増加させることはない。また、たとえ心理的に成長しようとする人間的欲求を十分に満たすことができなくても、不満足感が増加するわけではないと考えた。この2つの要因は違い、不満要因（衛生要因）を取り除いても、満足感につながらず、満足感を引き出すには、モチベーションを上げる方法を試さなければならないとした。この理論の新しさは職務の衛生要因にも焦

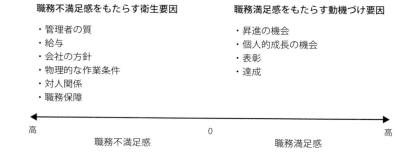

図6-5　ハーズバーグの動機づけ2要因理論（衛生理論）

出所：スティーブン・P・ロビンス著，髙木晴夫訳『新版　組織行動のマネジメント——入門から実践へ』ダイヤモンド社，2009年，p.85

点を当てたことだ。図6-5は、この2つの欲求の関係を表したものである。

このように、これまで見てきた4つの理論は、人間の持っている欲求が人を動機づけるとしている。これらはモチベーションの基礎になる古典的な理論であるが、現代のモチベーション理論の基礎になるものであり、みなさんの業務においても大いに役立つだろう。加えて現代的なモチベーション理論も解説する。

(5) マクレランドの欲求理論

米国の心理学者デイビッド・C・マクレランド（David C. McClelland）が提唱したもので、人間の主な動機ないし欲求は3つであり、それは「達成欲求」「権力欲求」「親和欲求」であり、これらのどの欲求が強いかは人により、しかし、人間の行動の根本には必ずこれらの欲求があるという理論である。3つの欲求とは以下のとおりである。

・達成欲求（nAch：need for achievement）：ある基準に達したい、または、しのぎたいという欲求を持つ。この欲求が強い人は、自身の達成に最大の興味関心があり、より良い成果を上げたいと望んでいる。どのようなことも自分自身でやることを好む。またギャンブル性の高いものより中程度のリスクが生じる仕事を好み、迅速で明確なフィードバックを受け

てよりやりがいのある目標を達成したいと考える。自分でやることを好むので、マネジャーという観点から見ると必ずしも理想的ではない。

・権力欲求（nPow：need for power）：他者に影響力を持ち、その影響力を行使して他人をコントロールしたいという欲求がベースにある。権力欲求が強い人は、責任感の大きい仕事を楽しみ、他者からの働きかけよりも自身が他者をコントロールすることを望む。したがって、競争心は強く、成果よりも自身が他者に頼られること、他者に与える影響力を大きくすることがモチベーションとなる。部下をコントロールできるので、マネジャーとしては成功率が高い。

・親和欲求（nAff：need for affiliation）：友好的かつ密接な対人関係を結びたいという欲求を強く持つ。人に役立つことが喜びであり、献身的に他者に尽くそうとする。他者から好かれたい、よく見られたいという欲求が強いため緊張感のある環境には耐えられない傾向にある。この欲求が強いマネジャーも教育によって成果に対する重要性を学べば成功率が高い。

この理論は、現在みなさんの職場でも管理職選抜のベースになっているのではないだろうか。自身がどのタイプであるかによって、マネジャーとしてのあり方、リーダーシップスタイルなどにも影響する。しかし、すべてのタイプによって利点と欠点があり、それをどう補うかがマネジャーとして成功する鍵になるといえよう。

(6) 目標設定理論（Goal-setting theory）

エドウィン・ロック（Edwin Locke）、ゲイリー・レイサム（Gary Latham）が1984年に提唱した理論で、目標という要因に焦点を当て、モチベーションにどのような効果があるのかを探った。その結果、本人が納得しており、目標が明確で、難易度が低いよりは高い目標のほうが本人のモチベーションを上げ、効果が高いことがわかった。1950年代にすでに近代マネジメントの父といわれる米国のピーター・ドラッカー（Peter F. Drucker）が目標管理（MBO-

Management by Objectives）という形で提唱しているが、目標管理（MBO）の理論的背景として目標設定理論が用いられる。目標として成果と結びつくと考えられている要因は、①目標の困難度、②目標具体性、③目標の受容、④フィードバック、となる。具体的にはモチベーションに効果がある目標設定方法は、困難度は低すぎず、挑戦的であるが高すぎない目標を具体的に設定し、本人が納得した目標で適切なフィードバックがある状態が望まれる。この理論は現在の職場での目標設定にも取り入れられている。目標の設定は難しいが、やはりやや挑戦的で明確なものが組織では求められているのではないだろうか。

（7）期待理論（Expectancy theory）

　今までは人間の欲求に基づく動機づけについて学んできたが、ここでは期待に基づく動機づけについて見ていく。そこで登場するのが、期待理論である。期待理論についてはさまざまな角度から研究がなされているが、ここでは、ブルームの期待理論とポーターとローラーの期待理論の考え方をベースにして話をすすめていく。「人間は努力すれば業績を残すことができ、それが報酬につながるという期待が人間の行動を規定している」というのが、ブルームの期待理論である。彼は、「人間の行動志向は、その行動があらかじめ定められた報酬につながるという期待とその結果が本人に与える価値の重み、魅力度によって決まる」としている（図6-6参照）。

　実は、期待に伴って行動を起こすことで生じる成果には、一次成果と二次成果がある。一次成果とは、自らの能力を活かして努力した結果生じる業績のことを指す。そして、一次成果の良し悪しによって昇給や人事制度上の昇格や昇進というものが存在する。このような一次成果の先にあるものが、二次成果である。二次成果はあくまでも努力して残した業績という一次成果に対してあるものなので、本来副次的なものである。しかしながら、実はこの二次成果がモチベーションを高めるのに非常に重要な意味を持っている。

　なぜなら、二次成果いかんによっては、人はモチベーションを高める満足感を得るか、モチベーションを下げる不満足感を抱くか決まってしまうからである。重要なのは、一次成果を公平に評価し、満足に結びつく二次成果につなげていくことができるかである。したがって、評価が非常に重要な役割

図6-6　ブルームの期待理論の考え方

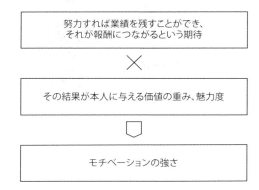

を持ち、評価者となるマネジャーはきちんと公平に評価できる技術を身につける必要があるのだ。そこで、制度としてもマネジャーに対して十分な評価者研修を用意する必要がある。特に、ポーターとローラーの期待理論では、図6-7のように、二次成果を導く評価は、認識された公平性が重要であると説いている。では、認識された公平性とはどのようなものであろうか。それは、評価基準をあらかじめ明確にして、どの程度の一次成果を出せば、自らが期待している二次成果を得られるのかを部下が認識できる必要がある。それを認識できれば、その二次成果を期待して一次成果を残そうとするからである。

　そしてまた、評価の公平性を保つには、評価者が陥りやすいいくつかの点をマネジャーは把握しておく必要がある。たとえば、下記のようなハロー効果や対比誤差については特に注意すべきだろう。

ハロー効果：その人に抱いている全体的な印象が、個々の評価に影響を及ぼすことをいい、業績に関係なくできる社員は高評価がつきやすく、そうでない社員は低い評価がつきやすいといった効果である。したがって、評価者はきちんと事実だけを見る必要がある。ちなみに、ハロー（Halo）とは後光や光背という意味である。

図6-7 ポーターとローラーの期待理論

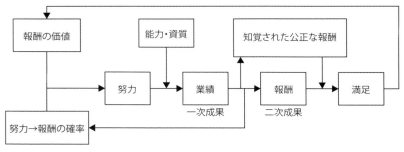

出所:Porter, L. W. and E. E. Lawler, III., *Managerial Attitudes and Performance*, Homewood, Ill., R. D. Irwin, 1968, p.165をもとに作成

対比誤差:自分の得意とする領域については、低評価をつけやすく、自分の不得意とする領域については、高評価をつけやすい現象をいう。したがって、評価者は日ごろから自分の得意分野と不得意分野について認識し、公正な評価ができるよう心掛けなければならない。

　このように、部下のモチベーションを高めるためには、努力から導き出された成果は公平に判断され、二次成果を導くと部下に認知させる必要がある。さらに、目標設定で述べたように挑戦的かつ明確な目標を定めることも必要だろう。これらの理論は、私たちの組織でも無意識に利用されているだろうが、このことを理論として知覚することは、マネジャーが、意識的に部下を管理するために必要なことであろう。
　ここまで、個人行動に関わる理論を見てきたが、これらの理論が示すとおり、部下のモチベーションを高めることはマネジャーにとって非常に重要な業務の1つである。みなさんも現在の部下との関わりをもう一度振り返り、これらの理論を自分のものとして、業務にあたることで新たな気づきがあるのではないだろうか。

集団的行動に関わる理論

　最初に述べたとおり、人は個人で行動するよりもチームで活動することでより大きなことを達成できる。集団での行動を効率的かつ効果的に行うには、人々が協力し合い同じ目的に向かって進まなければならない。しかしながら、人間は一人一人違った考えや意志を持ち、経験やスキルも違う。何もしなければ争いが起こり、対立関係が形成され、集団での行動の意義を失うかもしれない。そこで、ここでは集団的行動をスムーズに効果的に行うための理論および手法について学んでいく。

コミュニケーションの理論

(1) コミュニケーションの定義

　おそらくコミュニケーションという言葉はモチベーションと並んで組織管理において最もよく使われる言葉かもしれない。それほど、組織を管理することにおいて重要な位置を占めるのがコミュニケーションである。良いチームは有効なコミュニケーションが行われている。逆に誤解を招くコミュニケーションはチーム間のコンフリクトを招く可能性もある。コミュニケーションを定義すると、「共通理解に達することを目的とした複数名の個人あるいは団体間で行われる情報交換」となる。

　では有効なコミュニケーションとは何だろうか。有効なコミュニケーションとは、「共通理解」に達する誤解のないコミュニケーションである。有効なコミュニケーションを阻む「ノイズ」には、物理的距離・障害、チャネルの選択、文化的・言語的な差異、語義的な問題、などがある。たとえば、電話での会話より直接の会話のほうがノイズは少なくなる。直接の会話の場合、非言語的なコミュニケーションも可能であり、電話での声のみの会話よりも誤解を招くことが少ないだろう。また最近では、メールやSNSでコミュニケ

図6-8 アーク・オブ・ディストーション

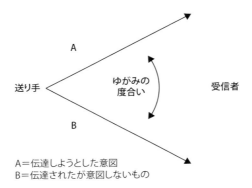

A＝伝達しようとした意図
B＝伝達されたが意図しないもの

出所：George, Jennifer M. and Gareth R. Jones, *Understanding and Managing Organizational Behavior*, 6th Edition, Pearson, 2012, p.34

ーションをとることが多くなっているが、文章の書き方によっては本意が伝わらず、モメる原因にもなり得る。仕事を失う原因にもなりかねないので非常に注意が必要である。

ここで大事なのは、コミュニケーションにはノイズが存在し、誤解を招く可能性が常にあるということを理解することである。すなわち、マネジャーは常にコミュニケーションのノイズについて配慮し、有効なコミュニケーション法を確立していかなければならないということだ。

(2) アーク・オブ・ディストーション（Arc of Distortion）

アーク・オブ・ディストーションとは、先ほど解説したとおり、コミュニケーションにおける矛盾の本質を表したものである。この矛盾の本質は、私たちの言葉と感情が違うメッセージを送っていることから起こりうる。言葉は私たちが意図して差し出すものであり、感情は発するものである。発言者は気づいていないことが多いが、受信者にとってその発せられた感情は明確に受け取れるものである。その矛盾が誤解を招いたり、発言者または受信者両者を混乱させたりしかねない。たとえば、私たちはかなり怒りを感じたときも、職場の雰囲気を壊したくないため、言葉では「大丈夫です」ということがあるだろう。その際、差し出した言葉と発せられた感情は大きく異なり、

発言者は、「私は怒っていなかった」と言葉にフォーカスして考えていたとしても、受信者は「彼は怒っていた」と発せられた感情にフォーカスして、そう感じているかもしれない。マネジャーは、このことを知って言葉と感情をコントロールできたならば、誤解を招くコミュニケーションを削減することができるだろう。

(3) ジョハリの窓（The Johari Window）

ジョハリの窓は、サンフランシスコ州立大学の心理学者ジョセフ・ルフト（Joseph Luft）とハリー・インガム（Harry Ingham）が発表した「対人関係における気づきのグラムモデル」のことである。2人の名前を組み合わせて「ジョハリの窓」と呼ばれる。表6-1が示すとおり、コミュニケーションを2つの側面から切り取っている。メッセージの中には「自分で認識しているもの」と「自分で認識していないもの」が存在する。さらに、受け手にとっても2つの側面があり、「他者に認識されるもの」と「他者に認識されないもの」がある。

第1の窓：自分も他者も認識しているものであり、自分が送ったメッセージがストレートに相手に伝わったものである。これは「公開されたコミュニケーション（open communication）」と呼ばれる。

第2の窓：自分は認識していないが、他者には認識されているものであり、先ほど述べたように自身が怒っていないことを伝えたつもりでも、他者にはまったく異なることを示唆してしまっている状態である。

第3の窓：自分では認識しているが、相手には知られたくない、他者に認識されないものであり、見せかけの、または政治的な窓と呼ばれている。これは意図的に自分が認識している事実を隠して相手をコントロールしようとする要素が含まれる。

第4の窓：自分にも認識されておらず、他者にも認識されていないものであり、自分の潜在下の思いであるが、それは自分も認識していないし、

表6-1　ジョハリの窓

		送り手	
		自分が認識している	自分が認識していない
受け手	他者に認識されている	第1の窓 オープンコミュニケーション	第2の窓 ブラインドスポット
	他者に認識されていない	第3の窓 見せかけの、政治的	第4の窓 サイコセラピー

出所：George, Jennifer M. and Gareth R. Jones, *Understanding and Managing Organizational Behavior*, 6th Edition, Pearson, 2012, p.34

相手にも認識されていないもので、これは心理学で用いるものであるが、組織行動においては取り扱われない。

　ジョハリの窓は組織内のコミュニケーションを促進するツールとして使われる。たとえば、マネジャーがこのツールを使って自身を開示することで、部下がマネジャーを知る良い機会となり、お互いの興味を深め価値あるコミュニケーションを促進する。ここで大切なのは、コミュニケーションにおいては第2の窓と第3の窓を狭めながら、第1の窓を広げていくことである。つまり、お互いのオープンコミュニケーションを心掛け、開放的な環境を作り出す必要があるのだ。

リーダーシップの理論

　組織行動を学ぶうえで、リーダーシップ論を知ることも欠かせない。昨今ではあらゆるところでリーダーシップ論が取り上げられ討論されている。たとえば、なぜアップル社は次々とイノベーションを巻き起こし成功しているのか。創業者スティーブ・ジョブズのリーダーシップスタイルについても研究がなされている。リーダーは会社が成功するうえで、組織を効果的に運営するために非常に重要な要素なのである。MBAの授業においては、自身のリーダーシップスタイルを開発し、発展させていく。リーダーシップを開発するためには、スキルやテクニックだけでなく、根本の人間性にも目を向けな

くてはならない、非常に深く自身を探る作業なのである。ここでは代表的なリーダーシップ理論について解説し、自身のリーダーシップ開発の一助にしてもらいたい。

(1) マネジリアル・グリッド（Managerial Grid）

まずは有名な「マネジリアル・グリッド」について説明していく。1960年代、ロバート・ブレイク（Robert R. Blake）とジェーン・ムートン（Jane S. Mouton）は、人間に関する関心と生産（仕事）に対する関心という2つの態様とリーダーシップに関する関係について研究した。そこで、彼らは図6-9のように人間に関する関心度を縦軸に、生産（仕事）に対する関心度を横軸にとり、低次レベルの1から高次レベルの9までそれぞれを分け、リーダーのタイプを次のように5つに分類したのである。

この中で、ブレイクとムートンの理論によれば最適なリーダーは、人にも人間関係にも関心が高いチームマネジメント型だとした。一方、ミシガン大学の研究では、ブレイクやムートンが最適とする仕事に関心が強いチームマネジメント型では、仕事に対する関心度が高すぎて部下が上から圧力を感じたりすることがあるとする。すると、部下は過度の緊張感から仕事の意欲が減ったり、その緊張感がさらに高まると離職に結びついたりする要因にもなりかねないとした。したがって、過度な緊張感を感じさせないカントリー・クラブ型のような従業員志向のリーダーシップがよいとしている。このように、リーダーシップのさまざまな研究がなされても、どの考えにおいても状況に応じた最適化ということにはいたっていないため、その後、状況要因を組み入れたリーダーシップの考え方が展開されるようになっていく。

(2) 状況適応（コンティンジェンシー）理論（Contingency theory）

そこで出てくるのが状況適応理論である。ワシントン大学のフレッド・フィドラー（F. Fiedler）は、高業績を上げるリーダーの有効性をさまざまな組織を使って実証的に調べた。彼が最初に注目したのは、リーダーのパーソナリティであった。リーダーのパーソナリティについて、部下に比較的甘い評価をするリーダーを人間（ヒューマン）関係志向型とし、厳しい評価をする

図6-9 ブレイク&ムートンのマネジリアル・グリッド

人間に関する関心 高↑ ↓低		生産(仕事)に対する関心 低← →高	
9,8,7	カントリー・クラブ型 (Country club Management) 1.9型		チームマネジメント型 (Team Management) 9.9型
6,5,4		常識人型 (Organization Management) 5.5型	
3,2,1	無関心・無気力型 (Impoverished Management) 1.1型		権威・服従型 (Authority Obedience) 9.1型

a. 無関心・無気力型(1.1型)―与えられえた仕事だけをこなす
b. カントリー・クラブ型(1.9型)―仕事の厳しさよりも部下との人間関係を重視
c. 常識人型(5.5型)―仕事も部下との人間関係もバランスがとれている
d. 権威・服従型(9.1型)―仕事に厳しく人間関係に関心がない
e. チームマネジメント型(9.9型)―仕事も部下との人間関係も最大限に力を注ぐ

出所:内田学編著『MBAエッセンシャルズ 第2版』東洋経済新報社,2008年,「人材マネジメント」p.153に加筆

リーダーを仕事(タスク)志向型とした。また、状況要因についても次のように①リーダーと部下との関係、②仕事の構造、③リーダーの地位勢力の3つに分類し、リーダーのパーソナリティタイプと合わせて図6-10のように類型化した。このように類型化して、8つの状況要因と実際の組織の成果を検証してみると、リーダーにとって好ましい状況(部下に信頼され、組織における目標ややるべき仕事が明確で、部下をきちんと統制できている状況)と好ましくない状況(部下に信頼されず、仕事の目標があいまいで、部下を統制できない状況)では、仕事志向型のリーダーが結果を出していた。対して、普通の状況では、人間関係志向型のリーダーが結果を出していた。このことは、状況の変化に応じて求められるリーダーシップのタイプも変化し、1つのタイプがすべての状況で結果を出すことはないことが証明された。このことから、フィドラーは、リーダーの志向に合った部下の配置や権限の強化の必要性な

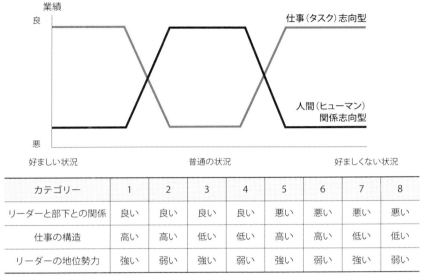

図6-10 フィドラーの状況適応理論

カテゴリー	1	2	3	4	5	6	7	8
リーダーと部下との関係	良い	良い	良い	良い	悪い	悪い	悪い	悪い
仕事の構造	高い	高い	低い	低い	高い	高い	低い	低い
リーダーの地位勢力	強い	弱い	強い	弱い	強い	弱い	強い	弱い

出所：スティーブン・P・ロビンス著，髙木晴夫訳『新版 組織行動のマネジメント——入門から実践へ』ダイヤモンド社，2009年，p.266をもとに作成

ど、あくまでもリーダーの側面から考え、その有効性を高めるべきだとした。しかしながら、現実には、状況をリーダーのタイプに合わせるよりも、リーダーが状況に合わせてタイプを変えるほうが効率的だろう。リーダーが状況に適応するリーダーシップスタイルを用いることで常に高業績を上げる組織にできる可能性が高まるといえるだろう。

(3) SL理論（Situational Leadership theory）

　フィドラーの考えを発展させ、部下の成熟度合いをもとにした状況適応理論の1つがSL理論である。部下の成熟度合いとは、①高い目標に挑戦して完遂しようとする意欲、②責任を負おうとする意志とその能力、③そのタスクに応じた教育や経験のレベル、の3つである。したがって、部下の成熟度が低い場合は、タスク志向型のリーダーによって成果を生み出すことができる。逆に、成熟度が高い場合は、人間関係志向型のほうが高い成果を得られる。

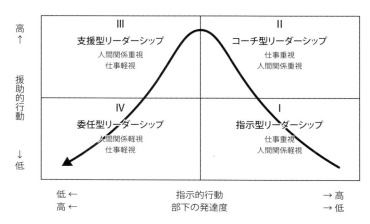

図6-11 状況対応型リーダーシップ

出所：ケン・ブランチャード，パトリシア・ジガーミ，ドリア・ジガーミ著，田辺希久子訳『新1分間リーダーシップ——どんな部下にも通用する4つの方法』ダイヤモンド社，2015年をもとに作成

このことから、部下の成熟度の度合いによってもリーダーシップスタイルの有効性が変化することがわかった。この理論から、リーダーシップの有効性を高めるリーダーのあり方について考えてみたい。

第Ⅰ段階：成熟度が低い場合－リーダーが部下に指示し続ける必要がある。部下が自立していないため、明確な指示や判断が必要になる（指示型リーダーシップ）。

第Ⅱ段階：成熟度がやや低い場合－引き続き部下への指示は明確にしながらも、部下との対話を増やし、彼らが自立して仕事ができるよう援助する必要がある（コーチ型リーダーシップ）。

第Ⅲ段階：成熟度が比較的高い場合：リーダーは仕事志向型のスタイルを弱め、部下と一緒にものごとを決定していく参加支援型のリーダーシップスタイルが求められる（支援型リーダーシップ）。

第Ⅳ段階：成熟度が高い場合－指示や参加も最小限にし、部下に任せるスタイルのリーダーシップが求められる（委任型リーダーシップ）。

このように、SL理論から見ると、組織の状況や部下の状況に応じてリーダーシップスタイルを変えることによってその有効性が高まり、高業績を上げる組織へと昇華する可能性が高まる。したがって、みなさんも部下の成熟度も考慮しながら、自身のリーダーシップスタイルを変化させる力が必要となるだろう。

(4) パス・ゴール理論（Path-goal theory of Leadership）

パス・ゴール理論とは、ロバート・ハウス（Robert House）が1971年に提唱した、リーダーシップ状況適応理論の1つである。この理論の本質は「有能なリーダーは、メンバーが目標（ゴール）を達成するために、明確な道筋（パス）を描き、その道筋における障害を少なくして通りやすくする」という考えに基づいている。パス・ゴール理論では、1人のリーダーはさまざまな行動パターンを選択することがあるとし、その選択と「環境的条件」「部下の条件」の組み合わせによって成果が変わってくる（図6-12参照）。

その中で、ハウスは、リーダーシップスタイルを指示型・支援型・参加型・達成志向型に分け、いくつかの仮説を与えた。

・指示型リーダーシップ
タスクがあいまいでストレスフルな環境のとき満足度が高い。経験豊富な部下との相性はよくない。

・支援型リーダーシップ
タスクが明確なとき高い満足度を上げられる。

・参加型リーダーシップ
部下が自分の意思決定権は自分にあると認識している場合に有効である。

・達成志向型リーダーシップ
タスクやストラクチャーがあいまいなときに努力すれば成果が上がると部下に期待させたとき有効性が高くなる。

図6-12　パス・ゴール理論

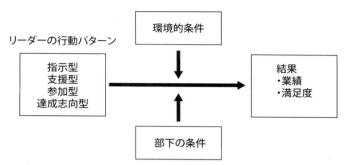

出所：スティーブン・P・ロビンス著，髙木晴夫訳『新版　組織行動のマネジメント──入門から実践へ』ダイヤモンド社，2009年，p.268をもとに作成

　現在の研究下では、リーダーシップの有効性はその状況に適応することが必要だと見解が一致している。したがって、重要なのは、1人の人間であって、複数のリーダーシップスタイルを身につけ、状況によって使い分ける必要があるということだ。個人の特性によってリーダーシップのすべてを決定するのではなく環境や部下のタイプによっても最適なリーダーシップスタイルは変化するのである。

　これまでリーダーシップに関わる理論を見てきたが、ここで最も重要なことは、これらの理論を知って、自身のマネジャーとしてのスキルに落とし込むことであろう。MBAの授業では、自分自身のリーダーシップブランドを開発すると述べたが、まずは自分自身を知ることがリーダーとして成果を出すための最初の作業であるのかもしれない。たとえば、あなたが周りの人を惹きつけるカリスマ性があるならば、自身がそのリーダーシップスタイルの利点も欠点も熟知して行動しなければならないだろう。カリスマ性のあるリーダーは、企業を前に押し出す原動力になるが、もしかして社員はあなたについていけば大丈夫と自分自身で考えることをやめてしまっているかもしれない。だからこそ、社員一人一人に気を遣いオープンコミュニケーションを心掛けなければならないだろう。さらに自分の得意とするリーダーシップスタイルを知ったうえで、職場の環境や部下の様子をよく観察し、時にはそのリーダーシップスタイルを環境に適応させることも必要であろう。

組織的行動に関わる理論

　これまで個人的行動に関わる理論、集団的行動に関わる理論と見てきたが、最後に組織的行動に関わる理論と考え方を見ていく。主に、組織構造と文化、人材マネジメントの基本について述べていく。組織には、ヒエラルキーなものからフラットなものまでさまざまな構造があり、企業はその組織の目的に合った構造を選ばなければならない。各種構造の利点や欠点について把握することで、その企業にとって最適な構造を知ることができるだろう。また、人材マネジメントにおいて重要なことは、組織のビジョンや戦略に従って人事制度や報酬制度を設計することである。なぜなら、組織は何らかの目的を持って創造されており、その目的に向かってすべてが統合されることによって、競争力を強化することができるからだ。このように、組織構造や文化の構築、人材管理においてもすべては組織の目的を達成するためにある。そのことを念頭に組織構造と文化から見ていこう。

組織構造と文化

(1) 組織構造と組織文化の違い

　最初に組織構造と文化の違いについて述べておきたい。組織構造と組織文化の違いは、組織構造とは形式的であり、組織文化は非形式的であるということである。組織構造は役割の分担やコミュニケーションの方法、権限のヒエラルキー、などである。一方、組織文化とは、組織のメンバーの価値観や非公式なグループ規範など非形式的に存在するものである。職場において存在する組織図は組織構造を表したものであり、言語化されていないが会社内で暗黙の了解になっているような規範などが文化を形作る。

図6-13　機能別構造

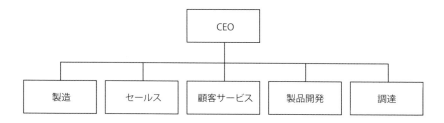

（2）組織構造

　基本的な組織構造は大きく分けて3つある。1つ目は機能別の組織である。職務の分類を基本にしてグループ分けを決定する。2つ目は、部門別の組織である。特定の種類の目的を中心にして機能をまとめてグループを作る。3つ目は、マトリックス構造である。機能別での分類とプロジェクト別での分類を掛け合わせた構造になり、2人の上司を持つことになる。それではそれぞれの構造を詳しく見てみよう。

　①機能別構造

　類似したグループによって分けられ、職務の種類によって名前がつけられる。この構造の利点は職務が似ているものが集まっているので、コミュニケーションがしやすく、効率的に仕事が遂行できることである。欠点としては、焦点が製品やサービスではなく機能であるため、同じものを大量生産するときはよいが、多様な製品ニーズがあるときは対応が難しくなることである。さらに、縦割りの組織であるため、他の部署のことがわからず視野が狭くなってしまうことも欠点といえるだろう。自部門のみの信念に固執し、機能間でコンフリクトを起こすこともある。たとえば、製品開発部門では、よい製品を製造することを追求しようとする一方、販売部門では顧客にメリットを与えるためにより安い価格で売りたいと考える。このとき、両部門での対立が起こりかねない。したがって、マネジャーは自身のグループのことだけしかわからないということのないように、他グループにも関心を持ち広い視野

図6-14　事業部門別構造

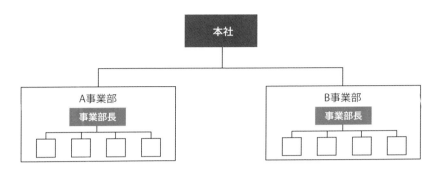

でグループを統括しなければならないだろう。

②事業部門別構造

　事業部門別の構造では、特定の製品やサービスにおいて機能別に活動ができる。事業部門ごとにアウトプットされるので、どの部門がどのくらい稼いだのかも明らかになり、パフォーマンスの管理がしやすくなるだろう。さらに、製品やサービスの改善、改良がしやすいかもしれない。一方、他事業部との関わりが少なく、コミュニケーションの問題が発生する可能性がある。また、自部署のみの成果を求めることになり、部分最適になりやすいのは欠点であろう。さらに、事業部門が一つの会社のようになるため事業単位では効率的な動きができるが、各部門にそれぞれの業務をこなす人材が必要になり経費がかさむ。たとえば、松下電器産業（現パナソニック）は、早くから事業部門別構造を採り入れ、部門ごとの独立採算制により部門間で競い合い成果を生み出してきたが、90年代のデジタル化により売上の落ち込みを機に事業部制を廃止し、機能別組織に変更した。この改革の最も大きな理由が事業の重複による無駄な経費の削減である。この改革は大きな成果を生み出したが、その後プラズマテレビの失敗により、再度事業部制に戻している。これは、生産と営業の連携がやはり必要であると認識したからだった。

　このように、組織のかたちはビジネスに直結している。したがって、企業内外の状況に合わせた的確な組織構造の見極めが必要であろう。

③マトリックス構造

　機能と製品で社員のグループを分けるのがマトリックス構造である。社員は、機能別の上司と製品別の上司の2人の上司を持つことになる。指示は複雑になるが、製品開発のスピード化と顧客のニーズの対応のどちらもできることになる。反対に、権限を持つ上司が複数いるため意見の衝突が起き、ストレスを高める可能性もある。この組織構造では、マネジャーなどの取りまとめる人物が全体像を把握し、2つのラインを統合する非常に重要な役割を果たす。

　その他、新しい構造として、チーム構造やネットワーク構造などがある。チーム構造は、チームを中心に捉えて作られる構造で、部門別ではなく意思決定をチームレベルに分けている。ネットワーク構造は、部門間を飛び越えてつながり合い、メンバーは緩くつながっている。プロジェクトの遂行など、柔軟性を必要とする会社での利点は大きいだろう。また、よく知られた話で、京セラの稲盛和夫氏が経営理念を実現するために創り出した経営管理手法に「アメーバ組織」がある。組織をアメーバと呼ぶ小集団に分け、それぞれのアメーバのリーダーがメンバー全員参加で各アメーバの目標を立て実現していく。それにより社員一人一人が主役となり「全員参加経営」を実現していくものである。その他、最近では「ティール組織」という考え方も話題になっている。

　上記組織構造において、権限のあり方は、機能別、事業部門別構造ではヒエラルキー型となり、マトリックスやチーム、ネットワーク構造ではフラット型になるだろう。時代的にはフラットな権限構造が好まれているようだが、どちらが良いというわけではなく、その会社の業種や目的によっても変わってくるだろう。企業はそのビジョンや目的に合った構造を選択すべきである。

組織文化

　組織文化とは、個人やグループがどのように考え、感じ、お互いに、ある

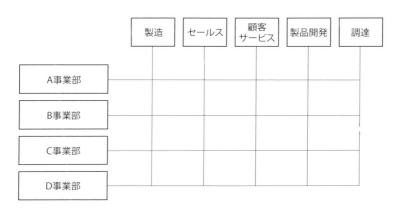

図6-15　マトリックス構造

いは外部の人間に対してどのように行動するかに影響を与える、価値観や規範が共有されたものと定義できる。文化は、組織内にこれまで形成されてきた価値観や規範のことである。これは明文化されたものではなく、組織で働くものが頭の中に入れて行動するもので、その行動に影響を与えている。たとえば、組織内にお互いは助け合うものだという価値観があれば、人を大事にするようなあたたかい文化が形成されるだろう。また、組織内の人間はお互い競争するものであり、切磋琢磨を推奨するような価値観があればその会社はコンペティティブな文化が形成されるだろう。

　ここで大切なのは、文化がマネジャーに与える影響である。会社への忠誠心という言葉は最近聞かれなくなったが、企業文化が何を求めているのか、最終的な目的は何かということを明確に自覚し、それに対する忠誠心が高ければ、マネジャーは自然に目的に向かって動くことができるだろう。それは、外的な要因、たとえば給料が高くなるからとか、上司に叱られるからといった理由で何かをするのではなく、自主的に会社のために仕事をし、内側からのモチベーションが湧き出るからである。最初にモチベーションの話をしたが、会社のために自身が役に立ちたいという想いで仕事をしているマネジャーは上司の管理よりも自己管理によって組織に貢献することができる。したがって、その会社の持つ文化はマネジャーや社員のパフォーマンスにも影響

を与え、組織を運営するうえで重要な役割を果たすのである。

人材マネジメントの基本

　人材マネジメントの基本は、人材をどう採用し、どう育て、どう動かすかということにある。そのために中心になるのが、人事システムであり、採用・配属、評価・報酬、教育・訓練というものによって構成されている。しかし、図6-16が示すとおり、それらの要素の上には人事戦略があり、そして理念・ビジョンがある。したがって、人事システムは理念・ビジョンに従って立案された人事戦略に沿って開発されなければならない。まずは理念・ビジョンの重要性から見ていこう。

(1) マネジメントにおけるビジョンの重要性

　先ほど述べたとおり、ビジョンの重要性は人材マネジメントにおいて非常に高い。そこで、ここではスタンフォード大学のジェームズ・コリンズ（James C. Collins）とジェリー・ポラス（Jerry I. Porras）が書いた『ビジョナリー・カンパニー』について触れておきたい。彼らは、GE、HP、IBM、3M、ディズニー、ウォールマートといった世界を代表する18の優良企業の、会社の設立から現在に至るまでを徹底的に調査した。その結果、これらの企業では、会社の持つ基本理念を設立当初から現在に至るまで守り通していることがわかった。企業の基本理念とは、時代の変化とともに変わっていく戦略とは違い、たとえ一時的な不利益を生じても、企業が守り通していかなければならないものである。基本理念を変えないということは、企業の持つ価値観を変えないということである。設立時からの基本理念が代々引き継がれ、企業全体に浸透していくことで、全社員と価値観を共有し続けているのである。

　フォードの元CEOのドン・ピーターセンは、次のように述べている。「利益よりも社員と製品を大切にするのが、フォードの魔法だった」。1980年代に大幅な赤字を計上したフォードは、その後、同社の設立趣旨の「3つのP」を復活させている。ピープル（People）、プロダクツ（Products）、プロフィ

図6-16　人事システムの全体像

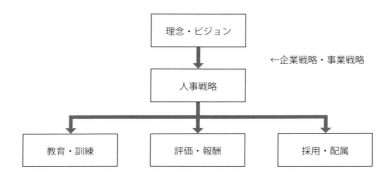

ッツ（Profits）であり、これを掲げることにより、業績面でも大きく復活を遂げた。ヒューレット・パッカード（HP）の元CEOジョン・ヤングは、「当社の基本原則は、創業者が打ち立てたときから変わっていない。基本的価値観と実践は区別して考えている。基本的価値観は変わらないが、実践は変わるかもしれない。また、利益は確かに重要だが、そのためにヒューレット・パッカードが存在しているのではない」と述べている。このように、明確に会社の基本理念を変えないことを明示している。さらには、ビジョナリー・カンパニーは、基本理念に合わないものは排除し、基本理念を維持するだけでなく、環境に適応するために大胆な取り組みも行っている。たとえば、ウォルト・ディズニーは、基本的な価値観と目的を維持しつつ、世界の変化にたえず適応できるように、社運を賭けた大胆な目標への取り組みを行ってきた。1937年には、「長編マンガ映画を見たい観客はいるのか」「ディズニーの酔狂だ」という声をよそに、企業の資源をほとんどつぎ込み長編アニメ劇映画『白雪姫』を成功させた。ディズニーは、その基本理念である、人々を幸せにし、子どもを喜ばせ、笑いと涙を誘う「ディズニーの魔法」を守りつつ、環境の変化に対応するために新たなチャレンジをしてきた。

このように、企業は、基本理念やビジョンを維持しつつ、事業戦略については世界の変化にたえず適応できるように環境変化のなかで大胆なチャレンジをすることで卓越した企業でありつづけている。したがって、図6-16で示

したように、永続的に発展する企業であるためには、経営理念やビジョンに従って、人事戦略や事業戦略を決定しなければならない。マネジャーは常にその経営理念やビジョンを念頭におき、実行しようとする戦略がその理念を逸脱することがないかを確認する必要があるだろう。

(2) 人事戦略と事業戦略

図6-16で示したとおり、人事戦略は、経営理念やビジョンに準じるとともに事業戦略に沿った形で進められなければならない。事業戦略は市場の環境に合った形で立案されるものであり、そうなると人事戦略もおのずと外部の市場環境にも影響を受けることになる。したがって、人事戦略も企業の外部要因や内部要因を明確にし、それに呼応する形で立案される。

自動車メーカーの例で見てみよう。自動車でいえば、今までは移動手段として、走る、曲がる、止まるといった基本性能と安全性などにフォーカスして製造されていた。いかに性能よく、安全性高く、またかっこのいい車を作るかを主眼として事業戦略が練られていた。しかし、自動車のニーズは変化し、環境に配慮した電気自動車の市場が伸びている。トヨタのプリウスは米国で人気を集め、また中国では多くの電気自動車の製造が始まっている。高級電気自動車（EV）を製造、販売するテスラは一躍脚光を浴び、自動車業界の構造を変えようとしている。既存の自動車会社が電気自動車に力を入れるとカニバリゼーションを起こし、これまでの自動車の売り上げを奪い兼ねないため、積極的にEV車の製造に注力できないのだ。フォードは、最も収益性の高いクロスオーバーとSUVに集中することで、利益率の高い製品に集中しようとしている。これは、今後EV業界で勝負しないことを意味する。テスラに対抗するために、既存の自動車会社は戦略の変更を余儀なくされている。

このように、環境の変化によって市場のニーズは変化し、企業の事業戦略もその変化に応じなければならない。それに伴って、人事戦略も変化しなければならない。たとえば、これまでの高出力エンジンの技術者の必要性は減り、新世代のエンジンを創造できる人間が必要になる。さらに、現代の環境は激しくイノベーションの重要性が取りざたされている。したがって、これまでの企業の戦略に従って従順にものごとを考える社員からイノベーティブな人

材の確保が早急の課題となっている。このように、時代の変化や環境の変化に伴って、市場のニーズは変化し、そしてそれに呼応するように事業戦略、人事戦略も変わっていかなければならないだろう。

(3) 採用・配属

　採用にはさまざまな手段があるが、現在ではエントリーシートでの選抜、筆記試験と面接という形で行われることが多いのではなかろうか。会社が強くなるためには良い人材の確保が大切なのは言うまでもないだろう。良い人材とは何かと考えるとき、やはり会社の理念やビジョンに共感し、モチベーションが高く、会社の利益に貢献できる人材ではなかろうか。良い人材を見極めるために面接は高い比重を持つ。採用するものは候補者のスキルだけでなく考え方や価値観を見極め、企業文化に合った人材を採用する必要がある。

　しかしながら、面接での採用のリスクとして面接のテクニックを身につけたものを採用しがちになることがある。そこで昨今ではインターンシップ制度を導入する企業が増えている。インターンシップ制度の利点は、企業と候補者の双方がその相性を確かめられるということだ。ある一定期間の仕事をしてもらうことで、その人物がその会社の文化に合っているのか、勤務態度は良いか、望んだパフォーマンスを出せるのかなど企業側は多くのことを確認できる。一方、候補者もこの会社でやっていけるのか、求めるものを提供してもらえるのかなどを見極めることによって離職の機会を減らすことができる。インターンシップ制度はこれからも多くの企業が取り入れていくだろう。また配属については適材適所という言葉でそのコアな部分を表せる。その人物のスキルや性格、価値観を見極め最も高いパフォーマンスを発揮できる部署に配属していくべきだろう。

(4) 教育・訓練

　企業が人材教育を行うのには、2つの目的があるのではないだろうか。1つは、より企業内の文化や価値観を浸透させるための教育と、人材そのものの能力を開発するための教育である。前者は内部講師などによる講義を行い、企業の価値観を浸透させるために行われる。後者は、外部の講師などを呼び、

個人のスキルに合わせた研修を行う。企業の教育プログラムを策定する際に大切なのは、今の組織の課題は何なのかを考えることである。

　たとえばシステムを開発する会社では人材の流動が多い。そこで優秀な人材を流出させないためにどのような教育プログラムを策定すればよいのかを考える必要がある。今後のキャリアの問題を心配しているなら、教育プログラムにキャリア開発のプログラムを組み込む必要があるだろう。技術を開発する機会が少ないなら、技術を学ぶための研修を組み込み、定期的に技術を発展させる機会を与えるべきであろう。企業はこれらの人材に関わる問題を明確にし、長期的に人材を開発するプログラムをデザインしなければならないだろう。

(5) 評価・報酬

　モチベーションを高めるための理論のところで話したが、適正な評価と報酬は、社員のモチベーションを高めるための糧となる。評価や報酬で大切なのはやはり公平性だろう。社員が会社の評価が公平ではないと思えば、ストレスや不満がたまり、離職が増えたり社内の雰囲気が悪くなったりしかねない。さらに、評価した後には必ずフィードバックが必要である。MBAの授業においてはフィードバックの重要性についてよく学ぶ。公平な評価をするための手法はいくつか開発されている。

①360度評価

　昨今導入が増えている評価に360度評価と呼ばれる評価手法がある。従来、上司が部下を評価するという方法が大半を占めていたが、上司のみの評価では偏った評価になる可能性が存在する。そこで、それを補完するツールとして、多方面、たとえば、部下や同僚、外部の顧客などから評価を受ける360度評価が注目を集めている。360度評価の目的はフィードバックにあるが、多くの人が評価に関わっていると感じることで、より評価の公平性を感じることができる。360度評価の利点と欠点は以下のとおりである。

・360度評価では、1人の部下を立場の違う多数の評価者が評価することで、

図6-17 360度評価

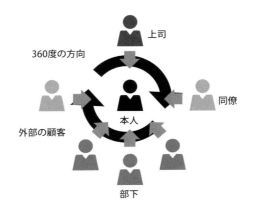

出所：SDIコンサルティングWebページ（https://www.sdi-c.co.jp/category/1265985html）に加筆

多くの視点から評価をすることができる。1人の上司だけでは見えなかった部下の貢献やスキルの向上など他の評価者によって見つけ出されるかもしれない。

・自己評価と他者評価の違いを認識でき、さらにフィードバックによって自主的に自身の欠点を改善しようとする傾向が見られ人材育成の面でも効果がある。

・留意したいのは、評価者すべてが訓練された評価者ではないため、すべてをうのみにするのではなく、評価の分かれた部分に着目し、それを分析していかなければならないということだろう。

②成果主義とコンピテンシーモデル

昨今において、その人の持っているものを評価する能力主義から、その人が引き出した成果物で評価する成果主義を導入する企業が増えている。しかし、成果主義は利点だけでなく下手をすれば弊害をもたらすこともある。そこで、成果主義の弊害を是正するうえで有効に働くコンピテンシーモデルに

ついて解説し、その有効性について考えてみよう。

(a) 成果主義の本質

成果主義（Beyond pay for Performance）とは、個々の能力から効果的に成果を引き出し、貢献度の高い組織を作り上げる制度である。しかしここで注意したいのは、成果主義とは結果主義ではないということである。結果だけを求めるならば、その過程はどうでもよいものになってしまう。結果だけが評価されるならば、社員は短期間で結果が出せる仕事のみに集中し、競って結果を出そうとするだろう。逆に大きな成果を出せる可能性があるが、長期間を要し、多くのプロセスを踏まなければ成就しないものや、結果が出るかわからないものに社員はチャレンジしなくなるだろう。

たとえば、成果主義をいち早く導入した富士通では、自ら立てた目標に対する業績で評価がなされていたため、社員は自身が達成しやすい目標を立てるようになり、チャレンジングな目標を設定することが少なかった。同時に行動面でも短期間で成果が出そうな仕事に目が向き、時間がかかり難易度の高い仕事は敬遠されるようになってしまったのだ。また、アフターサービスや顧客のフォローなどの成果にならないと感じる仕事はおろそかになったため、顧客からの信頼が失われ、リピート購買が減っていった。成果のみにフォーカスすると、そのプロセスは無視されゆがみが出る。そこで、富士通は、何度となく見直しをし、短期の成果だけではなく、中長期にわたる成果に結びつくプロセスも評価するようになった。このように、成果主義といっても結果だけを評価するのではなく、プロセスも重視し、会社の長期的な成長にも貢献できる仕組みを作らなければならない。

(b) コンピテンシーモデル（Competency model）の考え方

コンピテンシーとは、米国国務省がハーバード大学の心理学者に依頼した「外交官の特徴と業績」の中で科学的に報告したコンピテンシーの心理学が発端とされている。コンピテンシーモデルでは、自社に実在する高業績者をピックアップし、BEI（Behavioral Event Interview）と呼ばれるインタビューを行う。そこから高業績者の実際の行動と思考を聞き出して、これらをベー

スにして求められる人物像をコンピテンシーモデルとして作り上げた。こうした作業をそれぞれの職務、職制ごとにまとめたのが特徴である。BEIでは、インタビューされるものが実際に経験した特定の状況を設定し、何を、なぜ、どのように行動したのかを時系列に聞き出すのだ。このようにして、高業績者の行動を分析し、高業績者に共通して見られる行動パターンを見出していく。聞き出せなかったことは、企業としてその職務でこうあってほしいとする行動パターンを加味し、ある職務、職制に関する「高業績モデル」として作り上げていく。この目指すべき人物のコンピテンシーモデルができたら、それを目標に行動パターンを近づけていくようトレーニングや職務経験の強化をしていくのだ。

(c) コンピテンシーモデルの特性

コンピテンシーモデルはこれまでの職務評価とどう違うのだろうか。今までの職務評価モデルは、対象として、ゼネラリストを想定していたため、職制ごとに主任はこうあるべきだ、主事はこうあるべきだというように、さまざまな職務が存在するにもかかわらず、横断的なくくりで評価基準があった。したがって必ずしも現職務で考えると合致しないケースが多かった。そのため、実際の実務に呼応しているとは言い難く、評価のための各項目が実務内容とはかけ離れている場合が多く、評価そのものが難しかった。

対してコンピテンシーモデルは、営業、総務、企画といった各々の職務に求められる行動に対して評価項目が別々に設定されているため、評価内容も実務に即している。しかも、実際の高業績者の行動をモデルにしているので評価項目に説得力がある。また、職務ごとに求められる能力について、その項目基準の裏づけがあり、さらに、細かい項目まで評価するため、フィードバック後の自身の向上点を明確に把握でき、迅速に効果が出やすい。これは、コンピテンシーモデルの利点であろう。また、もう1つの利点として、専門性の高い職務にもこの評価が適応することができる。これまでのあいまいな基準ではなく、専門性の高い職務にフォーカスした評価項目が開発できるため、ゼネラリスト以外の職務でも活用できる。現在においてはゼネラリスト以外の専門職分野の人材開発の必要性が増しているため、このモデルはその

表6-2　スペンサー&スペンサーのコンピテンシーモデル

領域	項目
達成・行動	達成志向／秩序・品質・正確性への関心／イニシアティブ／情報収集
援助・対人支援	対人理解／顧客支援志向
インパクト・対人影響力	インパクト・影響力／組織感覚／関係構築
管理領域	他者育成／指導／チームワークと協力／チームリーダーシップ
知的領域	分析的志向／概念的志向／技術的・専門職的／管理的専門性
個人の効果性	自己管理／自信／組織コミットメント

出所：井村直恵著「日本におけるコンピテンシー――モデリングと運用」『京都マネジメントレビュー』第7号，2005年をもとに作成

ニーズにも合っているだろう。

コンピテンシーモデルの活用

　日本においてコンピテンシーモデルの活用は、終身雇用の日本の制度に馴染まずなかなか進まなかったが、1990年以降に多くの研究がなされ徐々に認識されるようになった。1995年にはソニーが新卒採用を目的にコンピテンシーモデルを採用し、それ以降多くの企業で導入が進んでいる。コンピテンシーを導入するには、①モデル化、②測定、③運用の3つのステップがある。コンピテンシーモデルの分類は様々な研究がなされているが、たとえば、ライル・M・スペンサーと シグネ・M・スペンサー（スペンサー&スペンサー）は、コンピテンシーモデルに含まれる要素を「コンピテンシー・ディクショナリー」と呼び、6領域20項目に分類した（表6-2参照）

　実際は、このようなモデルを指標として現場に則したモデルを開発する必要があるだろう。また測定の方法としては、図6-18のように作成されたコンピテンシーモデルに合わせて本人が自身を評価した後、上司からの評価をフィードバックして、お互いに評価の高い行動様態と不足している行動様態を共有して、人材育成などで運用していくことになる。

　コンピテンシーモデルの運用に関しては、主に人材評価、人材開発、採用

図6-18 コンピテンシーモデルを利用した人材活用法

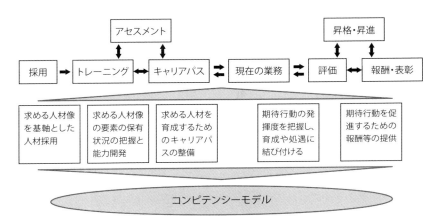

出所：クレイア・コンサルティング株式会社Webページ（https://www.creia.jp/service/s-psreform/2544/）をもとに作成

などに用いられる。人材評価においては、日本ではコンピテンシーモデルによる評価を賃金モデルの一環として用いる例が多いが、米国では、優秀な社員をモデル化し、他の社員の教育に使うことが多くなっている。日本においても、コンピテンシーモデルを人材育成に活用する企業は増えており、これまでのスキルアップ研修などとは違い、どのような行動が成果につながるのか行動様式を学ぶことができる。コンピテンシーモデルを使った人材育成の手順としては、評価結果後、コンピテンシーモデルの要求レベルとの差を埋めるために、チームワーク強化などのトレーニングを行うとともに、自身が意識し自発的に学ぶことを促していく。どのような行動が成果に結びつくか明確なため、社員も自身で向上することができる。最後に採用においては、現在のように流動性が高くなった環境において、コンピテンシーモデルを活用することは非常に有効である。たとえば、企業が即戦力を求めるとき、今までは経歴や経験などを重視して採用してきたが、コンピテンシーモデルを活用した採用では、コンピテンシーモデルをもとにした明確な人物像を採用の段階で明示し、それに見合った人材を募集すれば、企業側と採用される側のミスマッチは少なくなる。このように、コンピテンシーモデルは、現在の

日本の企業においても有効に機能しており、企業が人事戦略を考えるうえで非常に役に立つだろう。

現代の人材マネジメントに関わる課題

　ここまで、人材マネジメントについて理論を中心に学んできたが、最後に現代の人材マネジメントに関わる課題について考えてみよう。現代の日本の企業について考えたとき、優秀な人材の確保は最も重要な課題の一つであると言っていいだろう。ここ数年人材の流動性は増し、優秀な人材はより条件のよい企業へと流れていく傾向がある。一つの会社で一生を終えることが多かった時代から、数年ごとに会社を変える人材も多くなってきた。このような時代に優秀な人材を獲得し、長く貢献してもらうにはどうしたらいいのだろうか。MBAの授業においては、人材は自身のキャリアの視点から企業を選ぶという考え方が前提となっていた。たとえば、IT企業において優秀な人材が会社を辞める理由に、自身のキャリアにとって得るものがないからという問題があり、企業は社員一人一人のキャリアについて考え、補完するような制度を与えなければならないことが前提になっていた。そのために、研修制度の充実や社員のスキルを向上させるための機会を提供しなければならない。

　これまでの日本では、社員の「キャリア」という視点はあまりなかったかもしれないが、現在は、「キャリア権（Right to career）」という考え方が浸透しつつある。キャリア権とは、2002年には、厚生労働省の検討会が法的に保障する重要性についても指摘している。社員は、職場においてキャリアを高めていく権利があるという考えはこれからますます議論されていくだろう。このキャリア権の考え方は、また、成果主義との関連性が深いのではないかと思われる。これまでの日本の企業では、社員をジェネラリストとして様々な部署を体験させて人材を育成してきたが、成果主義を導入することによって、その社員のキャリアの延長線上にある社員のキャリア保障をすることもできる。企業は、これまでの制度を見直し、社員のキャリアを補完できる制度に変換していく必要もあるかもしれない。

　このように、人材マネジメントの考え方も時代によって変わってくる。こ

れまで学んだ理論は現在でも通用する人材マネジメントの根幹をなすものであり、みなさんがこれらの理論を基礎として、自身の業務に使えるスキルに昇華させていくことが重要だろう。

演習問題

問題1. ポーターとローラーの期待理論において、評価の公平性を保つために特に注意すべきことは何か？

問題2. 有効なコミュニケーションを行うために知っておくべきことは何か？

問題3. パス・ゴール理論でハウスが示したリーダーシップスタイルを4つ挙げ、解説せよ。

演習問題解答

解答1. ポーターとローラーの期待理論では、二次成果を導く評価は、認識された公平性が重要であるとしている。たとえば、同じ成果を上げた2人の評価が違うものだったらどう感じるだろうか。または、大変困難で時間の要した成果と簡単に出せる成果が同じ報酬だったらどう感じるだろうか。このような不公平な二次成果とならないよう評価基準をあらかじめ明確にして、どの程度の一次成果を出せば、自分が求める二次成果を得られるのかを部下が認識できるようにしなければならない。また、評価の公平性を保つために気を付けなければならないのは、ハロー効果や対比誤差である。ハロー効果とは、その人に抱いている全体的な印象が、個々の評価に影響を及ぼしてしまうことである。たとえば、出身大学に感じる印象が、個々の評価に影響してしまうなどである。もう一つの対比誤差は、自分の得意不得意で評価が変わってしまうことである。自分が得意なもの、たとえば英語が得意であったら、

英語のできる人に厳しい評価をしてしまったり、会計の知識がない場合、会計のできる人を高く評価してしまったりすることである。

解答2. 有効なコミュニケーションとは、誤解のないコミュニケーションのことである。誤解を招くコミュニケーションは、チーム内にコンフリクトを招く可能性もある。アーク・オブ・ディストーションが示すとおり、送り手が伝達しようとした意図と、伝達されたが意図していないものが受信者には伝わってしまうとのことがある。このことを知っておくことで、マネジャーは明確に意図が伝わるような話し方を心掛けることができるだろう。さらに、ジョハリの窓は組織内のコミュニケーションを促進するツールとして使われている。送り手側が認識しているか、していないか、受け手に認識されているか、されていないかによって、誤解を招くコミュニケーションになったり、意図的に相手をコントロールしたりすることがある。ここで重要なのは、誤解のないオープンコミュニケーションを心掛け、開放的な環境を作ることが必要である。

解答3. パス・ゴール理論では、一人のリーダーがさまざまな行動パターンを選択することがあるとしており、そのリーダーシップスタイルを4つに分け、それぞれに仮説を与えた。
　①指示型リーダーシップ：タスクがあいまいでストレスフルな環境のときに満足度が高い。経験豊富な部下とは相性がよくない。たとえば、新しい仕事を始めるとき、まだ経験が少ない社員が多いときなどはこのスタイルが有効だろう。
　②支援型リーダーシップ：タスクが明確なときに高い満足度を上げられる。逆にタスクがあいまいで業務の目標が定まっていないときには、満足度が低くなる可能性があるだろう。
　③参加型リーダーシップ：部下が自分の意思決定権は自分にあると認識している場合に有効である。たとえば、プロジェクトなどで部下の担当業務が決まっており、その部下に決定権がある場合などは有効であろう。
　④達成志向型リーダーシップ：タスクやストラクチャーがあいまいなとき

に努力すれば成果が上がると部下に期待させたとき有効性が高くなる。たとえば、成果主義を取り入れている会社では、このリーダーシップスタイルが有効であろう。

【参考文献】

Boyett, Joseph H. and Jimmie T. Boyett, *The Guru Guide: The Best Ideas of the Top management Thinkers*, John Wiley & Sons, 1998（金井壽宏監訳，大川修二訳『経営革命大全 新装版』日本経済新聞社，2014年）

Collins, James C. and Jerry I. Porras, *Built to last*, Curtis Brown, 1994（山岡洋一訳『ビジョナリー・カンパニー』日経BP出版センター，1995年）

George, Jennifer M. and Gareth R. Jones, *Understanding and Managing Organizational Behavior*, 6th Edition, Pearson, 2012 (The University of Massachusetts Lowell "Organizational Behavior" Textbook)

Kouzes, James and Barry Posner, *the Leadership Challenge: How to Make Extraordinary Things Happen in Organizations*, 5th Edition, National Bestseller, 2012

Peters, Thomas J. and Robert H. Waterman. Jr., *In Search of Excellence: Lessons from America's Best-Run Companies*, Harper & Row, 1982（大前研一訳『エクセレントカンパニー』講談社，1986年）

Robbins, Stephen P., *Essentials of Organizational Behavior*（髙木晴夫訳『新版 組織行動のマネジメント——入門から実践へ』ダイヤモンド社, 2009年）

井村直恵著「日本におけるコンピテンシー——モデリングと運用」『京都マネジメントレビュー』第7号，2005年

内田学編著『MBAエッセンシャルズ 第2版』東洋経済新報社，2008年

グロービス経営大学院著，佐藤剛監修『MBA組織と人材マネジメント』ダイヤモンド社，2007年

ケン・ブランチャード，パトリシア・ジガーミ，ドリア・ジガーミ著，田辺希久子訳『新1分間リーダーシップ——どんな部下にも通用する4つの方法』ダイヤモンド社，2015年

榊原清則著『経営学入門 上 （日経文庫853）』日本経済新聞社，2002年

ダグラス・マグレガー著，高橋達男訳『新版 企業の人間的側面——統合と自己統

制による経営』産業能率大学出版部，1970年

野中郁次郎著『経営管理（日経文庫512）』日本経済新聞社，1983年

廣田俊郎著「経営理念とビジョンに基づく経営戦略（下）」『關西大學商學論集』58(2)，2013年

古田興司，平井孝志著『組織力を高める――最強の組織をどうつくるか』東洋経済新報社，2005年

森野辺栄次郎著『トヨタの人材戦略――「創造」「挑戦」「勇気」を生み出す現場OJT』ダイヤモンド社，1989年

Business Journal　Webページ：連載片山修「パナソニック津賀社長が告白…7千億円赤字からV字復活，聖域なき構造改革の全真相」2018年11月3日 https://biz-journal.jp/2018/11/post_25358.html

Forbes Japan：Ken Kam「テスラが支配する自動車業界を予測する理由」2018年10月30日 https://forbesjapan.com/articles/detail/23653

稲盛和夫OFFICIAL SITE：アメーバ経営とは https://www.kyocera.co.jp/inamori/management/amoeba/

SDIコンサルティング　Webページ：https://www.sdi-c.co.jp/

第7章 経営戦略
Strategy

この章のキーワード
- 戦略と戦術、選択と集中
- 戦略のレベル（企業戦略、事業戦略、機能別戦略）
- 経営理念（ミッション、ビジョン、バリュー）
- ドメイン（事業の定義）、製品志向と市場志向
- BCGの成長／市場シェアマトリクス
  （問題児・花形・金のなる木・負け犬）
- 戦略計画ギャップ
- アンゾフの製品／市場マトリクス
- 外部環境分析・内部環境分析、SWOT分析
- 5つの競争要因分析
- バリューチェーン
- 3つの基本戦略
- トレード・オフ

この章で何を学ぶか

「あなたの会社の戦略は何ですか？」と聞かれて、はっきりと答えられる経営者はどのぐらいいるであろうか。ある経営者は「売上を100億円にすること」と答えたり、またある人は「弊社は中小企業だから経営戦略なんてものはない」と答えるかもしれない。しかしながら、企業の規模の大小にかかわらず、戦略を持った経営は必要になってくるのである。

「経営戦略」とは、企業に関わる戦略の総称であり、企業が存続し発展するカギとなるとても重要な要素である。それにもかかわらず、多くの企業が正式な戦略を定めていなかったり、たとえ定めていたとしても、それほど重要視していなかったりするケースが時として見受けられる。

特に経営資源が不十分であることが多い中小企業にとっては、1つのミスが企業の死活問題に発展するケースがある。また、ベンチャー企業は言うに及ばず、たとえ成熟した企業であっても、グローバル化の進展などによる目まぐるしい環境変化の中、いついかなる競争相手が出現しないとも限らない。このように、たとえどのような企業であろうとも、将来を見越した経営戦略を立案することは欠かすことができない。

本章では、戦略とは何かを学んだ後、企業全体の戦略である「企業戦略」、そして、各事業ごとの戦略である「事業戦略」を学ぶことを通して「経営戦略」の全体像をつかんでいただきたい。

戦略とは

戦略と戦術、選択と集中

　読者の皆さんは、よく「戦略（Strategy）」と「戦術（Tactics）」という言葉を耳にすることが多いと思う。しかしながら、この2つの言葉の違いを把握している人はそれほど多くはないであろう。戦略と戦術という言葉は、もともと軍事用語として使われてきたのであるが、それが徐々に政治経済やビジネスの世界でも使われるようになってきた。

　『広辞苑』で、「戦略」という言葉を引いてみると、「戦術より広範な作戦計画」とある。また、「戦術」は「戦闘実行上の方策」と出ている。すなわち、戦略を実現するために使う方策が戦術ということになる。

　つまり、ビジネスにおいて使われている「戦略」は、「自社が進むべき目的やビジョン（What to do）」であるのに対して、「戦術」は「その目的やビジョンを達成するためにはどのようにすべきかの方法（How to do）」ということになる。

　また、「戦略と戦術の違い」（図7-1）にあるように、戦略では「何をやるか」「なぜやるか」だけでなく、「何をやらないか」「なぜやらないのか」を考えることも非常に重要になってくる。それは、戦略の5番目に見られるように、ヒト、モノ、カネなどの経営資源が満ち溢れている企業は存在しないからである。すなわち、有限な資源をどのように選択し、どこに集中させるべきかという「選択と集中」が戦略の重要なキーワードとなってくる。

戦略のレベル──企業戦略、事業戦略、機能別戦略

　経営戦略は大きく分けて3つのレベルに分類できる（図7-2）。まず、企業

図7-1　戦略と戦術の違い

戦略（とは以下のことに回答することである）

❶「何をやるか」
❷「何をやらないか」
❸「なぜやるか」
❹「なぜやらないのか」
❺「ヒト、モノ、カネ、技術といった希少資源をどう選択し、どこに集中するか」

戦術（とは以下のことに回答することである）

❶「どれをやるか」
❷「だれがやるか」
❸「だれとやるか」
❹「どのようにやるか」
❺「どのくらいやるか」
❻「いつやるか」
❼「いつまでにやるか」
❽「どこでやるか」
❾「いくらでやるか」

出所：中島孝志著『「問題解決」ができる人できない人』三笠書房，2002年

全体の方向性を示す「企業戦略（Corporate Strategy）」がある。通常、企業の経営企画室では、企業の幹部たちにより企業全体の方向づけとなる計画が策定される。企業戦略とは、自社の戦うべき戦場、すなわちドメイン（後述）を決定し、ヒト、モノ、カネ、情報といった有限な経営資源を各事業部へどのように振り分けていくかを決めていくことである。

一方、各事業部に設けられている企画部では「事業戦略（Business Strategy）」が策定される。ここでは企業戦略によって配分された経営資源をもとに、各事業部が自分たちの事業をどのように展開するかを決める。事業が複数ない企業（事業が1つのみ）は企業戦略を構築する必要はなく、事業戦略のみでよい。つまり、事業戦略が集まったものが企業戦略と考えてよいであろう。ここでのポイントは、競合他社といかに戦っていくかという競争戦略（Competitive Strategy）がその中心となる。さらに、マーケティング戦略、

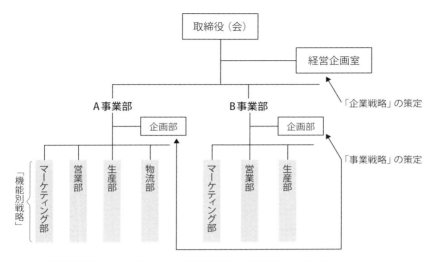

図7-2　企業組織と経営戦略のレベル

出所：内田学編著『MBAエッセンシャルズ』東洋経済新報社，2001年をもとに作成

財務戦略、人材戦略等、機能ごとの「機能別戦略（Functional Strategy）」がある。本章では、この中で企業戦略と事業戦略について詳述していく。

戦略策定のプロセス

　戦略を策定するためには、いくつかのプロセスを経る必要がある。その各プロセスとそれに関する項目を取り扱う前に、まずこの節では経営戦略が構築されるプロセス全体の流れを把握しておこう（図7-3）。

　企業を取り巻く環境の厳しい変化の中で企業が存続して発展していくための指針となるものが経営戦略であり、それは企業全体に関わる企業戦略と事業部ごとの事業戦略から成り立っていることを説明してきた。それはつまり、事業戦略は企業全体の戦略に基づいて策定される必要があるため、はじめに企業戦略を策定しなければならないことを意味する。

　企業戦略を策定するうえで最初に必要なものが、「企業や組織は何を行うために存在するのか」「そのために何をどのように行うのか」といった企業や組

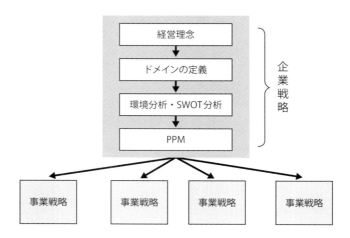

図7-3 経営戦略策定のプロセス

織の社会的役割や行動指針を定めた「経営理念」の策定である。しかし、経営理念に則った事業ならば何でも取り組むというのでは、経営資源の分散からどの事業も手薄の状態となりかねず、これでは激しい企業間競争にはとても勝つことは望めない。そのため企業は事業の領域や活動範囲（ドメイン）を明確にして経営資源を集中させる必要がある。これがドメインの定義である。

ドメインの定義に続いて行うべきことは、企業の現状や企業を取り巻く環境の客観的かつ正確な把握である。戦略策定の目的とは経営理念を実現させることであり、そのためにはまず企業が現在置かれている状況を正確に把握することが必要になるからである。企業の現状を分析するものに「環境分析」があり、代表的フレームワークとして「SWOT分析」「3C分析」「PEST分析」等がある。

企業が存続し発展していくためには、可能な限り無駄な投資を抑え、業務範囲に応じた最適な資源配分を行う必要がある。そのために有効な概念が「プロダクト・ポートフォリオ・マネジメント（PPM：Product Portfolio Management)」である。ここまでが企業戦略を構築するために必要な概念となる。企業戦略が策定された後は、事業部ごとの「事業戦略」へと引き継がれてい

くことになる。事業戦略のプロセスについては後述する。

企業戦略（Corporate Strategy）

　まず、企業の幹部たちはその企業全体の方向づけを決めなければならない。これが、「企業戦略（Corporate Strategy）」である。企業戦略は、企業レベル、企業全体の活動を対象とすることから「全社戦略」とも呼ばれる。企業戦略では、ヒト、モノ、カネ、情報といった経営資源を各事業部にどのように配分していくべきかを考えることがポイントとなる。

経営理念──ミッション、ビジョン、バリュー

　企業や経営者が自身の事業を営むうえで社会や顧客に対してどのような役割を果たしていくかを考えること、これが「経営理念」である。経営を行ううえで、「経営理念」のない企業は、長期的、永続的に成長することは困難である。

　経営理念が必要な理由がいくつかある。その1つは、経営理念を説明することで、その企業の基本的な考えを企業の内外に伝えることができるからである。そのことにより、その企業の幹部や従業員たちに自分たちが進むべき道、社会的使命を共有させ、ベクトルを1つの方向に合わせることが可能となる。また、その企業外のステークホルダー（利害関係者）たちにその企業がどのような企業であるのか、どのような社会的貢献をしようと考えているかを理解させるためにも経営理念は重要である。

　経営理念では、具体的にその企業の社会的存在意義、進むべき方向性などが示される。この項では、経営理念で重要な3つの概念、すなわち、ミッション、ビジョン、バリューを学ぶ。

図7-4　Googleのミッション・ステートメント

- Googleのミッションは世界中の情報を整理し、世界中の人々がアクセスできて使えるようにすることである

出所：Google Webページ

図7-5　アマゾンのミッション・ステートメント

- 地球上で最も顧客を大切にする企業を目指す

出所：アマゾン・ドット・コムWebページ

　ミッションとは「使命」であり、会社や組織が「何のために存在するのか」「何のために事業経営しているのか」という根本的な意義を表す。これは戦略や事業計画等、すべての経営活動の指針となる最も重要な要素である。たとえば、現在はAlphabet社の子会社となったGoogleはインターネット検索や広告事業で有名であるが、世の中の情報を整理し、多くの人々にとって身近なものになることを謳っている（図7-4）。

　また、書籍の販売から世界的なECサイトに成長したアマゾン・ドット・コムは、最近ではオーガニック食品で人気の食料品スーパーマーケットであるホールフーズ・マーケットを買収して話題になった。同社は、地球上で最も顧客中心の企業になるとミッション・ステートメントで述べている（図7-5）。

　次のビジョンは、企業が目指す具体的な「将来像」のことであり、経営活動が5年後、10年後に「どのように実を結んでいくか」を表すものである。ミッションが現在のビジネスに焦点を当てているのに対し、ビジョンは将来のビジネスに焦点を当てているので、時間的な違いがある。

　たとえば、カリスマ鈴木敏文氏なき後もコンビニ業界で変わらずにトップをひた走るセブン-イレブンを経営するセブン＆アイ・ホールディングスは、顧客、ステークホルダー（利害関係者）、そして社員から信頼される誠実な企業でありたいと述べている（図7-6）。全店平均日販が66万円強とローソン

図7-6　セブン&アイ・ホールディングスのビジョン

- 私たちは、お客様に信頼される、誠実な企業でありたい。
- 私たちは、取引先、株主、地域社会に信頼される、誠実な企業でありたい。
- 私たちは、社員に信頼される、誠実な企業でありたい。

出所：セブン&アイ・ホールディングスWebページ

図7-7　アップル創業時のビジョン

- 「テクノロジーを介して、何百万人もの人の生活を改善する」
  ―Improve the lives of millions of people through technology―

出所：Atlantic誌

の55万円、ファミリーマートの53万円を10万円以上も引き離していることもビジョンに忠実な経営と無縁ではないであろう。

さらに、iPadやiPhoneなど魅力溢れる商品を登場させてきたアップルは、ビジョンを持たない会社などと言われることもあった。しかし、今は亡き前CEOのスティーブ・ジョブズは創業時、図7-7のようなビジョンを掲げていた。当時のジョブズの想いは現在のアップルにも語り継がれているように感じる。

そして、3つ目のバリューは「価値観」を意味している。企業が、「どのような信条で活動を行っているか」という姿勢を表すものである。企業のあらゆる活動において、意思決定や判断のよりどころとなる。ミッションやビジョンと比べると、バリューはビジネスというよりも顧客、地域社会、そして従業員などに対して組織の行動規範や倫理観を示すものといえる。たとえば、日本最大級のポータルサイトを運営するYahoo! Japanは、自社のバリューとして、日本の多くの課題に対してインターネットを使って解決するために、「従業員がどのような価値を大事にし、いかに仕事をすべきか」を5つのヤフーバリューとして掲げている（図7-8）。

図7-8　Yahoo! Japanのバリュー

- 「All Yahoo! Japan」
- 「個のチカラ」
- 「発見・提案・改善」
- 「圧倒的当事者意識」
- 「やりぬく」

出所：ヤフーWebページ

図7-9　ベン＆ジェリーズの5つのバリュー

- 環境への配慮
- 会社のスタッフ、社外パートナー、地域コミュニティへの深い尊敬
- 平和と平等さを叶える非暴力的な方法の追求とそれへの支持
- 立場の弱い人たちが経済的なチャンスを作り出し、何度でもチャレンジできる経済的フェアネスの創出
- 環境破壊を促進しない安全な農法のサポート。家族経営の小さな農場や地域コミュニティの経済的可能性へのサポート

出所：ベン＆ジェリーズWebページをもとに作成

　また、地球温暖化対策に力を入れたり、遺伝子組換えのウシ成長ホルモン（rBGH）を使わないなど健康に留意したアイスクリームを提供するベン＆ジェリーズは図7-9の5つのバリューを掲げている。

ドメイン（事業の定義）

　経営理念を明確化することに加え、考えるべきことがある。ドメインの定義である。ドメインとは辞書を引くと「範囲、領域」という意味となっている。ビジネスにおけるドメインとは、企業の全社的な「活動領域」や「事業領域」のことを指している。昔とは異なり、顧客のニーズも多様化・複雑化している昨今では、一企業が顧客すべてのニーズを満たすことは不可能である。したがって、ただ闇雲にできそうな事業を増やすのではなく、自社の強みを発

揮できる事業分野、あるいは、自社が今後、発展していくことができそうな事業領域を探し出し、見極め、そして、そこに貴重な経営資源を集中していくことが定石となってくる。

　ドメインを定義するうえでは、現在の自社の得意分野だけではなく、将来の事業領域を的確に定義することも重要になってくる。それをもとに戦略を構築し、従業員の力を結集させていく。将来の事業領域も見据えるという時間軸を考え合わせると、ドメインには経営理念、特に「ビジョン」と重なる側面もあるということができるであろう。環境の変化の速度が著しい現代では、長期的な視野に立ったドメインの定義が重要となってくる。

　事業を定義するうえで、2つの考え方が有名である。製品志向と市場志向である。製品志向の定義は、物理的定義とも言われ、自社の生産する製品やサービス、自社の強みとなる技術に基づいて事業を定義するものである。そして、市場志向の定義は、機能的定義とも呼ばれ、提供するベネフィット（便益）や市場ニーズに基づいて定義するものである。図7-10は、その一例である。

　製品志向の定義はより具体的であり、市場志向のそれはより抽象的であると感じるかもしれない。セオドア・レビット（Theodore Levitt）は「マーケティング近視眼」と題した論文の中で、米国の鉄道会社の斜陽化やハリウッド映画の一時期の不振の原因は事業の定義、すなわちドメインの定義の失敗に起因すると指摘している。レビットによると、鉄道会社は自らを「鉄道事業」という製品志向のドメインにより定義したため、顧客を飛行機や自動車に奪われたと指摘し、同様にハリウッドは自らを「映画産業」と捉えたために、娯楽産業が拡大しているにもかかわらず、停滞を味わうこととなったと指摘している。そして、この現象を「マーケティング近視眼」（Marketing Myopia）と呼んでいる。そして、鉄道会社は事業を鉄道という"製品"中心に考えず「輸送事業」として顧客中心に考えるべきであり、ハリウッドは映画をテレビなどの他の媒体では代替不可能な特殊な製品と自己満足的に考えず、「娯楽産業」と規定すべきであったとしている。そうすれば、たとえ顧客のニーズが鉄道や映画から離れていったとしても、それに合わせた事業を展

図7-10 製品志向と市場志向の事業定義

企業	製品志向の定義	市場志向の定義
レブロン	われわれは化粧品を製造しています。	われわれはライフスタイルと自己表現、成功とステータス、思い出、希望、夢を販売しています。
ディズニー	われわれはテーマパークを経営しています。	われわれは夢、すなわちアメリカが理想のかたちで存在する場所を創造しています。
ウォルマート	われわれはディスカウント・ストアを経営しています。	われわれはアメリカの中流家庭に低価格で価値を提供しています。
ゼロックス	われわれはコピー機、ファックス、およびその他オフィス機器を製造しています。	われわれはスキャン、蓄積、検索、修正、分配の作業をお手伝いすることにより、企業の生産性を高めています。
O・M・スコット	われわれは草の種と肥料を販売しています。	われわれは緑におおわれた健康的な庭を提供しています。
ホーム・デポ	われわれは工具と日曜大工用品を販売しています。	われわれは不器用なマイホームのオーナーに助言や解決策を与え、そういった方々を修繕の専門家に変えています。
アマゾン・ドット・コム	われわれは書籍、ビデオ、CD、玩具、家電製品、日曜大工用品などの製品を販売しています。	われわれはインターネットでの買い物を高速で簡単かつ楽しいものに変えていきます。すなわち、われわれはオンラインで買いたいと思うあらゆるものを探し、発見することができる場所を提供しています。
リッツ・カールトン・ホテル	われわれは部屋を賃貸しています。	われわれはリッツ・カールトンでの経験を創造します。それは感覚を刺激し、快適さを味わわせ、お客様が思いもかけなかった要求や希望までも満たそうというものです。

出所：P・コトラー，G・アームストロング著，和田充夫監訳『マーケティング原理 第9版』ダイヤモンド社，2003年

開させて対応することができたと考察している。

プロダクト・ポートフォリオ・マネジメント（PPM）

(1) プロダクト・ポートフォリオ・マネジメント（PPM）とは

　事業の定義の後は、企業全体が成長していくために、それぞれの事業に対していかにして効果的な資金の配分をしていくべきかを考えることになる。1つの事業のみを行っている企業は少なく、多くの企業は複数の事業を展開していると考えるほうが一般的であろう。すべての事業が順調に収益を伸ばしているのであれば問題ないが、そのようにうまくことが運ぶことは少ないものである。現実には黒字の事業もあれば、足を引っ張る赤字の事業もある。そのような状況下では、各事業間のバランスを考え、全体として成長できる道筋を見つけていく必要がある。

　そこで、考え出されたのが、プロダクト・ポートフォリオ・マネジメント（PPM）という概念である。現在の事業ポートフォリオを分析し、どの事業に資金を増やすのか、反対にどの事業の投資を減らすのか、あるいは撤退させるのかの決定をすることになる。ここで出てきた「事業ポートフォリオ」とは、その企業が行っている事業の内訳のことをいう。ちなみに、「ポートフォリオ」とはもともと証券用語であり、「紙ばさみ」や「投資家が所有する金融資産の一覧表」という意味がある。

　事業ポートフォリオ分析を行うツールとして、最も有名なものが米国のコンサルティング会社、ボストン・コンサルティング・グループ（BCG）が作り出した「成長／市場シェアマトリクス」である（図7-11）。

　「成長／市場シェアマトリクス」は、横軸に「相対的市場シェア」、縦軸に「市場成長率」をとる4つのセルからなるマトリクスである。相対的市場シェアは通常の市場シェアとは異なり、自社と競合他社の中で最もシェアの大きな企業とのシェア比を示している。たとえば、自社が業界首位であり市場シェアの40％を占めていて、2位の会社の市場シェアが20％だとすると、自社の相対的市場シェアは2（＝0.4/0.2）ということになる。反対に、自社が業界2位に位置し市場シェアが20％で、業界首位の企業が40％だとすると自社の相対的市場シェアは0.5（＝0.2/0.4）になる。図の横軸である相対的市場シェ

図7-11 BCGの成長／市場シェアマトリクス

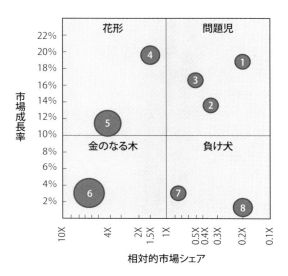

出所：P・コトラー著，村田昭治監修『マーケティング・マネジメント』プレジデント社，1996年

アを見ると、1を境にして左側は自社がその市場でのリーダーということになり、右側は2位以下の企業であることを意味している。

　図の中にある円は、それぞれ事業のみならず、製品、ブランド等を入れることも可能である。そして、円の大きさはその売上高を表す。BCGはこの円をSBU（Strategic Business Unit：戦略事業単位）と名づけており、SBUがどのセルに属しているか、またセルの中のどこに位置しているかを見て、その事業の現在の状況、将来の展望を分析していく。

　4つのセルには、「問題児（Question）」「花形（Star）」「金のなる木（Cash cow）」「負け犬（Dog）」のようにユニークな名前がつけられている。1つずつ説明していこう。

・問題児（Question）

　高成長市場において、相対的市場シェアが低いというセルである。たいてい、新規の事業や製品はこのセルから始まるのが一般的である。なぜならば、通

常は成長率が高い市場だからこそ、新規参入したいと考えるからである。しかしながら、始めたばかりの事業や製品であるから、顧客からまだ認知されておらず、自ずから市場シェアは低いところから始まることになる。このセルは、市場成長率が高いため、市場としては魅力的であるが、相対的市場シェアを高めていくためには、多額のキャッシュを投入しなければいけない。また、シェアを拡大できないまま市場の成長が衰退していくと、そのまま後述する下の「負け犬」になってしまう。

・花形（Star）

　問題児が成長し、相対的市場シェアが高くなると「花形」になる。相対的市場シェアが高いため、多くのキャッシュを生み出すことができる。しかしながら、市場成長率が高いため、多くの新規参入業者がひしめき合い、その地位を守るために多額のコストがかかることになる。そのため、ここで生み出したキャッシュを成長途上である問題児につぎ込むことはできないのである。

・金のなる木（Cash cow）

　市場の成長率がほとんどないにもかかわらず、高い相対的市場シェアを維持している状態である。市場が成熟しているため、競争も激しくないので、コストがそれほどかからない。加えて、相対的市場シェアが高いため、最も安定してキャッシュを生み出すことができる。ここで生み出されたキャッシュは、次の花形になる可能性が高い問題児に振り分けることが定石となる。

・負け犬（Dog）

　低成長市場において、相対的市場シェアも低いというセルである。すでに成熟しきった市場で、しかもシェアを獲得できなかった事業や製品である。基本的には、整理縮小あるいは売却することが望ましいといえる。しかしながら、その事業や製品が、その他の事業とのシナジー（相乗効果）をもたらしていると考えられたり、その企業を代表するような事業であった場合は、事業継続を検討することもありえる。

(2) PPMのキャッシュフローによる視点

　PPMをキャッシュフローの視点から見てみよう。横軸に示された相対的市場シェアは当該事業の競争上の優位度を表しているが、これはキャッシュを生み出す力、つまりキャッシュ創出（キャッシュ・イン）の度合いを示していることになる。一方、縦軸に示された市場成長率は、当該事業が必要とする投資量、つまりキャッシュの需要（キャッシュ・アウト）の度合いを表すと考えることができる。

　この視点からマトリクス上で分割された各セルの特徴を見ると、「金のなる木」以外にはキャッシュを生み出す事業のないことがわかる。つまり、「負け犬」はその事業を継続するための資金を生み出すのが精一杯であり、「花形」は資金の流入も流出も多く、「問題児」には莫大な投資が必要となるため、いずれもキャッシュを生み出すことは期待できないからである。

　そこで、「金のなる木」が生んだキャッシュを将来性のある「問題児」に投資し、「花形」に育成することになる（図7-12）。そして、やがてはそれを「金のなる木」に育て上げ、そこから創出された資金を新たな「問題児」へと投資するサイクルを作り上げる必要がある。このように「問題児」に始まり「花形」、「金のなる木」へと時間とともに移行し、最後に「負け犬」となるライフサイクルを経たSBUは成功したものということができる。BCGの創設者であるブルース・ヘンダーソン（Bruce D. Henderson）はこのサイクルを「成功の循環」と呼んでいる（図7-13）。一方、「花形」や「金のなる木」が「問題児」あるいは「負け犬」となるパターンをヘンダーソンは「失敗の循環」と呼んでいる（図7-14）。

　また、「金のなる木」の生んだキャッシュを利用して「問題児」を育て上げる以外に、R&D（研究開発）へ投資することにより直接「花形」を作り上げる手法もある。ただし、この方法を採用できる業種は極めて限られており、自らがフロントランナーとなり新しい事業や新しい市場を創出する先発型事業のみに当てはまると考えたほうがよいであろう。

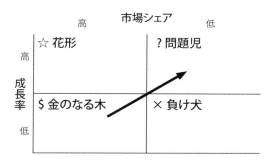

図7-12　最適キャッシュフロー

出所：B・D・ヘンダーソン著，土岐坤訳『経営戦略の核心』ダイヤモンド社，1981年

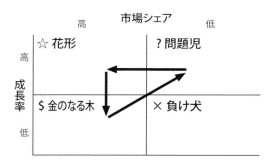

図7-13　成功の循環

出所：B・D・ヘンダーソン著，土岐坤訳『経営戦略の核心』ダイヤモンド社，1981年

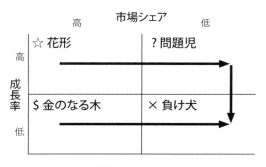

図7-14　失敗の循環

出所：B・D・ヘンダーソン著，土岐坤訳『経営戦略の核心』ダイヤモンド社，1981年

新規事業計画

(1) 戦略計画ギャップ

　ポートフォリオを設計する目的は、現在の事業を分析することのみならず、将来の事業や開発すべき製品が何であるかを見つけ出すことにもある。しかし、実際にポートフォリオを構築してみると、そこから予想される売上や利益が、その企業が望む水準を下回る場合がしばしばある。この差を戦略計画ギャップという。戦略計画ギャップを埋めるためには、自社のさらなる企業努力が必要なことは言うまでもないが、新たな事業を立ち上げる必要も出てくる。また、M&Aにより、手っ取り早く新たな事業分野を手に入れることも対策の1つとして考えられる。いずれにしろ戦略計画ギャップを埋めるためには、このような「新規事業計画」を立ち上げる必要がある。

　図7-15は、期待される売上と現状（現在のポートフォリオ）との間に生じる戦略計画ギャップを示している。この図では、現在の事業ポートフォリオから導き出された5年後の売上予測が一番下の曲線で示されている。これが、いわば企業の現在の実力なのである。そして、企業が望んでいる売上が一番上の曲線である。コトラーは、戦略計画ギャップを埋めるためには3つの新規事業計画の選択肢があることを述べている。それは、図中で示されている「集中的成長」「統合的成長」「多角的成長」である。

　「集中的成長」とは、既存事業でさらなる成長を遂げることが可能な機会を見つけ出すことである。そして、「統合的成長」とは、既存事業に関連した事業を始めるか、あるいは、M&Aによりその事業を手っ取り早く手に入れることである。堀江貴文社長（当時）が逮捕されてしまったが、ライブドアはM&Aを頻繁に行うことにより、新規事業を育てる時間を買っていたと言えるであろう。3つ目の「多角的成長」は、既存の事業とは関連がないが、しかし魅力的な分野で事業を始める機会を見つけ出すことである。本章では、「集中的成長」の機会を見出すために有効なアンゾフの「製品／市場マトリクス」について解説していく。

図7-15　戦略計画ギャップ

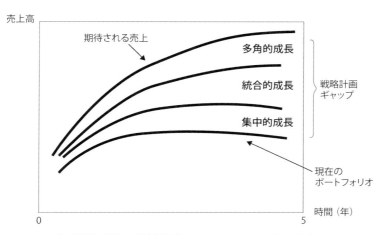

出所：P・コトラー著，恩藏直人監修，月谷真紀子訳『コトラーのマーケティング・マネジメント　ミレニアム版（第10版）』ピアソン・エデュケーション，2001年

(2) アンゾフの製品／市場マトリクス

　経営活動の目的は、そのほとんどすべてが自社の成長に集約される。そもそも企業にとって「成長する」とはどのようなことを意味しているのであろうか。売上が増えることか、顧客が増えればよいのか、店舗の数が増えることか、あるいは、新規の事業がただ増えれば好ましいのであろうか。

　「いかにして企業を成長させるのか」という経営課題に対して、1つのフレームワークを提示したのが、1960年代に活躍した米国の経営学者イゴール・アンゾフである。彼は、図7-16のようなマトリクスを提示し、企業成長の方向性を4つの類型に分類した。

　このアンゾフのマトリクスは、「製品／市場マトリクス」や「成長ベクトル」などと呼ばれ、事業構造を「製品」と「市場」という2つの観点から捉えている。横軸には「製品」、縦軸には「市場」が表されており、ともに、既存および新規の2つに分けられる。そして、それぞれがクロスする4つのシチュエーションを検証し、それぞれのメリットやリスクを認識したうえで自社が成長すべき方向を整理するのが、このマトリクスの目的といえる。それでは、それぞれのセルについて、説明しよう。

図7-16 アンゾフの製品／市場マトリクス

	既存製品	新製品
既存市場	市場浸透	新製品開発
新市場	新市場開拓	多角化

出所：D・A・アーカー著，野中郁次郎，北洞忠宏，嶋口充輝，石井淳蔵訳『戦略市場経営』ダイヤモンド社，1986年

①市場浸透戦略（Market Penetration Strategy）

　左上の「市場浸透」のセルは、市場の製品も既存のもので成長を図ろうとする戦略である。通常、対象とする市場と製品が現状のままであると成長することは難しいと考えがちであるが、成長機会を見つけ出すことは不可能ではない。具体的には、「現在の顧客が購入する量を増やしたり、購入する頻度を増大させる」という方法がある。たとえば、米国人は朝にオレンジジュースを飲む習慣がある。しかし、オレンジジュースの売上をさらに増加させようとしておやつの時間にクッキーとオレンジジュースは相性が良いというプロモーションを行い、同ジュースの売上を上げることに成功した企業もある。もう1つは、「競争相手の顧客を奪う、現在購入していない人々を顧客にする」という方法が挙げられる。市場浸透戦略では既存市場と既存製品により成長を目指すため、市場需要が活発であることがこの戦略を採用する条件となる。

　この戦略は、市場開拓に新たなコストを割く必要もなく、また新たな製品の開発も行わないので、後述する他の3つの戦略に比べるとリスクは最小である。企業を成長させるための基本の第一歩であろう。

②新市場開拓戦略（Market Development Strategy）
　左下の「新市場開拓」のセルは、現行製品を新たな市場で展開することによって成長を図るものである。ここでの1つの方法として、新たなユーザーを開拓することが挙げられる。たとえば、女性向けの化粧品類を男性に向けて販売することなどである。その他には、新たな販売ルート（流通チャネル）を開拓することも考えられる（インターネットを使った通信販売、新店舗の設置等）。発売当初、薬局でしか売っていなかった花王のヘルシア緑茶をコンビニやスーパーで売り始めたこともこの例に値するであろう。また、海外に市場を広げることもこの戦略の一例であろう。たとえば、今まで日本国内でしか売り出していなかったゲームソフトを、海外に輸出することなどである。
　市場を新たに開拓することは非常にコストのかかるものであるが、新市場を獲得できれば、既存の製品を大量生産し、その市場で売ることができる魅力的な戦略である。

③新製品開発戦略（Product Development Strategy）
　右上の「新製品開発」のセルは、新たな製品を現在の市場で展開することによって成長を図るものである。まったく新しい製品を開発したり、自動車のモデルチェンジのように顧客のニーズの変化に対応して製品をグレードアップさせたりといった方法が考えられる。
　一般的に、新市場開拓よりも新製品開発のほうがコストがかかるので、その分リスクが高くなる。加えて、競合他社の製品との差別化をいかに構築するかが製品開発上のポイントとなる。

④多角化戦略（Diversification Strategy）
　右下の「多角化」のセルは、新しい製品によってこれまで参入していなかった新たな市場に参入する、あるいは新製品によって新市場を生み出すといったことで成長を図るものである。アンゾフによると、この戦略は新市場に新製品を投入する戦略を意味するが、複数の事業を自社に取り込むことにより事業規模を拡大し、より高い収益を目指す戦略と捉えることもできる。この意味ではコトラーの示した統合的成長と多角的成長は多角化戦略に該当す

図7-17 事業戦略構築の手順

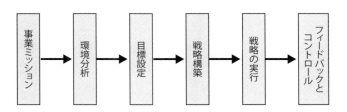

出所：P・コトラー，K・L・ケラー著，恩藏直人監修，月谷真紀訳『コトラー&ケラーのマーケティング・マネジメント 第12版』ピアソン・エデュケーション，2008年をもとに作成

ることになる。たとえば、携帯でのオークションサイト「モバオク」やゲーム「モバゲー」で有名であったDeNAが旅行代理店（エアトリ）を始めたり、プロ野球界（横浜DeNAベイスターズ）に参入することは多角化戦略に他ならないであろう。

事業戦略（Business Strategy）

　事業本部における企画部は、図7-17のプロセスに従って、大きく事業ミッション、環境分析、目標設定、戦略構築、戦略の実行、フィードバックとコントロールの流れで、事業の戦略計画を策定する。それぞれのプロセスにおいて、何をどのように考えればよいかを考えることが次のステップである。ただし、事業ミッションについては、前述した「経営理念」および「事業の定義」と重複するため、本節では割愛する。

環境分析（Environmental Analysis）

　企業を取り巻く環境は常に変化している。他社との競争に勝つための戦略

図7-18 外部環境分析と内部環境分析

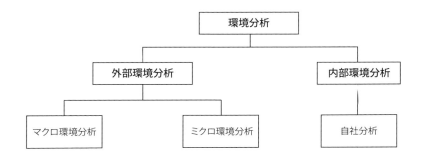

を立てるには、自社のみに視点を置いた戦略ではなく、自社の置かれている状況を客観的かつ正確に把握した戦略を立てる必要がある。そこで、まずは企業の現状を把握するために、環境分析を行う。

環境分析とは、自社が活動する業界内外の環境を分析することにより、それらが自社にとって「機会」なのか「脅威」なのかを分析する「外部環境分析」と、自社の「強み」と「弱み」は何かを分析する「内部環境分析」の2つから構成されている（図7-18）。

外部環境分析（External Environmental Analysis）：機会と脅威分析

(1) マクロ環境要因とミクロ環境要因

まず、外部環境分析であるが、外部環境は企業が直接コントロールすることができないものである。この分析の目的は、事業に影響を与える脅威や機会を抽出することにある。同分析の対象となるのは、「マクロ環境要因」と「ミクロ環境要因」である。

マクロ環境要因は、企業を取り巻く環境におけるさまざまな要素のことである。人口動態的要因（人口や年齢構成など）、経済的要因（景気、為替など）、技術的要因（技術革新、特許など）、政治的要因（法律や制度など）、文化的要因（ライフスタイルや価値観など）、環境的要因（環境規制やエネルギー・公害問題など）などがある。たとえば、現在の日本は富める層と貧しい層が

図7-19　マクロ環境要因とミクロ環境要因

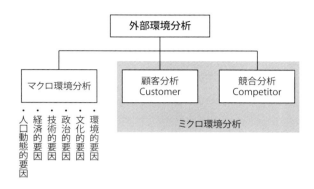

二極分化している所得格差の問題が取り上げられることが多々ある。このような年収構成の変化はマクロ環境要因の中の人口動態的要因の1つである。

　一方のミクロ環境要因はいわゆる「業界」の中の要因で、顧客、競合他社など、企業と直接的に関係しあっている要素といえる。この業界分析（すなわちミクロ環境分析）に有効なフレームワークには、マイケル・E・ポーターが提唱した「5つの競争要因」があり、後述する。

　さて、これらの要因をどのように分析していけばよいであろうか。これらの環境要因の状況を把握したら、その中で自社にとって「機会」となる要因と、「脅威」となる要因を特定する。文字通り、「機会」とは市場で優位に立つチャンスとなるような環境要因、「脅威」とは適切な対処をしなければ自社の地位が悪くなるような注意すべき環境要因のことである。環境変化のスピードが速い今日では、それぞれの要因が今後どのように変化していくのかも含めて、関連情報を収集することが重要である。

　図7-20はある米国の自動車メーカーにおける脅威と機会の評価を示している。この表で注目されるのは、いくつかの事実が脅威であり機会でもあることである。たとえば、顧客の要因で「より快適でパフォーマンスの良い小型車を欲している」という事実は、この企業においては、明らかに脅威となるであろう。しかも自社は「中大型やスポーツ型で利益の60％を得ている」とのコメントもある。しかし、その脅威を同社にとってのコンパクトカーの開

図7-20 米国のある自動車メーカーにおける脅威と機会の実例

状況	脅威	機会	コメント
顧客			
大きなエンジンが好まれなくなってきている。	✓		私たちは中大型やスポーツ型で利益の60%を得ている。
より快適でパフォーマンスの良い小型車を欲している。	✓	✓	上記のこともあるが、私たちはコンパクト・カーをリポジショニングすることによって、対応できる。
輸送にはあまりお金をかけたくない。	✓		売上げや利益を減少させるかもしれない。私たちの車の経済的便益を圧迫するか？
競合他社			
新しく競合するコンパクト・モデルを何台か発売した。	✓		高級感を持たせることによって私たちの低価格帯モデルを差別化すべきである。
メルセデスやBMWの製品ラインに低価格帯の小型車を付加した。		✓	私たちはより低価格で小型車に高級感を提供できる。
供給業者			
鉄価格が上昇してきている。	✓		今契約している低価格のまま据え置くことができるか？
ある小企業は新しくコンピュータ化された事故回避装置を持っている。		✓	それをテストすべきか？独占契約を得られるのか？どのくらいのコストで？
経済			
成長は来年鈍化するであろう。	✓		今年の販売水準を達成するのは難しい。
利子率が上昇してきている。	✓	✓	販売量達成への脅威はあるが、子会社の融資会社には有利になりうる。
規制・社会変化			
環境グループは明らかに大型車に反対するようになっている。	✓		マーケティングは環境志向をより強調しなければならない。
ガソリン価格が高騰する可能性がある。		✓	私たちの省エネカーには追い風となる。

出所：T・ゴーマン著，内田学，荻久保直志，野沢誠治訳『世界一わかりやすいMBA入門講座』総合法令出版，2000年をもとに作成

発やリポジショニングの機会と捉えれば、機会と考えることもできる。このように、考え方しだいで脅威も機会になりえることを銘記すべきである。脅威と捉えただけでは、売上を確保するための防御的戦略、つまり価格を下げることやプロモーションを多くかけるということしか生まれないが、機会と捉えることによって、成功に導く新たな戦略が産出される可能性が出てくる。

したがって、単純に脅威と考えるのではなく、同じことでも機会と捉えられないかということを常に考える癖をつけることが市場機会を発見するのに有効である。

たとえば、自社がブランド力のある比較的高価な子供服を販売する会社であったとしよう。そして現在の外部環境の変化として、ここでは「経済状況の悪化」と「少子化」について考慮する必要があるとする。景気が悪くなった場合、この会社はどのような影響を受けるであろうか。比較的高価な子供服を販売していたのであるから、景気の悪化は子供服の買い控えにつながる。塾などの受験に関わる費用は削れなくても、子供服などはもっと安いブランド服に代えようとすることは予測できるであろう。そのため景気悪化はこの会社にとって脅威となる。

それでは、少子化という人口構成の変化は、どのように捉えればよいのであろうか。一般的に考えれば、販売の対象となる子供の数が減るわけであるから、「脅威」と考えるのが普通であろう。しかし、子供が減り、両親や祖父母が1人の子供にかけるお金が増えると考えれば少子化は「機会」と捉えることもできる。たとえば、かつての中国では1人っ子政策がとられていたため、基本的に1夫婦に1人の子供しかもうけることができなかった。そのために表面だけを見れば、中国の子供用品のマーケットはそれほど魅力あるものではないと考えられるかもしれない。しかし、中国の人口自体が日本の10倍以上あることや日本の出生率も1.0に近くなっていることを考えれば、単純計算でも、中国の子供市場は、日本の10倍以上大きいと推測することができる。加えて、両親のそのまた両親、すなわち、両祖父母が孫1人におもちゃをはじめ、いろいろなものを買い与えている。中国で子供が小皇帝と言われるわけである。そのため、日欧の大手玩具メーカー各社は早い時期から中国市場に目をつけ、利益を享受している。このように、環境の変化が脅威と機会のどちらともとれる場合は、その両方の可能性を考慮する必要がある。

(2) 業界分析：5つの競争要因

外部環境のミクロ環境分析の中でも競合他社を分析するのに有益な手法として、マイケル・E・ポーターによって提唱された5つの競争要因分析がある

図7-21　5つの競争要因分析

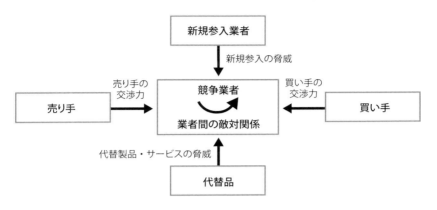

出所：M・E・ポーター著，土岐坤，中辻萬治，服部照夫訳『新訂　競争の戦略』ダイヤモンド社，1995年

（図7-21）。ポーターは、業界ごとの分析をした結果、業界の平均的収益性がそれぞれ異なることを発見した。すなわち、業界によって、儲かる業界とそれほど儲からない業界があるということである。彼はさらにその収益性の違いはどこから生じるのかを分析したのである。その結果から、「業者間の敵対関係」「新規参入の脅威」「代替製品・サービスの脅威」「買い手の交渉力」「売り手の交渉力」の5つの競争要因が収益性に影響を与えることが判明した。このそれぞれについて説明していこう。

①業者間の敵対関係

第1の要因は、「業者間の敵対関係」である。これは既存の競合企業同士の敵対関係がどれぐらい強いかという要因である。業界の既存企業は自社の市場ポジションを有利なものにしようと、価格競争、新製品開発競争、広告合戦などを繰り広げていく。この競争が互いの経営体力を消耗しあうような激しいものになるほど、業界の収益性は低下する。

たとえば、ここ数年の牛丼業界の戦いは熾烈である。牛丼業界の老舗である吉野家は90年代に400円だった「牛丼並」の価格を2001年夏に280円へ値下げした。これは、2001年3月にすき家が行った値下げ（400円→280円）

が影響していると思われる。その後、これらの値下げ競争のおかげで他社も追随することになり、牛丼業界は業界内の戦いが激しく、儲からない業界の象徴となった。しかし、デフレが終わりかけた2013年に吉野家は並で580円という「牛すき鍋膳」を出し、好評を得た。このころから牛丼業界の値下げ競争にストップがかかったように思う。

②新規参入の脅威

第2の要因は、「新規参入の脅威」である。新規参入の脅威の大きさは、参入を妨げる障壁（「参入障壁」）の高さと、その業界の既存企業がどれだけ抵抗するかの予測によって決まってくる。異業種・他分野から自社の業界へ参入するのが容易かどうかは長期的な業界の収益性に影響を与える。当然のことながら、参入が容易な業界ほど、収益性は低くなる。また、規模の経済性[*1]や累積生産効率（経験曲線効果）[*2]が大きく、製品差別化の程度が高いといった要素が大きい業界ほど、参入障壁は高くなるので、既存の業者にとって脅威は小さくなる。規模の経済性や経験曲線効果が大きい業界では、新規参入企業は既存の企業に対抗して、当初より大量生産に踏み切って膨大な売れ残りリスクや投資リスクを覚悟しなければならなくなる。あるいは、最初は少量生産でスタートした場合は、コスト面の不利に甘んじざるをえないので、いずれにしても参入障壁は高い。

たとえば、ビール業界や自動車業界などは、特に規模の経済性や経験曲線効果がものをいうので、新規参入業者は入って来にくい。また、宝飾品やブランドもののバッグなど、過去に広告投入を中心としたマーケティングを行って、顧客のブランドロイヤルティを確立しているような業界では、新規参入業者が一朝一夕にブランドロイヤルティを獲得するのは困難である。そのため、参入障壁は高くなる。

この他には、流通チャネルの確保が困難、政府が参入を規制しているとい

[*1] 「規模の経済性」とは、生産量が増えるにしたがって、1個あたりのコストが減少していくことをいう。
[*2] 累積生産量が増えるにしたがって、一定の割合でそのコストが減少していくこと。半導体における経験曲線効果が有名であるが、あらゆる工業製品に見られる現象であるといわれている。

った要因により、新規参入の障壁は高くなり、その業界の収益性は高くなる。前者の例として、ロイヤルクラウン社が当てはまるであろう。ロイヤルクラウンコーラは今でも全米のコーラ業界ではコカ・コーラやペプシコーラに次ぐ、第3位につけている。しかし上位2社との差は歴然である。このような大きな差となった1つの理由が、流通チャネルである。コカ・コーラやペプシコーラがスーパーマーケットやドラッグストアの棚の多くを独占していたため、ロイヤルクラウン社のコーラを取り扱ってもらうことができなかった。このことも同社が衰退してしまった大きな要因の1つである。

後者はかつての通信業界が当てはまるであろう。かつての通信業界、特に携帯電話業界は、政府の保護により、NTTドコモの独占であった。しかし、規制緩和により、ソフトバンクが参入して、一石を投じている。競争が激しくなり通話料金が下がることは消費者にとっては願ってもないことである。今後は、楽天も第4の携帯電話会社として同市場に参入する予定とのことであるが、先行きはまだ不透明である。

また、新規参入業者に対する既存企業の報復が大きければ、このことが参入障壁を高くし、参入に二の足を踏ませる。しかし、新規参入業者とは反対に既存の企業にとっての脅威は小さくなる。

③代替製品・サービスの脅威

3つ目の要因は、「代替製品・サービスの脅威」である。既存品にとって代わる魅力的な製品やサービスが存在するかどうかということである。代替品が存在する場合、その製品が魅力的であればあるほど、業界の収益を圧迫する。たとえば、これまで英語を勉強しようと思ったら、英会話をはじめとする学校に通うことが一般的であった。しかし、「えいご漬け」（任天堂のDSのソフト）のような学習ソフトが出てきたり、現在ではオンライン英会話が主流になってきている。マンツーマンの英会話学校へ通えば、1回のレッスンで5000円以上払わなければならないが、フィリピンの英語講師とスカイプを使ったレッスンを行えば、同じような金額で1カ月も学習できてしまう。このことは既存の英語学校にとっては脅威となろう。

④買い手の交渉力

4つ目は「買い手の交渉力」である。「買い手」とは、自社の製品を買ってくれる企業や個人を指している。すなわち、顧客企業や消費者の交渉力がどれぐらい強いかという要因である。「顧客」も業界の競争に加わっているという視点は非常にユニークである。

買い手は一般的に、より良い製品をより安く買おうとするため、買い手の力が強いほど、収益性は下がることになる。たとえば、ヤマダ電機やヨドバシカメラのような家電量販店は、家電メーカーから大量に購入する。それに対して、町の電気屋はそれほど多くの商品を購入することはできない。そのため、家電メーカーから見た買い手である家電量販店と町の電気屋を比較すると、家電量販店のほうが交渉力が圧倒的に強いことは容易に予想できるであろう。

⑤売り手の交渉力

最後は、「売り手の交渉力」である。これは、供給業者の交渉力がどれぐらい強いかという要因である。今度は、自社が属する業界を買い手、つまり「顧客」としている業者との関係である。すなわち、自社がトヨタや日産のような自動車メーカーであるならば、自社への売り手は、カルソニックカンセイやNOK等の自動車部品メーカーとなる。自社への供給会社は、納入する製品やサービスの価格を引き上げたり、品質を下げるといった行動で供給先に圧力をかけることが可能である。この力が強い場合は、コスト増大や利益率の低下などによって業界の収益性も下がる。売り手の交渉力を強める要因として、次のようなものがある。

ⅰ 売り手業界が少数の企業に支配されていて、買い手業界よりも集中が進んでいる
ⅱ 買い手への販売の際、売り手が他社製品と競争する必要がない
ⅲ 売り手にとって買い手業界が重要な顧客ではない
ⅳ 売り手の製品が独自なもの、もしくは差別化されているため買い手のスイッチング・コストが高い*3

ⅴ 売り手が今後、確実に川下統合[*4]に乗り出す意向を示す

　たとえば、数年前に日産の改革を行ったカルロス・ゴーン社長が売り手である供給業者の数を大幅に減らし、取捨選択したのは、上記のⅰを考えると理解できる。すなわち、日産から見た売り手業界（部品の供給業者たち）は少数企業に支配されているわけではないから、自動車メーカーのほうが供給業者を選び放題だったからである。逆に、もしある1つの会社からしか買えない部品があったら、その部品メーカーは、買い手である自動車メーカーに多大な力を持つことになる。

　これまで「5つの競争要因」を見てきたが、この分析はそれぞれの要因からうまく身を守ったり、あるいはそれぞれの要因をコントロールできるポジションを業界内に見つけるうえで役に立つ。さらにこの分析によって業界構造を理解することは、どの分野に多角化を進めるべきかを検討するうえでも大いに意味がある。

内部環境分析（Internal Environmental Analysis）：強みと弱み分析

　内部環境分析は、自社のブランド力、生産力、人材、流通チャネル、キャッシュフローなどが、競合他社と比較して強いか、弱いかを把握するものである。内部という言葉が使われているが、前述したとおり、「強み」も「弱み」も相対的なものであるので、純粋に自社の「内部」だけに目を向けて評価するものであっては意味がない。そのため、競合他社との比較分析がその中心となる。

　この分析の際には、マイケル・E・ポーターが提唱した「バリューチェーン（価値連鎖）」（図7-22）をフレームワークとして利用することもできる。「バ

[*3] ある製品やサービスを使っている顧客が他社のものへ変える場合に、そのコストが高いと他社の製品に変えたいと思いながらもその製品を使い続けなければならない。この場合、「スイッチング・コストが高い」という。
[*4] たとえば自社が化粧品メーカーであった場合、販売店を吸収することで販売強化を狙うことをいう。

図7-22　バリューチェーン（価値連鎖）

支援活動	全社管理（インフラストラクチャー）					マージン
		人事・労務管理				
		技術開発				
		調達活動				
主活動	購買・物流	製造	出荷物流	マーケティング・販売	サービス	

出所：M・E・ポーター著，土岐坤，中辻萬治，小野寺武夫訳『競争優位の戦略』ダイヤモンド社，1985年

リューチェーン」は、ポーターの競争戦略論の中で前述の「5つの競争要因」、後述の「3つの基本戦略」と並ぶ中心の概念の1つである。バリューチェーンとは簡単にいうと、競争優位の源泉を知るための分析概念といえる。自社の強みを知るためには、製品のコストや差別化に影響を与える企業内の活動は何であるかを徹底して分析する必要がある。バリューチェーンは、事業活動を機能的に分解してあるため、どの機能が強くてどの機能が弱いのかを明らかにすることができるからである。

　商品は、購買・物流、製造、出荷物流、マーケティング・販売、サービスという流れの中で付加価値がつけられていくという価値の連鎖がバリューチェーンの考え方である。パソコンの例でいえば、企画設計され、それに併せて部品が購入され、それらを使って製造され、出荷され、小売店等で顧客に販売され、その後、アフターサービスを行うといった流れになるであろうか。たとえば、かつて隆盛を誇ったデルでは、出荷物流や販売のところで店舗を使わず、顧客とのやりとりをすべてオンラインで行うため、コストを削減しパソコンの価格を安くできるというところに競争優位性があった。それに対して、非常に軽くて丈夫でユニークなレッツノートを作るパナソニックはビジネスパーソンに人気があり、製造に強みがあるといえるであろう。各社ご

図7-23 強み／弱み分析のためのチェックリスト

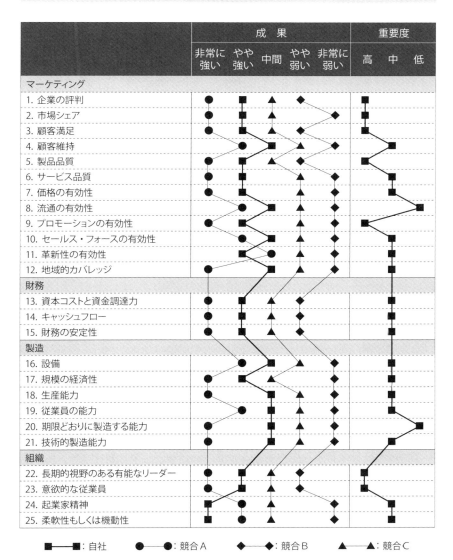

出所：バルーク・ビジネス・コンサルティング編，野沢誠治著『MBAエッセンシャルズ　マーケティング』東洋経済新報社，2003年

とに最大の価値を生み出すためのプロセスは異なるはずである。他社の強みに踊らされず、自社の強みをより強化していくことが重要であろう。

　また、フィリップ・コトラーは内部環境を「マーケティング・財務・製造・組織」というフレームワークで分析する手法を提唱している。そして、それぞれの分野を「非常に強い」「やや強い」「中間」「やや弱い」「非常に弱い」の段階評価を行い、さらにその重要性を「高」「中」「低」に分類したチェックリストの重要度を提唱している（図7-23）。

　ここで重要なことは、自社独自の強みを強化することが大切であるということである。たとえば、ライバル社の強みが製造で、自社の強みがマーケティングであった場合を考えてみよう。えてして、他社の強みに気をとられて、自社でも製造を強化しようと考え、自社の強みであったマーケティングには手を加えられないまま、徐々に弱まってしまうということが多々ある。その結果として、何のおもしろみも、特徴もない会社に成り下がってしまうことになりかねない。

目標設定：SWOT分析

　事業部の使命を明確にし、外部環境と内部環境の分析を行った後で、計画策定のための目標設定がなされる。その際には、SWOT分析が役に立つ。SWOT分析のSWOTとは、Strengths（強み）、Weaknesses（弱み）、Opportunities（機会）、Threats（脅威）の頭文字をとったものである（図7-24）。

　この分析では、外部環境分析で抽出した「機会」と「脅威」を縦軸に、そして、内部環境分析より導かれた「強み」と「弱み」を横軸にとってクロス分析を行う。「機会」と「脅威」、「強み」と「弱み」を同時に分析することにより、自社の戦略的課題を導き出し、戦略の立案に役立てることができる。この4つのセルの中で、特に注目すべきものは、「強み」と「機会」が交わるセルと、「弱み」と「脅威」が交わるセルである。前者は「最大の市場機会」となり、攻めの戦略を立てるうえでの重要な指針となる。

　たとえば、図7-25は数年前のマクドナルドのSWOT分析の事例であるが、日本での店舗数が2位モスバーガーの3倍以上、3位KFCの3倍以上であるこ

図7-24 SWOT分析の枠組み

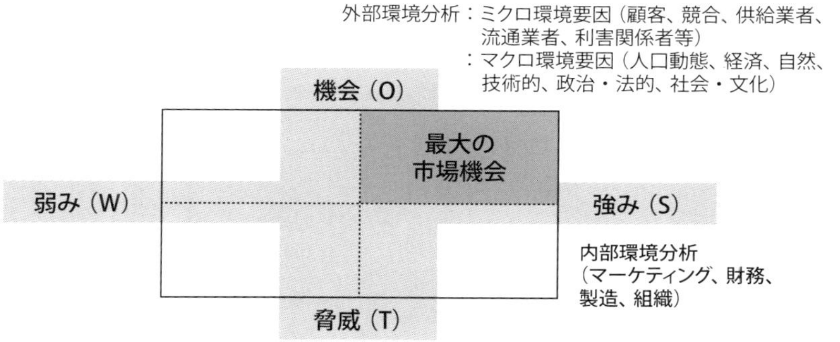

外部環境分析：ミクロ環境要因（顧客、競合、供給業者、流通業者、利害関係者等）
：マクロ環境要因（人口動態、経済、自然、技術的、政治・法的、社会・文化）

機会（O）
最大の市場機会
弱み（W）　　　強み（S）
脅威（T）

内部環境分析（マーケティング、財務、製造、組織）

出所：バルーク・ビジネス・コンサルティング編，野沢誠治著『MBAエッセンシャルズ　マーケティング』東洋経済新報社，2003年

とから、肉やバンズの一括購入で「スケールメリット（規模の経済）」という強みを享受できる。また、数年前はデフレから抜け出せなかった中、「消費者の低価格志向」は同社にとっては市場機会になったであろう。「スケールメリット」という強みと「消費者の低価格志向」から「100円マックの充実、拡大」という積極的攻勢の戦略をとることができる。

逆に、弱みと脅威の交わるセルは「最大の脅威」となり、早急に「コンティンジェンシー・プラン（不測事態対応計画）」を作成したり、もしくはその市場からの撤退を検討したりする必要がある。同上の例でいえば、「栄養面で偏りがあるというマイナスのイメージ」という弱みと「BSEなどの食品問題」の脅威では、リスクを回避したり撤退するしかありえず、米国産牛肉、食用油を含む食品の取り扱いをやめることが必須となる。

また、「機会」「弱み」が交わるセルでは、機会で弱みを改善していく必要がある。同じ例では、マクドナルドの商品は「栄養面で偏りがあるというマイナスのイメージ」がつきまとっているが、現在の「健康ブーム」という機会を使って、徐々にサラダ等の健康的な商品を増やしていくことが重要である。

そして、「脅威」と「強み」が交わるセルでは、強みを活かして脅威を回避する戦略を検討すべきである。同例では、マクドナルドのたぐいまれな商品

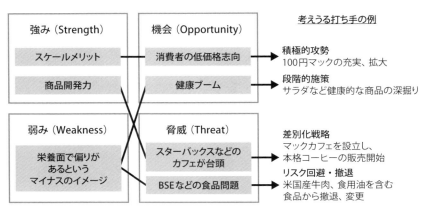

図7-25 SWOT分析（マクドナルドの事例）

出所：平井孝志著『戦略力を高める――最高の戦略を実現するために』東洋経済新報社，2010年

開発力という強みで、スターバックス等のカフェの台頭という脅威を打ち砕く必要がある。日本でも1998年から始まったマックカフェはなかなか軌道に乗っていないが、従来の食事を楽しむ顧客のみならず、本格コーヒーを提供することでスターバックス等のライバルを叩く意味合いで出店された。

戦略構築

目標が設定されたら、それに基づいて戦略を構築する。戦略を構築していくうえで重要な3つのポイント、つまり①企業ポジションの構築（競争優位のための「3つの基本戦略」）、②企業の諸活動の統合（バリューチェーン）、③トレード・オフの選択がある。②バリューチェーンに関しては前述したため、本項では①3つの基本戦略、③トレード・オフの選択について説明する。

(1) 3つの基本戦略

前節で学んだマイケル・E・ポーターの「5つの競争要因」分析では、収益率に最も影響を与える競争要因を導き出した。ここでは、それらの要因に上手に対処し、収益を伸ばすための競争戦略について、ポーターが提唱する「3

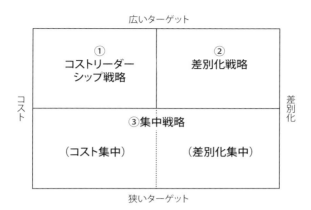

図7-26　3つの基本戦略

出所：M・E・ポーター著，土岐坤，中辻萬治，小野寺武夫訳『競争優位の戦略』ダイヤモンド社，1985年をもとに作成

つの基本戦略」を解説していく（図7-26）。

　ポーターは、業界の平均的な収益率を上回る企業がある一方で、それを下回る企業があるのはどうしてなのかという疑問を持ち、前者と後者の違いを徹底的に分析した。

　その分析から、競争優位の根底には、優れた顧客価値を創造することが大切であるという結論に達した。ここでの顧客価値とは、品質に対する価格の割合と考える。

　顧客価値＝品質／価格

　すなわち、品質が同じ製品であれば、当然のことながら、価格が安いほうが顧客価値は高いといえる。また、価格が同じであれば、品質の高いもののほうが顧客価値は高くなる。しかしながら、品質が悪ければ、価格がいくら安くても価値は高くならないし、品質が優れていても顧客が手を出せないほど価格が高ければ顧客価値は向上しない。セブン-イレブンが2013年から始めたコンビニコーヒー、セブンカフェはそこそこの品質のコーヒーをレギュラーサイズ100円で販売している。これは、他のコーヒーショップの半額で

同レベル以上のコーヒーを提供している。これは、上記の式でいえば、分母の価格を下げ、分子の品質を上げて、顧客価値を高めていることを意味している。セブンカフェが現在、好調なのも理にかなっており、肯けるであろう。

ポーターは顧客価値を上げ、好業績を上げている企業は、大きく分けて、次の3つの戦略のうちの1つをとっていると述べている。すなわち、「コストリーダーシップ戦略」「差別化戦略」「集中戦略」の3つである。それぞれの戦略を見ていくことにしよう。

①コストリーダーシップ戦略（Cost Leadership Strategy）

「コストリーダーシップ戦略」とは、他社が提供しているものと同様の商品やサービスをより安く提供することで顧客価値を上げるものである（図7-27）。

コストが低ければ、他社が利益を度外視して価格競争を仕掛けてきたとしても、競争上優位に試合を進めることができる。あるいは、買い手の執拗な値引き交渉にあったとしても、それに耐える体力を持つことができるかもしれない。低コストを実現するためには、規模の経済や経験曲線のメリットを活かすことができれば有利なため、一般的にはこの戦略にはそれらが使える大企業が有利であるといわれている。また、ここで忘れてはいけないのは、コストを削減することばかりに目がいってしまい、必要以上に品質やサービスの質を落としてはいけないということである。あくまで、他社より良質、あるいは同等の質を保ってこそである。「安かろう、悪かろう」では通用しないことを頭に入れておこう。

たとえば、現在の家具業界はIKEAや大塚家具、匠大塚など、激しい戦いが続いているが、その中でコストリーダーシップ戦略をとって成功していると考えられている企業にニトリが挙げられる。同社は、「お値段以上、ニトリ」のキャッチフレーズどおり、どの商品もそこそこの品質でお手頃な価格で提供している。このようにお手頃価格で良質の商品を提供できる大きな要因として、同社がSPA（製造小売業）であることが挙げられる。商品の企画、製造、販売までを自社で一貫して行うことで価格を下げることができる。そのため、同社ではPB（プライベート・ブランド）の比率が他社よりも高いのも特徴で

図7-27　コスト低減による低価格販売

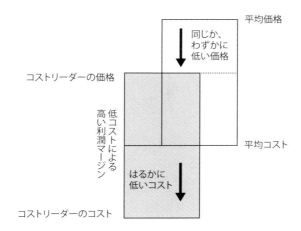

出所：S・P・シュナーズ著，内田学監訳，山本洋介訳『マーケティング戦略』PHP研究所，2004年

ある。

　また、コストリーダーシップ戦略と同じ概念に、マイケル・トレーシーとフレッド・ウィアセーマが提唱したオペレーショナル・エクセレンスがある。この戦略オプションは、価格の面で業界をリードするためのもので、間接費の削減に常に目を光らせ、余分な生産工程を排除しようと努める。その最終目標は、効率を上げて、販売価格を下げることである。ポーターやボストン・コンサルティング・グループ（BCG）のコンセプトと同様に、オペレーショナル・エクセレンスを追求する企業は価格を上げることではなく、コストを下げることで利益を生む。オフィス用品のステープルズ、ディスカウントストアのウォルマート、それにコンピュータのデルは、この価値領域に沿って成功している企業に数えられる。[*5]

[*5]　S・P・シュナーズ著、内田学監訳、山本洋介訳『マーケティング戦略』PHP研究所、2004年。

②差別化戦略

「差別化戦略」とは、自社の製品やサービスが他社のものとは違うことを明確にし、競争優位を獲得する戦略である(図7-28)。差別化における競争優位の源泉は、業界平均よりも高い価格で購入してくれる顧客にある。顧客がその差異を理解し、他社では得られない価値を感じれば、持続的にその製品やサービスを購入してくれるであろう。

差別化の方法は、いくつかあるがここでは主なものを5つほど紹介しておこう。

- i 製品設計やブランドイメージの差別化
  ⇒メルセデス・ベンツ、ルイ・ヴィトン、資生堂など
- ii テクノロジーの差別化
  ⇒キヤノン、コールマンなど
- iii 製品特長の差別化
  ⇒アップル、スターバックスなど
- iv 顧客サービスの差別化
  ⇒リッツ・カールトンなど
- v ディーラー・ネットワークの差別化
  ⇒トヨタなど

差別化がうまくいくと、5つの競争要因に打ち勝つことができる。顧客は差別化された製品やサービスのブランドを常に選択するようになり、価格の高低にはそれほど反応しなくなる。そのため、買い手の交渉力も弱め、高いマージン率を維持できる。なぜならば、買い手は他社から同じものを買うことができないからである。

加えて、差別化戦略をとって成功している企業は、製品を高価格で販売することができるので、無理して低コストを実現しなくてもよいのである。しかしながら、ここで注意しておきたいのは、高価格で売れるからといってコストのことをまったく無視してよいということではない。あくまでもコストを第一に考えなくてもよいということだけである。

図7-28　差別化戦略

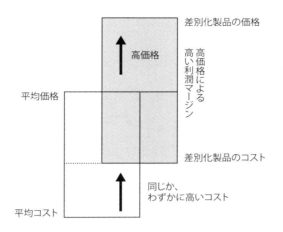

出所：S・P・シュナーズ著，内田学監訳，山本洋介訳『マーケティング戦略』PHP研究所，2004年

③集中戦略

「集中戦略」は、すべての顧客をターゲットにするのではなく、特定の顧客や市場をターゲットにして資源を集中させて効果を上げる方法である。すなわち、自社の経営資源にしたがい、競争優位が発揮できる特定市場に的を絞り、価値を提供していこうとするものである。価値を提供する方法は、前述したコストリーダーシップ戦略、差別化戦略と同じであるが、この戦略が前述の2つの戦略と異なるところは、狭めたターゲットに対して、その2つの戦略のいずれかをとっていくことである。ここで、コストリーダーシップ戦略をとった場合には「コスト集中戦略」、差別化戦略をとった場合は「差別化集中戦略」と呼ばれる。

「コスト集中戦略」は、ある特定の市場や顧客に対して、できる限りコスト削減を図り、競争力を強化するものである。徹底的にコストを切り詰め、米国国内のみで営業しているサウスウエスト航空はこの例にあてはまるであろう。

「差別化集中戦略」は、ある特定の顧客や製品、サービスに資源を集中させ、差別化を図ることである。たとえば、マンツーマンのウェイトトレーニング

図7-29　日本の主要証券会社の利益率と資産規模（1997年）

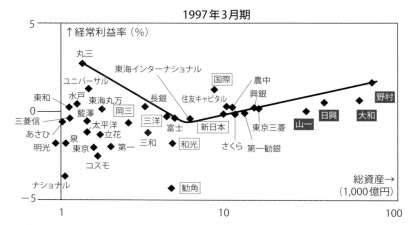

出所：堀紘一著『不況を勝ち抜く！』PHP研究所，1999年

中心のフィットネスクラブ、トータル・ワークアウトは六本木や渋谷に店舗を持ち、富裕層の顧客に対してアピールしている。最近の例であれば、RIZAPも同様に富裕層をターゲットにし、プライベートのトレーニングを売りにしている。

(2) トレード・オフの選択

　企業の「利益率」と「資産規模」にはおもしろい関係がある。図7-29は、「日本の主要証券会社の利益率と資産規模（1997年）」である。横軸に「総資産」、縦軸に「経常利益率」をとっている。

　図を見てみると、V字の右端に位置する4大証券（今はなき山一證券を含む）は規模の経済性を活かし、コスト削減を行うコストリーダーシップ戦略をとり、高い利益率を上げることができる。

　一方、左端に位置する丸三証券などの小規模の証券会社は、差別化戦略や集中戦略をとり、上記の大企業が入り込まない、あるいは入り込めない分野で勝負をしているため、資産規模が小さくても高い利益率を上げることができている。たとえば、左の真ん中に位置する藍澤証券は、日本人が熱狂する

以前から中国株をPRしており、大手証券の戦略とは一線を画していた。

戦略の実行

いくらすばらしい戦略を策定しても実行されなければ意味がない。戦略を実行するには、管理部門、財務部門、製造部門など、さまざまな部署の人たちが互いにコミュニケーションを深め、協力しあい目標を確認しながら日々意思決定していく必要がある。そのためには自社内の組織構造や意思決定ラインなども整っていなければならないであろう。戦略実行のための綿密なアクションプランを作るとともに、いま一度、事業ミッションを見つめ直し、ミッション達成のために組織一丸となって目標に向かって進んでいくことが必要となる。

フィードバックとコントロール

企業は戦略を実行することのみで満足してはいけない。その結果がどうなったのか、そして、順調に推移していない場合、どうすべきかを常に考える必要がある。うまくいっている場合でも、市場は常に変化している。小さな変化でも見逃さず、微調整を行うことで、企業は存続することができるのである。

演習問題

問題1．ビジネスにおいて使われる「戦略」「戦術」の違いを明確に述べよ。

問題2．経営理念の3つの概念、ミッション、ビジョン、バリューについて説明せよ。

問題3．パソコンメーカーにとって、スマートフォンの出現は「5つの競争要因」

の中のどれに該当するか。

問題4. マイケル・E・ポーターが提唱する「3つの基本戦略」に関する次の文章のうち、「コストリーダーシップ戦略」をとっている企業について述べたものはどれか。

A. 高級車のブランドイメージが強いBMW
B. 1個59円のハンバーガーを売り出したマクドナルド
C. 製品特長が際立つアップル
D. 富裕層に徹底したサービスを行うスイス銀行

演習問題解答

解答1. ビジネスにおいて使われる「戦略」とは、「自社が進むべき目的やビジョン（What to do）」である。それに対して、「戦術」は「その目的やビジョンを達成するためにはどのようにすべきかの方法（How to do）」である。

解答2. ミッションとは「使命」であり、会社や組織が「何のために存在しているのか」「何のために事業経営しているのか」という根本的な意義を表す。次のビジョンは、企業が目指す具体的な「将来像」であり、経営活動が5年後、10年後に「どのように実をならしていくか」を表すものである。3つ目のバリューは、「価値観」を意味している。企業が「どのような信条で活動を行っているのか」という姿勢を表すものである。

解答3. 代替品の脅威

解答4. B
解説　AのBMWは、ブランドイメージによって他社との差別化を図る「差別化戦略」をとっている会社である。また、Cのアップルは、製品特長によ

ってデルやマイクロソフトなどの競合他社と差別化を図っている「差別化戦略」をとる会社である。

また、ある特定の顧客や製品、サービスに集中して差別化を行うのは差別化集中戦略である。富裕層のみにプライベートバンキング業務等のサービスを提供しているスイス銀行はこの戦略をとっていえるであろう。したがって、正解はBとなる。

【参考文献】

Aaker, David A., *Developing Business Strategies*, John Wiley & Sons, 2001（今枝昌宏訳『戦略立案ハンドブック』東洋経済新報社、2002年）

Aaker, David A., *Strategic Market Management*, John Wiley & Sons, 1984（野中郁次郎、北洞忠宏、嶋口充輝、石井淳蔵訳『戦略市場経営』ダイヤモンド社、1986年）

Abell, Derek F., *Defining The Business: The Starting Point Of Strategic Plannning*, Prentice Hall, 1980（石井淳蔵訳『事業の定義』千倉書房、1984年）

Ansoff, H. Igor, *Corporate Strategy*, McGraw-Hill, 1965（広田寿亮訳『企業戦略論』産業能率短期大学出版部、1969年）

Barney, Jay B., *Gaining and Sustaining Competitive Advantage*, 2nd Edition, Pearson Education, 2002（岡田正大訳『企業戦略論』ダイヤモンド社、2003年）

Chandler, Alfred D. Jr., *Strategy And Structure*, MIT Press, 1962（三菱経済研究所訳『経営戦略と組織』実業之日本社、1967年）

Greenfield, Rebecca, "Yes, You Can Think Less of Steve Jobs for Not Being a Philanthropist—In truth, he could be doing a lot more," *Atlantic*, Aug 30, 2011

Hamel, Gary, C. K. Prahalad, *Compiting for the FUTURE*, Harvard Business School Press, 1994（一條和生訳『コア・コンピタンス経営』日本経済新聞社、1995年／日経ビジネス人文庫、2001年）

Henderson, Bruce D., *Henderson on Corporate Strategy*, The Boston Consulting Group, 1979（土岐坤訳『経営戦略の核心』ダイヤモンド社、1981年）

Jones, Patricia and Larry Kahaner, *Say It & Live It: The 50 Corporate Mission Statements That Hit the Mark*, Doubleday, 1995（堀紘一訳『世界最強の社訓』講談社、2001年）

Kotler, Philip, Gary Armstrong, and Naoto Onzo, *Principles of Marketing*, 14th Edition, Pearson Education, 2012（上川典子，丸田素子訳『コトラー，アームストロング，恩藏のマーケティング原理』丸善出版，2014年）

Kotler, Philip, G. Armstrong, *Principles of Marketing*, 9th Edition, Prentice Hall, Pearson Education, 2001（和田充夫監訳『マーケティング原理 第9版』ダイヤモンド社，2003年）

Kotler, Philip and Kevin Lane Keller, *Marketing Management*, 12th Edition, Prentice Hall, 2006（恩藏直人監修，月谷真紀訳『コトラー&ケラーのマーケティング・マネジメント 第12版』ピアソン・エデュケーション，2008年）

Levitt, Theodore, "Marketing Myopia," *Harvard Business Review*, July-Aug.（土岐坤訳「マーケティング近視眼」『ダイヤモンド・ハーバード・ビジネス』1982年2-3月号）

Milgrom, Paul and John Roberts, *Economics, Organization & Management*, Prentice Hall, 1992（奥野（藤原）正寛，伊藤秀史，今井晴雄，西村理，八木甫訳『組織の経済学』NTT出版，1997年）

Porter, Michael E., *Competitive Strategy*, Free Press, 1980（土岐坤，中辻萬治，服部照夫訳『競争の戦略』ダイヤモンド社，1982年）

Saloner, Garth, Andrea Shepard, and Joel Podolny, *Strategic Management*, John Wiley & Sons, 2001（石倉洋子訳『戦略経営論』東洋経済新報社，2002年）

Schnaars, Steven P., *Marketing Strategy: A Customer-Driven Approach*, 1991（内田学監訳，山本洋介訳『マーケティング戦略』PHP研究所，2004年）

Slater, Robert, *Jack Welch and the GE Way*, The McGraw-Hill, 1999（宮本喜一訳『ウェルチ――GEを最強企業に変えた伝説のCEO』日経BP社，1999年）

内田学編著『MBAエッセンシャルズ 第2版』東洋経済新報社，2008年

内田学編『MBA速習ハンドブック』PHP研究所，2002年

大滝精一，金井一賴，山田英夫，岩田智著『経営戦略――論理性・創造性・社会性の追求 第3版』有斐閣，2016年

大前研一著，田口統吾，湯沢章伍訳『ストラテジックマインド』プレジデント社，1984年

大前研一著『新装版 企業参謀』プレジデント社，1999年（講談社文庫，1985年）

大前研一著『新・資本論』東洋経済新報社，2001年

織畑基一著「企業の構造改革における『選択と集中』」『経営・情報研究』多摩大学研究紀要，2006年3月31日

川口健一著「牛丼三国志，新章へ——デフレ外食の象徴，牛丼3チェーンの新たな競争局面」JMR生活総合研究所，2014年

岸川善光著『経営戦略要論』同文舘出版，2006年

嶋口充輝著『統合マーケティング』日本経済新聞社，1986年

清水勝彦著『戦略の原点』日経BP社，2007年

土屋守章著「選択と集中——その歴史的考察」『経営戦略研究』2004年秋季号 Vol.2

土居弘元著『企業戦略策定のロジック』中央経済社，2002年

中島孝志著『「問題解決」ができる人できない人』三笠書房，2002年

日本経済新聞社編『キヤノン 高収益復活の秘密』日本経済新聞社，2001年

沼上幹著『わかりやすいマーケティング戦略 新版』有斐閣，2008年

野口吉昭編『ビジネス戦略の技術』PHP研究所，2002年

バルーク・ビジネス・コンサルティング編，内田学著『ステップアップ式MBA経営戦略入門』ダイヤモンド社，2005年

バルーク・ビジネス・コンサルティング編，野沢誠治著『MBAエッセンシャルズ マーケティング』東洋経済新報社，2003年

平井孝志著『戦略力を高める——最高の戦略を実現するために』東洋経済新報社，2010年

堀紘一著『不況を勝ち抜く！』PHP研究所，1999年

水越豊著『BCG戦略コンセプト』ダイヤモンド社，2003年

三谷宏治著『経営戦略全史』ディスカヴァー・トゥエンティワン，2013年

和田充夫，恩藏直人，三浦俊彦著『マーケティング戦略 第5版』有斐閣，2016年

アマゾン・ドット・コム Webページ

Google Webページ

セブン＆アイ・ホールディングス Webページ

ベン＆ジェリーズ Webページ

ヤフー Webページ

第8章 マーケティング
Marketing

この章のキーワード

- マーケティングの定義、マーケティングの位置づけ
- 生産志向、製品志向、販売志向、マーケティング志向、ソサイエタル・マーケティング志向
- マーケティング・プロセス
- 市場環境分析、市場の細分化、標的市場の選定、ポジショニング
- マーケティング・ミックス、製品戦略、価格戦略、プロモーション戦略、流通戦略
- コストに基づく価格設定、需要に基づく価格設定、競争に基づく価格設定
- 上層吸収価格設定、市場浸透価格設定
- プル・プロモーション、プッシュ・プロモーション
- 流通チャネルの階層
- 開放型流通チャネル政策、閉鎖型流通チャネル政策

この章で何を学ぶか

　どんなに良い製品やサービスを企業が考え、市場に投入したとしても、顧客に支持されなければ意味がない。セオドア・レヴィットは「製品は、売れなければ製品ではない。売れない製品は、単なる時代遅れの遺物である」と述べている。では、顧客から支持され続けるには何が必要なのだろうか。

　たとえば、顧客から長年圧倒的な支持を得ている製品に、アップルのスマートフォン「iPhone」がある。2007年に初めて市場に投入され、2017年に10周年を迎えた。毎年、新モデルが発売されるたびに、多くの顧客に支持されている。一方、携帯電話市場で一定の存在感があったNEC、パナソニック、東芝、カシオといった日本メーカーは、今はこの市場に存在しない。また、かつて世界を席巻したテレビ市場も、今ではサムスンやLGエレクトロニクスといった韓国メーカーの後塵を拝している。

　では、市場の中で競争に勝ち続けられなかったのは、日本の技術力が劣化したからであろうか。答えはノーである。技術立国として経済をリードしてきた日本だが、顧客に支持され続けるには、顧客のニーズに応え、顧客の期待する価値を常に考え、製品を市場に投入しなければならない。良いものを作れば売れる時代を長く経験したために、日本メーカーは顧客のニーズの変化に呼応できず、プロダクト・アウトの考えでものづくりを進めることが多かったのかもしれない。

　顧客の求めているものは、何も製品の本質的な機能の向上だけではない。使い勝手や利便性、デザインやカラー、持つことの喜びや精神的な充足などさまざまである。だからこそ、企業は変化する顧客のニーズを把握することからはじめ、顧客の顕在的なニーズばかりではなく、潜在的なニーズにも目を向けなければならない。つまり、マーケット・インの考え方で顧客に価値を提供し続けることが重要になる。そのためには、企業は顧客との良好な関係を構築し、常に顧客の期待する価値を提供する努力を怠ってはならないのである。

　しかしながら、顧客のニーズは多様であり、市場には多くの顧客が存在する。個々の顧客のニーズに一度で応えることは難しい。そこで、同質のニーズを持つグループに分ける市場の細分化やどの市場を狙っていくのかを考える標的市場の選定が必要であり、どのようなポジションで価値を提供すればよいのかを考える。それらを、マーケティング・ミックスで実現していくのである。こうしたマーケティングの流れを、この章では事例を交えながら学ぶ。

マーケティングの基本概念

マーケティングの定義

　マーケティングとは何かを考えるとき、アメリカ・マーケティング協会（AMA：American Marketing Association）では、「マーケティングは、個人や組織の目的を満足させる交換を創出するためのアイデア、財、サービスの概念形成、価格設定、プロモーション、流通を企画し、実行する過程である」（1985年）と定義されていた。そこでは、主体を個人や組織としているが、これは単にマーケティングが企業のみを対象にしているのではなく、対象が非営利組織などさまざまであることを意味している。実際に、病院や学校、役所など非営利組織でもマーケティング活動は行われている。たとえば、大学は学生に対して教育サービスを提供し、その対価として学生は授業料を納付しているし、病院は医療サービスを通じて、その対価として患者は医療費を支払っている。その中で、大学はより多くの優秀な学生を集めるにはどうすればよいのか、カリキュラムの改善、施設の拡充、学納金の検討、宣伝・広告計画などを考えている。病院は、的確な処方、治療成果の向上、診療科の再編、待ち時間の低減などを通じて、いかに短時間で痛みや苦しみを軽減させ、患者さんに満足してもらうかを考えている。このように、非営利組織でも顧客の期待する価値を提供し、顧客満足の観点からマーケティング活動が行われている。

　企業の場合で考えてみると、その目的は利益を上げることである。利益は最終目標ではなく、本来企業の目的は利益を上げることでそれぞれの事業を通じて社会に貢献しながら、持続的な成長を遂げていくことであろう。そのために、企業は顧客に対して製品やサービスを提供して、その対価（交換）を得ているのである。対価を得るためには、顧客にとって価値のあるものを

図8-1 市場に対する働きかけとマーケティングの考え

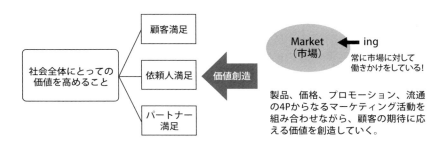

創出していく必要があり、そのために、どのような製品やサービスを顧客に提供すればよいのだろうか、それに見合う価格設定はどの程度なのか、それらをどのように顧客に伝えていけばよいのか、そして、どのように顧客に届けたらよいのかを考え実行する。それこそが、マーケティングである。

なので、言葉としてのMarketingを見ると、Market（市場）に向けて、常に企業はマーケティング活動を行い、どうすれば自社の製品を購入してくれるかを考えているのである。そのマーケティング活動を構成するのが、マーケティングの4Pと言われる、製品（Product）、価格（Price）、プロモーション（Promotion）、流通（Place）である。これが、マッカーシー（1960）の提唱した4つの頭文字Pから始まるマーケティング・ミックスであり、4つのPからなることが上述のAMAの定義にも組み込まれている。

その後、AMAもマーケティングの定義を何度か再定義（2004年、2007年、2013年）している。2013年には、マーケティングを顧客、依頼人（得意先）、パートナー、社会全体にとって価値のある提供物（商品やサービス等）を創造し、伝達し、配達し、交換するための活動である一連の制度、そしてプロセスであると定義している。ここでは、今までの定義に加え、社会全体にとって価値のあるものであることが強調されるようになっているのが特徴であり、社会性が重視されている。このように、今後はマーケティングも時代とともに、個々の満足追求から、価値創造によって結果的に社会全体を良くする活動へと変わっていくのであろう。

マーケティングの位置づけ

　マーケティング部門は、当初企業の中で製造部門や財務部門、人事部門などの主要部門と同等に考えられていた（図8-2①）。それが、やがて世の中にさまざまな製品が増え、需給のバランスが崩れると、どのように自社製品を販売していけばよいのかを考える部門の重要性が高まってくる。そこで、企業の中でもマーケティング部門が重視されるようになる（図8-2②）。それが、さらに高まるとマーケティングが企業活動の中心になり、企業活動全体を動かすようになる（図8-2③）。しかし、こうした流れに異論を唱え、あくまでも顧客が自社の製品やサービスを購入しているのだから、顧客を中心に考えるべきだということになる（図8-2④）。これが顧客中心主義であり、顧客のニーズに企業の各部門が応えるべきであるという考えである。

　こうした考えに呼応するためには、的確に顧客のニーズを把握することや企業の経営資源を有効かつ効率的に活用して、顧客に応えていかなければならない。となると、顧客を中心に据えつつも、顧客のニーズを把握し、企業の諸活動と効果的に結びつけていくためには、一定のコントロール機能を持つ部門がなければならない。それが、マーケティング部門ということになる（図8-2⑤）。企業におけるさまざまな諸活動は、それぞれの部門での志向性の違いからコンフリクトも起こる。たとえば、製造部門はコストをかけても高品質のものを作りたいだろうし、財務部門はコストを抑えたいだろう。人事部門はできるだけ多く営業部門に人を多く配置したいかもしれない。だからこそ、顧客ニーズを把握し、顧客満足につながるような価値を創造するための視点で各部門をコントロールしていくことが、マーケティングの大きな役割になる。

マーケティング・コンセプトの変遷

　マーケティングの基本的な考え方として、コトラー他（2000）は、以下の5つを挙げている。それらは、生産志向、製品志向、販売志向、マーケティ

図8-2　マーケティングの位置づけ

①企業の機能の一部分と考える

②マーケティングを重視する

③マーケティングを中心と考える

④顧客を中心と考える

⑤顧客を中心に考えながら顧客価値を具体化するためのコントロール機能を果たす
（顧客と各部門との仲介役）

出所：P・コトラー著，恩藏直人監修，月谷真紀訳『コトラーのマーケティング・マネジメント　ミレニアム版（第10版）』ピアソン・エデュケーション，2001年，p.34をもとに作成

ング志向、ソサイエタル・マーケティング志向である。

　生産志向（Production Concept）は、顧客の欲している製品の需要が供給を上回っているおり、企業は生産性の向上を図ることで、より多くの製品を生産し、それらを顧客の手に届くようにすることが重要だという考えである。つまり、大量生産・大量販売で供給を増やすことで、需給のバランスを調整するのである。生産量が増えれば、価格も下がり、顧客はその製品を購入しやすくなる。こうした状況を実現するために、広範な流通網を形成し、需要に応えていくのである。たとえば、自動車が販売され始めた黎明期にフォード自動車が製造していたT型フォード（1908～1927年）は、まさに上述のような形で、大量生産・大量販売で価格を下げ、多くの人にクルマを普及させた（1908年に850ドルだった価格を1924年には290ドルまで下げている）。このように、今までにはない新しいカテゴリーの製品が登場したときには大量生産・大量販売で価格を下げることは効果的だが、市場が成熟化してくると、既存製品では代替するものも多く存在するため生産志向で進めていくのは難しい。

　では、製品志向（Product Concept）はどうだろうか。製品志向では、消費者を次のように捉える。消費者は、より良い品質の製品を好み、より多くの有用な機能を持つ製品を望んでいる。したがって、企業は常に自社製品の改良を続けていくことが重要だという考えである。こうした考え方は、技術立国といわれる日本では特に強く、企業は常に高品質・高機能の製品を市場に投入することを目標にしていた。しかし、より高品質で高機能を備えた製品が、必ずしも顧客に支持されるとは限らない。たとえば、パソコンを見ても一時期は日本のパソコンメーカーは一定の存在感があり、ノートパソコン市場では東芝が世界一のシェアを誇っていたほどである。しかし、今では中国のLenovo、米国のHPやDell、台湾のASUSやAcerなどにシェアを奪われている。これも日本メーカーが、製品志向が強く、高品質・高機能に照準を合わせて、中～高価格帯のパソコンに経営資源を集中していたことが一因でもある。2001年頃からブロードバンドの普及によってインターネットの利用者が急拡大するとともに、顧客がパソコンに求めるものが変化してきた。ネットが見れればよいと考える顧客も多くなり、そこに品質や機能を絞った低価格

パソコンが現れ、パソコンのコモディティ化も進む。その中心に位置していたのが、品質と機能を絞って低価格戦略を展開していた上述のメーカーである。高品質・高機能を追求していた日本メーカーは市場の変化に呼応できずに市場シェアを落とし、業績を悪化させていく。このように、顧客は必ずしも常に高品質・高機能な製品を望んでいるとは限らないのである。

特に、製品志向の問題点は、技術が成熟段階に入ると製品のわずかな品質の向上にも多くの開発費がかかるが、それに見合うほどの顧客満足（価値）を生むことが困難になることである。そうなると価格だけが上昇し、差違を見出せないので、顧客が購入を控えてしまうのである。このように、プロダクト・アウトの考えで展開されるのが製品志向である。

販売志向（Selling Concept）では、供給が需要を上回るようになると、同類製品が多くなり、企業は何もしないと自社製品の目標販売量を実現できなくなる。そのため、顧客に対して自社製品を購入してもらうように積極的な働きかけをすることが重要だという考えである。つまり、売り込みを重視するのである。売り込みは、その場で何とか製品を押し込む形で販売するため、残念ながら長続きはしない。なぜなら、顧客が求める製品を提供することを主眼としているのではなく、あくまでも、企業が生産し売れ残っている製品などを無理に販売しているにすぎないからである。結果として、顧客の不満を生み、次の購買には結びつかない。さらに悪いことに、こうした結果を生むと周りにも伝播し、その顧客以外の購買行動にも影響を及ぼすことになる。このように、短期的には利益が上がっても、将来的には利益を損なうことになるので注意が必要である。たとえば、日本の生命保険会社は、かつて、自社の保険商品を購入してもらおうと顧客に対してかなり積極的なアプローチをしていた。短期的な成果を上げようとする押し売り型営業である。顧客に価値を提供するのではなく、頭を下げて何とか契約してもらう手法も多かったため、顧客は保険営業をしばしば避けていた。なので、顧客との良好な関係がなかなか築けない。そこに、プルデンシャル生命保険（米国）のような顧客に寄り添って、ニーズに合った保障プランを設計し、提案するライフプランナー制度で営業を展開する保険会社が現れる。そして、人生の良きパートナーとして個々のライフスタイルに合った保険という価値を提供し、販売

を伸ばしていくのである。まさに、販売志向からの脱却である。

　マーケティング志向（Marketing Concept）は、顧客のニーズやウォンツを捉え、それらに呼応する製品を提供することが重要だという考えである。今までは、顧客はこうした製品を欲しているはずだと考え、企業側の視点で製品が作られていた。こうしたプロダクト・アウトの考えで多くの製品開発も行われていた。しかし、顧客を熟知しなければ、顧客の満足する製品は提供できない。だからこそ、顧客に近づき、顧客のニーズやウォンツを探ることが重要なのである。これが、マーケット・インの考え方で、それを実践するのがマーケティング志向の企業である。それらの企業では、専門部署を組織化し、顧客のニーズの探索に多くの時間と費用を割いている。こうして、顧客のニーズに呼応した製品を投入することで、顧客の満足度は向上し、顧客との良好な関係が構築できる。そうなれば、企業や製品に対するロイヤルティが高まり、継続的に自社製品を再度購入してくれる可能性が高まるのである。これが、企業の持続的な成長へとつながっていくことになる。

　ソサイエタル・マーケティング志向（Societal Marketing Concept）は、マーケティングの定義（2013年）でも示されているように、社会全体にとって価値ある提供物を創造することが重要であるという考えである。つまり、顧客志向を主としていたマーケティングから、一歩進んで、企業が顧客のニーズに合致した価値を提供するばかりではなく、企業の社会的責任（CSR：Corporate Social Responsibility）を果たしつつ、持続可能な社会（Sustainable Society）を実現するために環境等にも配慮し、お互いに最善を尽くすマーケティングである。したがって、短期的に顧客への満足が満たされても、それによって仮に環境等が大きく破壊され、将来に多大な影響を与えるようなことであれば避けることも考える。長期的には、それは社会にとっても顧客にとってもマイナスになるからである。

　たとえば、住宅を建築しているハウスメーカーは、多くの木材を使用している。木材の伐採によって森林の減少、環境保全の面でも負荷がかかる。そこで、各社は代替材の開発や再生事業を展開している。ミサワホームは、省資源、木の代替材、リサイクルという3つのテーマをもとに「M-Wood」という製材で出る端材などを再利用してつくられた新素材を開発した。しかも、

図8-3 マーケティング・コンセプトとバージョンの関係

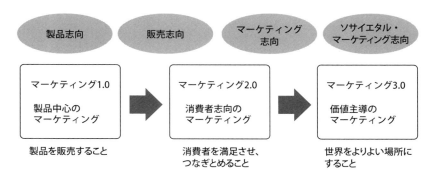

出所：P・コトラー，H・カルタジャヤ，I・セティアワン著，恩藏直人監訳，藤井清美訳『コトラーのマーケティング3.0——ソーシャル・メディア時代の新法則』朝日新聞出版，2010年，p.19をもとに作成、一部加筆

　この素材は、本来の木材より耐久性、耐水性などに優れ、ねじる、曲げるも容易にこなす天然木を超える高品質と高性能を実現している。また、住友林業は、住宅建築で使用した分の木を植え、育む「保続林業」の理念のもとに計画的な森林経営で、環境保全に力を入れつつ持続的な企業活動に取り組んでいる。このように、多くの企業はもともと社会の資源を活用して、企業活動を行っているので、環境保全、社会貢献を考えながら、企業も持続可能な社会を実現できるように社会的責任を果たしているのである。最近では、こうした企業を応援していこうとする顧客も増えているので、企業の売上にもつながっている。

　フランスのミネラルウォーター「ボルヴィック」は、2007年「1ℓ for 10ℓプログラム」を始めた。これは、ボルヴィックのミネラルウォーター1ℓを購入すると、深刻な水問題に直面しているアフリカのマリ共和国に清潔で安全な水をユニセフ（国際連合国際児童緊急基金）を通して10ℓ提供するための支援プログラムである。この運動は、2007年から2016年まで10年間実施され、総計で50億3681万7768ℓの綺麗な水が供給された。この間、約5億ℓのボルヴィックが購入され、約50億ℓもの綺麗な水がこのプログラムによって生まれたことになる。こうした取り組みの特徴は、企業ばかりではなく、企業が行う社会貢献活動に賛同し、顧客も一緒になって協働し、社会に役立

つことを進めていることである。このような考え方は、コトラー他（2010）の提唱するマーケティング3.0にもつながっていく。

マーケティング・プロセス

マーケティング・プロセスの流れ

　マーケティング・プロセスでは、図8-4のように、マーケティングを実際に進めていくための過程を表している。最初に行うのが、マーケティングの機会分析であり、時代とともに変化する市場環境を正確に把握し、分析することから始める。ここでは、外部環境分析と内部環境分析とがある。外部環境分析では、自社を取り巻く市場環境を見ることで自社にとっての機会と脅威を明らかにし、内部環境分析では自社の内部の状況や競合他社との相対的な関係などから、自社の強みや弱みなどを発見し、機会を探っていく。こうした分析をもとに、市場の細分化、標的市場の選定、ポジショニングと続くわけである。そして、それらをもとに、製品戦略、価格戦略、プロモーション戦略、流通戦略を組み合わせたマーケティング・ミックスの立案につなげ、実行計画をもとにマーケティング活動を実施する。そして、結果をしっかりと評価・検証することで次の改善へとつなげていくのである。

マーケティングの機会分析

　マーケティングの機会分析では、外部環境分析と内部環境分析を行う。外部環境分析は、主に顧客の購買環境に影響を与えるマクロ要因を見ていくことになる。その主たる要因を網羅的に見ていくために、政治（Politics）、経

図8-4 マーケティング・プロセスの流れ

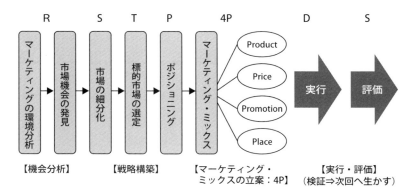

出所：バルーク・ビジネス・コンサルティング編，高瀬浩著『ステップアップ式MBAマーケティング入門』ダイヤモンド社，2005年，p.41に加筆

済（Economy）、社会（Society）、技術（Technology）という4つの側面で分析するのがPEST分析である。

　政治的要因は、新たな規制強化や規制緩和、税制の変更等で、対象となる市場のルールそのものが大きな影響を受けることである。たとえば、ビール業界では、酒税法の改正で発泡酒や第三のビールの税率も変更され、ビール系アルコール飲料の税率は一本化される。となると、廉価なビール系アルコール飲料として販売が好調であった第三のビールもビールの実質販売価格との差違が縮小し、かつ、人気の缶チューハイとも価格差が開き、販売に影響を受けることが予想される。逆に、缶チューハイ市場にとってはさらなる市場拡大の機会ともいえる。そこで、日本コカ・コーラはこの市場に2018年5月、「檸檬堂」というブランドで新たに参入した（九州での限定販売で全国販売は未定）。また、酒税法の改正ではビールの定義が麦芽67％以上から50％以上に下がることと副原料として果実や香辛料を加味することも可能になり、ビール各社は今までにない新たなビールを出すことが可能になる。このように、政治的要因によって、対象となる市場は大きな影響を受けるからこそ、政治の動向を把握することは重要なのである。

　経済的要因は、景気の動向や株価・為替・物価の変動等で、対象となる市

場に価値連鎖を起こすものである。たとえば、景気の良いときには、一般的に外食産業は好調に推移するが、景気が悪いときは、家計に節約志向が働き外食を抑える傾向にある。また、百貨店の売上やマンションの販売動向も景気や株価の変動等に左右されやすい。株価が上昇してくると、多くの株を所有している顧客は含み資産が増大し、百貨店での高額商品の売上が伸びる。このように、経済的要因も多くの消費行動に連鎖している。

社会的要因は、少子高齢化や女性の社会進出、晩婚化など社会状況の変化やライフスタイル、価値観など意識の変化で、ある市場に影響を与えることである。こうした社会の変化によって既存のサービスの増大や新たなサービスが生まれている。たとえば、女性の社会進出拡大に伴って、保育サービスや家事代行サービスの需要が増大しているし、健康志向の高まりで、スポーツジムやヨガスタジオなどの需要も高まっている。このように、社会の変化によって顧客のニーズも変化していくのである。

技術的要因は、製品開発や生産工程、流通構造、販売手法、マーケティングなどに関わる新たな技術や技術の進化で、既存の仕組みなどを変えてしまうことである。今、さまざまな分野で新しいイノベーションが起こっており、製品開発の分野やビッグデータを活用したマーケティング活動でも大きな影響を受けている。たとえば、かつて音楽はCDを購入して楽しむものであったが、今では、アップルのiTunes等で自分の好きな曲を1曲ずつ購入し、圧縮ファイルにして何千曲、何万曲といった形で音楽を持ち歩いている。そして、通信技術の向上によって移動通信規格も3G（第三世代）から4G（第四世代）、そして5G（第五世代）へと大幅な進化を遂げようとしている。このように、高速大容量通信も可能なネット環境が整うことで、スマートフォンなどを利用した定額制による音楽配信サービスApple Music、LINE MUSIC、Google Play Musicなどや映像配信サービスAmazon Prime Video、Netflix、Huluなどの普及も進んでいる。こうした状況は、技術の進化なしには実現しない。逆に言えば、技術の進化によって、市場に今までにない新たなサービスが生まれたのである。

このように、政治や経済、社会、技術の変化によって、既存の製品やサービスのあり方も変えてしまうことがある。だからこそ、外部環境の変化には

注意しなければならないのである。と同時に、自社だけではその変化を食い止めることは困難なため、それらの変化に呼応することが求められる。つまり、外部環境は自社ではコントロールできないので、外部環境分析は企業にとっても必要不可欠なのである。

　内部環境分析は、自社の内部を評価することになる。内部環境分析は相対的な自社の強みと弱みを発見することで、市場機会を探ることを目的としている。なので、客観的に自社の市場での地位（リーダー、チャレンジャー、フォロワー、ニッチャーなどで戦い方が異なる）、顧客から見たブランド・イメージ（想起されるイメージを変えるには時間が必要になる）、商品力（商品そのもので勝負できるのか、価値を訴求できているのか、価格で勝負すべきなのか）、技術力（他社には模倣できないものはあるのか、優位性を保持できるのか）、販売力（流通チャネルなどがしっかりと構築できているのか、営業力があるのか）、収益力（過去3年くらいの数字を見て他社との勝負に勝っているのか）、経営資源（自社の人材、設備、資金力などに優位性はあるのか）などさまざまな角度から見ることになる。ここでは、相対的な評価も必要なので、競合分析も加味しながら行うとよい。

　こうして、外部環境分析と内部環境分析を行うことで、最大の市場機会を発見していくのである（その他の5つの競争要因分析やSWOT分析等は、第7章の「経営戦略」p.298〜308に詳述しているので参照のこと）。

マーケティング戦略の構築

市場の細分化（セグメンテーション／Segmentation）

　市場には、多種多様なニーズが存在している。それらすべてのニーズに個

表8-1　市場を細分化するための主なセグメンテーション変数

地理的変数	
地域	関東、関西、北海道、九州など
人口密度	5,000人未満、5,000～2万人未満、2万～5万人未満、5万～10万人未満、10万～25万人未満、25万～50万人未満、50万～100万人未満、100万～400万人未満、400万人以上
都市または都市部	都市圏、郊外、地方
気候	太平洋側、日本海側など

人口統計的変数	
年齢	10代以下、20代、30代、40代、50代、60代以上
性別	男性、女性
世帯規模	1人、2人、3～4人、5人以上
家族構成	若い独身者、若い既婚者で子供なし、若い既婚者で末子が6歳未満、若い既婚者で末子が6歳以上、年配の既婚者で子供あり、年配の既婚者で18歳未満の子供なし、年配の独身者、その他
収入	年収500万円未満、500万～1,000万円、1,000万円以上
職業	専門職および技術職、管理職・役員・経営者、事務員および販売員、職人、職工長、熟練工、農業従事者、退職者、学生、主婦、無職
学歴	中卒以下、高校中退、高卒、大学中退、大卒、大学院卒

心理的変数	
ライフスタイル	保守的な常識家、先端を行く指導者タイプ、芸術家タイプ
パーソナリティ	衝動的、社交的、権威主義的、野心的
価値観	革新創造派、伝統尊重派、伝統派アダプター、社会達成派、社会派アダプター、自己顕示派、自己派アダプター、同調派、雷同派、つましい住民派

行動的変数	
使用機会	日常的機会、特別な機会
ベネフィット	品質、サービス、経済性、迅速性
ユーザーの状態	非ユーザー、元ユーザー、潜在的ユーザー、初回ユーザー、レギュラーユーザー
使用頻度	ライトユーザー、ミディアムユーザー、ヘビーユーザー
ロイヤルティ	なし、中程度、強い、絶対的
購買準備段階	認知せず、認知あり、情報あり、関心あり、購入希望あり、購買意図あり
製品に対する態度	熱狂的、肯定的、無関心、否定的、敵対的

出所：バルーク・ビジネス・コンサルティング編、野沢誠治著『MBAエッセンシャルズ　マーケティング』東洋経済新報社、2003年、p.69に一部加筆

別に対応することは困難である。しかしながら、市場を細分化することによってより顧客のニーズに合致した製品やサービスを有効に提供することが可能になる。そこで、大きな市場をいくつかの市場に分けることになる。その際に、顧客の持つさまざまなニーズを同質のニーズを持つグループに分けることが市場の細分化である。市場の細分化をする際には、表8-1にあるような変数を使って、グループ化していく。この際、年齢や性別、家族構成、収入、地域などの人口統計的変数や地理的変数で分ける方法が以前は多く使われていたが、最近では、興味・関心、価値観、ライフスタイル、製品関与、使用頻度などの心理的変数や行動的変数が使われることも多くなっている。前者と後者の大きな違いは、前者は、客観的な変数なのでターゲットボリュームをたやすく把握することが可能であるが、後者は顧客の主観的な変数であるため、それなりの市場調査が必要になる。

また、市場の細分化では、より同質性を高めるために市場を細分化しすぎるとターゲットとなる市場の規模が当然のこととして小さくなる。つまり、市場の細分化をより細かくしていけば、顧客のニーズにより応えることにつながるが、全体の売上規模は小さくなっていく。こうした関係をトレード・オフ（Trade off／何かを得ようとすると何かを犠牲にすること）という。したがって、トレード・オフの関係も考慮しながら、市場の細分化を考えなければならない。

標的市場の選定（ターゲティング／Targeting）

細分化された市場の中でどの市場を狙っていくのか、それを決めるのが標的市場の選定（ターゲティング）である。ターゲティングの基本は、細分化された市場のどの市場を狙っていくかを決めることである。市場を選定する際に、重要なことは自社の強みを生かせる市場を選定することである。また、選定した市場が今後も成長の可能性を持っているか、その市場の中で充足されていない何らかのニーズがあるか、などを考えながら標的市場を選定する必要がある。

また、戦略上は、企業の規模によってもその考え方は異なる。たとえば、

自動車業界でいえば、トヨタ自動車のように十分な資金力を持っている企業は、細分化された市場に合わせて、それぞれの市場に合った製品を投入し、それぞれに合わせたマーケティング戦略をとることができる。このように複数のセグメントに複数の製品やサービスをそれぞれ異なった戦略で攻めていくマーケティング手法を差別型マーケティングという。ただし、スズキやスバルのように、資金力に劣るメーカーは、そうはいかない。したがって、自社の強みを考えながら自社の攻める標的市場を決めていくことになる。たとえば、スズキは、軽自動車を中心としたコンパクトカー市場を主戦場にし、スバルは、自社の強みを生かしたアウトドア向きの4WDツーリングワゴンやSUVを主として販売し市場を攻めている。このように、自社の強みを生かしながら特定のセグメントに絞り、その市場に最も適した戦略で攻めていくことを集中型マーケティングという。その他にも、セグメントを意識せずに、市場のすべてに攻めていく無差別型マーケティングもある。

　標的市場の選定においては、注意すべき点がいくつかある。一つは、市場の規模や成長性を考えることである。自社の強みを生かせる市場だとしても、市場規模があまりにも小さければ、ビジネスとしては成立しないし、その市場が年々縮小している市場であれば、企業の持続的成長の観点でいえば問題がある。もちろん、成長している市場は、その成長度が高ければ高いほど他社にとっても魅力ある市場なので新規参入業者も多く競争も厳しくなる。したがって、その市場で一定のシェアを獲得するには、競争を勝ち抜くためのマーケティング費用もかさむことになる。つまり、収益面では、一定のシェアを確保したとしても安泰ではなく、市場の成長が続く限り常に厳しい競合関係が存在し、収益面でも影響を受ける（第7章「経営戦略」p.285〜289のPPMの項参照のこと）。こうした点も、標的市場の選定の際には考慮に入れる必要がある。また、自社の強みが他社にはすぐに真似のできない特異な技術等を持っていて、一定の期間優位性を発揮できるコア・コンピタンス（企業の中核的能力）を生かせるような市場を選定することも重要である。

　加えて、選定した標的市場の中にできれば充足されていないニーズがあるとそれらを満たすことで顧客に支持される場合が多い。概して、成熟市場では充足されていないニーズは、それを実現することが困難な場合や満たすこ

とで価格等との関係でトレード・オフが生じることが多いからである。

その他にも、市場がある企業の製品で寡占化されているような場合には、新たにその市場に参入しても成功する可能性は極めて低い。それは、その市場における大きな優位性をすでに他社が持っていることに加え、ブランドとしての想起性が高く、製品カテゴリー＝その企業の製品ブランドになっているからである。たとえば、コーラ市場におけるコカ・コーラが代表的な例である。

ポジショニング（Positioning）

ポジショニングは、ターゲティングで選定した対象となる市場で、自社の製品やサービスを最も有利になるように位置づけることである。顧客は、製品やサービスを購入する際、さまざまな観点を考慮に入れて購入している。品質、価格、デザイン、機能性、大きさ、重さなどさまざまである。その中で、選択の際に重要と思われる2つのことを2軸のポジショニング・マップで表し、自社製品と他社製品の位置を見ていくことになる。そこで重要なのは、いかに他社製品と重なり合わない位置づけをし、自社の優位性を確保できるかである。そのために、顧客が求める選択の際に重要と思われるいくつかの軸の中から自社にとっていかに有利な軸を探すかがポイントとなる。有利な軸の組み合わせで自社の位置づけができたら、しっかりとそのポジションを伝えていくことが必要になる。そして、企業の考えるポジションと顧客が知覚するポジションを合致させることを目指して、マーケティング・ミックスにつなげていくのである。つまり、マーケティング・ミックスはポジショニングによって方向づけられるため、マーケティング・プロセスの中でもポジショニングは非常に重要な過程なのである。

たとえば、外資系ホテルの中でも最高級ホテルに位置づけられるザ・リッツ・カールトン東京は、2007年開業時どのようにポジショニングによってマーケティング・ミックス（Product：製品、Price：価格、Promotion：プロモーション、Place：流通／ここでは立地で考える）を方向づけてきたか具体的に見てみよう。

製品は、ホテルで考えると客室になる。この客室で見てみると、帝国ホテルのスタンダードルームの広さは31㎡であるが、ザ・リッツ・カールトン東京の客室の広さは52㎡であり、帝国ホテルより約20㎡も大きい。

　価格は、ホテルの象徴となる一番高いスイートルームで比較すると、帝国ホテルの一番高いスイートルームは「インペリアルフロア　スイート」で1泊100万円（税・サービス料別）だが、ザ・リッツ・カールトン東京の「ザ・リッツ・カールトンスイート」は200万円（税・サービス料別）だ。このように、明らかにポジショニングの違いを客室と価格で表しているのである。その後、帝国ホテルもインペリアルフロア　スイートを改装して2015年に同価格の200万円まで引き上げている。

　プロモーションは、ともにマスメディアを使用した広告はほとんどしていないので、帝国ホテルは省略するが、ホームページ上でトップ画面に以前に出ていたザ・リッツ・カールトン東京を見てみるとホテル正面の車寄せに1台の高級車が停まっている。その車は、ベンツでもBMWでもなく、量販車では世界最高級の自動車と言われるロールスロイスで、ナンバープレートを見ると4つの数字すべてを縁起の良い数字8で揃える徹底ぶりである。

　立地は、帝国ホテルは120年を超える由緒あるホテルなので日比谷公園の前という好立地に位置する。大都市東京では、これ以上のロケーションをザ・リッツ・カールトン東京も確保できない。2007年に大阪で誕生し、成功したザ・リッツ・カールトン・ホテルではあったが、東京進出には10年の月日を要している。そして、2017年にサンシャイン60（240m）を抜いて東京一高い建物として誕生した六本木のミッドタウン・タワー（248m）の上層階にオープンしたのである。ここでも、高さで立地としての最高にこだわっている。こうしたロケーションのこだわりは、その後2014年に進出した京都でも同様である。ザ・リッツ・カールトン京都は、鴨川のほとり、東山三十六峰を一望できる京都を代表する最高の好立地に位置している。このように、ポジショニングはその後のマーケティング・ミックスを方向づけていることが上述の例でもよくわかる。

　ここで一つ気をつけなければならないのは、顧客が持つ自社のブランド・イメージである。いくら、自社が高品質・高価格帯の市場を狙ったとしても、

異なるブランド・イメージが顧客に根付いているとなかなかうまくはいかない。たとえば、カシオが腕時計市場に参入した時で考えてみよう。それまで腕時計は時計店や百貨店の時計コーナーでショーケースに入れられて販売されていた。カシオは、それをもっと手軽にTPOに合わせて腕時計も付け替えるものにしようと廉価な腕時計を吊るしの形で販売したのである。こうした形でカシオの腕時計は当初販売されていたため、廉価な腕時計というブランド・イメージが定着していた。その後、G-Shockのヒットによって、堅牢な腕時計のイメージが加わっていったが、高級なイメージはなかった。その中で、2004年にフルメタル・クロノグラフ電波ソーラー腕時計「OCEANUS」（オシアナス）という新たなブランドを立ち上げ、カシオの最上位に位置する腕時計として販売したのである。ただ、セイコーやシチズンのようなブランド力はないため、すぐに高価格帯での販売はせず、当初販売されたモデルOCW-500TDJ-1AJFは定価6万円（税別）であった。その後、徐々に価格帯を引き上げ、2007年モデルのOCW-S1000J-1AJFは10万円、2014年モデルのOCW-G1000-1Aは20万円、2018年モデルのOCW-G1100C-7AJFは30万円といった具合である。このように、時間をかけて品質も高めながら顧客の持つブランド・イメージを徐々に変えていったのである。

マーケティング・ミックスの立案

製品戦略

　製品とは、コトラー他（2012）によると「顧客のニーズを満たす便益の束であり、市場に提供されることで注目、取得、利用あるいは消費されるすべてのもの」と定義されている。有形製品ばかりではなく、広義の意味では、

図8-5 製品の階層性

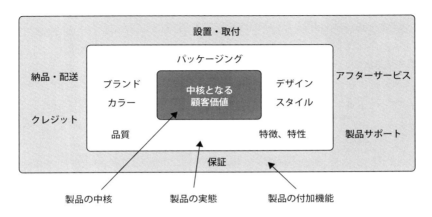

出所：P・コトラー, G・アームストロング, 恩藏直人著, 上川典子, 丸田素子訳『コトラー, アームストロング, 恩藏のマーケティング原理』丸善出版, 2014年, p.171をもとに作成, 一部加筆

無形のサービスも含まれる。たとえば、サービスは、旅行、ホテル、小売り、外食、金融、IT、教育など幅広く、経済活動におけるサービスの比重も高まっている。

では、製品はどのような構造になっているのだろうか。実は、製品は大きく3つの階層に分かれる（図8-5参照）。まず、一番中心にあるのが、製品の中核・コアの部分（本質的な機能を満たす部分）である。これは、顧客が製品を購入する際に求めている機能である。たとえば、顧客が冷蔵庫を購入する際には、食品を保冷する機能を冷蔵庫に求めているため、保冷がしっかりできない冷蔵庫は購入しないし、部屋を冷やすことができないエアコンは購入しない。このように、企業が本質的に顧客の求める価値を提供している部分である。そして、その製品の中核の外側にあるのが製品の実態（表層的な機能を満たす部分）で、デザインやボディカラーなど、顧客が本質的に製品に求めるものとは異なる機能である。ただし、この部分が重要ではないかというと決してそうではない。

実は、製品の本質的な中核をなす部分は、製品に絶対になければならない機能ではあるが、成熟市場では多くの製品でその充実度はすでにP点（これ

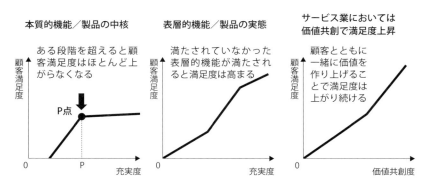

図8-6 製品の中核・実態の充実度と顧客満足度の関係

出所：嶋口充輝著『顧客満足型マーケティングの構図――新しい企業成長の論理を求めて』有斐閣，1994年，p.68をもとに作成，一部加筆（「サービス業においては価値共創で満足度上昇」は筆者作成）

以上本質的な機能を上げても顧客の満足度はほとんど上がらなくなる分岐点、図8-6参照）に達している。したがって、本質的な機能の充実をさらに図ってもかかるコストに見合う分の顧客満足度上昇にはつながらないのである。では、製品の実態を表す表層的な機能はどうだろうか。実は、表層的な機能は、その充実度が増せば増すほど顧客満足度の上昇につながる。たとえば、製品におけるカラーバリエーションが増えると自分の好きなカラーが販売されるかもしれない。すると、今までカラー選びで我慢していた顧客であれば、その製品に対する満足度はさらに上昇するであろう。実際に、クルマでいえば、コンパクトカーのボディカラーのバリエーションは、各社ともに10色以上の色を揃えている。クルマ本来の本質的な機能である、「走る、曲がる、停まる」といった本質的な機能を前面に打ち出しているメーカーは今はない。このように、成熟市場では本質的な機能の充実よりも表層的な機能の充実を図ったほうが実は効果的なこともある。たとえば、高等教育の場である大学で見てみると、製品の中核である本質的な機能は充実した授業の提供であろう。しかし、受験する高校生たちは、授業の中身以外でも施設の充実や面倒見の良さなども大学選びの基準にしている。こうなると、製品の実態ばかりではなく、製品の付加機能まで大学も考えなければならない時代が来ている。

　こうした顧客の考える製品の階層性を深く理解している企業がある。それ

が、ジャパネットたかたである。ジャパネットたかたはテレビショッピングで業績を大きく伸ばしてきた企業であるが、それを見るとよくわかる。まず製品の中核となる本質的な機能を、時間をかけてしっかりと説明した後、製品のデザインやカラーなどの製品の実態についても顧客にわかりやすく伝え、パソコンなどはプリンターやデジタルカメラとセット販売し、インターネットの接続設定、使い方がわからないときの電話のサポートまで含めたアフターサービスもパッケージされている。そのうえ、分割払いで金利手数料はジャパネットたかたで負担してくれる。こうしてみると、製品の階層性のそのほとんどすべてをジャパネットたかたが提供していることがわかる。このように、製品の階層性を理解することは、企業の競争優位を築くうえでも重要なことなのである。

価格戦略

　価格設定（Pricing）の基本的な考え方には、大きく3つある。製品の原価を計算し、それに基づいて一定のマージンを加える形で価格を決める「コストに基づく価格設定」、市場の需要動向を見ながら利益を最大化させるような形で価格を決める「需要に基づく価格設定」、類似する競合他社の価格設定を考慮しながら価格を決める「競争に基づく価格設定」である。

　コストに基づく価格設定では、一般的にかかる原価を計算しコストに一定のマージンを加えるため、製品が売れれば利益が上がるように価格設定される。競争力のある魅力ある製品やサービスでは、こうした価格設定が可能になる。そのためには、製品の設計段階から、顧客にとっての価値を最大限発揮できるように組み込んでおかなければならない。顧客にとっての価値とは、基本的に顧客が得られる効能と顧客が支払う価格とによって決まる。したがって、高価格で設定しようと思えば、徹底的に品質にこだわるとか、他社には真似のできない特異性を持つようにして、かかるコストに一定のマージンを加えても魅力ある商品になるように設計しなければならないのである。また、商品のカテゴリー上、低価格で設定せざるをえない場合には、かかるコストを抑える仕組みを考えておかなければならない。たとえば、製造コスト

の削減のために、素材の変更や部品点数の削減などを考慮に入れる必要がある。

　需要に基づく価格設定では、顧客の需要動向を考慮しながら価格を決めるため、顧客にとっての価値を基準に考える。つまり、この製品でこの価格なら顧客は購入してくれるだろうと思われる価格で設定されるのである。したがって、コストに基づく価格設定とは異なり、必ずしも利益が上がる価格設定になるとは限らない。たとえば、コストがかなりかかっていたとしても、顧客にとっての相応の価値がなければ、安価な価格を設定せざるをえない。顧客にとっての価値とは、単に本質的な機能の高低だけではない。たとえば、高いブランド力のある製品は、仮に他の同類製品とほとんど品質に差違がないとしても、そのブランド力によって顧客にとっての価値は高いため、高価格でも購入してくれる。となると、需要に基づく価格設定では製品における階層性も考えながら、価格弾力性（価格の変動によって売上がどのくらい変動するかを見るもの）をもとに目標とする需要を引き出すには、どのくらいの価格設定が望ましいかを決めていくのである。また一気に需要を引き出したいなら、価格をできるだけ安価に抑えれば、価格弾力性の大きな製品は、売上が増大する。逆に、価格弾力性の小さな製品は、価格を下げてもあまり需要が伸びないことになる。

　競争に基づく価格設定では、類似する競合他社の価格を参考にして価格が決められるため、必ずしも期待する利益が得られるような価格設定ができるとは限らない。基本は、市場で良く売れている類似製品を基準に、自社製品の魅力度やブランド力を加味して価格を決めるために、場合によっては原価を割る価格で販売されることもある。たとえば、液晶テレビ市場では、サムスンやLGエレクトロニクスといった韓国メーカーが世界市場を押さえており、日本メーカーは韓国メーカーの価格を参照しながら価格設定をせざるをえない。なので、多くの日本メーカーは、テレビ事業で赤字が続いていた。特に、加味されるべきブランド力においても、かつてソニープレミアム（ソニーというブランドがついているだけで他社よりも高くても売れるという価値）という言葉もあったソニーをはじめ、日本メーカーは今では、サムスンにブランド力でも後塵を拝している。

では実際に、競争に基づく価格設定はどのようになっているかを自動車の車両価格で見てみよう。たとえば、コンパクトカーで比較してみると、排気量1300cc前後の主力グレードでは、現在一番高い価格設定がされているのは、実はトヨタではなく、このクラスで一番売れている日産のノートである。次に売れているのは、ホンダのフィットであるが、前年から販売台数を落としているので、少しでも価格を抑え競争に勝つためにヴィッツよりも安価な価格設定がされている。さらに、販売台数では4番手に位置するマツダは、販売台数も上位3社に大きく水をあけられ、かつ前年からの落ち込みも4社の中で一番大きい。こうしたことを考えると、価格を最大限下げて販売せざるをえない。このように、同類製品の競争状況を見ながら、価格設定しているのが、競争に基づく価格設定である。

　　日産／ノート1.2X………152万3880円／13万6324台（前年比98.1％）
　　トヨタ／ヴィッツ1.3F…148万1760円／8万7299台（前年比96.7％）
　　ホンダ／フィット1.3G…142万8840円／9万7209台（前年比92.6％）
　　マツダ／デミオ1.3C……139万3200円／4万8182台（前年比97.7％）
　　＊日産ノートのみ1300ccがないため1200ccで比較。価格は2019年3月現在の税込車両価格、台数は2018年車種別年間販売台数。

新製品の価格設定

　新製品を市場に投入する際の価格設定には、上層吸収価格設定と市場浸透価格設定という2つの設定方法がある。

　上層吸収価格設定（Skimming Pricing）は、他社とは明らかに異なる特異な技術や機能などを備えた新製品に対して、市場に投入する導入期から高価格をつけ、高水準で利益を確保しようとする価格戦略である。ここで重要なことは、特異性が強くても、それがターゲットとする顧客の求めているものでなければならない。つまり、他社とは異なる特異性を備え、顧客にとって魅力ある製品であることが必要になる。したがって、こうした製品には今まで実現したくてもできなかった顧客の充足されていないニーズに応えているものが多い。そして、他社が容易に同類製品を市場に投入できないことも上

図8-7　上層吸収価格設定における価格とコストの関係

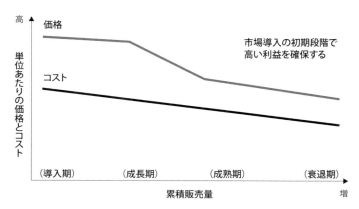

出所：バルーク・ビジネス・コンサルティング編，高瀬浩著『ステップアップ式MBAマーケティング入門』ダイヤモンド社，2005年，p.83に加筆

層吸収価格設定では重要になる。その特異性が高ければ高いほど、他社の追従には時間がかかるため、購買行動において顧客の自由度は小さくなる。そこで、顧客の欲している製品であれば、高価格でもその製品を購入してくれる。こうして、企業は市場導入の早い段階で大きな利益を得ることができ、開発に要した投資資金を早期に回収できるのである。

製品のライフサイクル（Product Life Cycle）で考えると、導入期から成長期の段階では高価格に設定するが、成長期から成熟期にかけては他社の追従を受け、自社製品の特異性が薄れてくるため高価格であった価格を徐々に下げて他社の価格に対抗し、売上の減少を抑えるのである。

たとえば、サンギの「アパガード」は、多くの歯磨き粉の効能が、虫歯や歯槽膿漏の予防と口臭を抑えるといったものの中で、歯を白くしたいという顧客のニーズに応えた今までにない美白歯磨き粉である。それは、歯の美白効果を前面に打ち出したものであり、自社が独自開発した歯のエナメル質を修復する薬用成分「ハイドロキシアパタイト」を配合した製品である。非常に差別化された製品であったため、他社の歯磨き粉とは直接競合することはなかった。そのため、販売当初は高価格設定でも好調に推移していた。しかし、今では美白効果を打ち出す製品も多くなり、その特異性は薄れ実売価格を

図8-8 市場浸透価格設定における価格とコストの関係

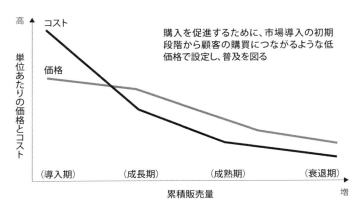

出所：バルーク・ビジネス・コンサルティング編，高瀬浩著『ステップアップ式MBAマーケティング入門』ダイヤモンド社，2005年，p.83に加筆

徐々に下げている。

市場浸透価格設定（Market penetration pricing）は、市場に新製品を投入した後、できるだけ早い段階で多くの顧客を獲得するために、導入期から低価格で製品を販売していく価格戦略である。初期段階から、より多くの顧客に新製品を購入してもらい、市場における自社の優位性を高める狙いがある。そこには、大きく2つの意味がある。1つは、早い段階で市場シェアを高めることが可能になり、先発の優位性によって自社の製品やサービスがその市場におけるデファクト・スタンダード（de facto standard／事実上の業界標準）になる可能性を持つ。また、早い段階で製品が浸透するということは、売上の拡大を意味し、規模の経済性によるコスト低減効果が期待できる。そうなれば、さらなる低価格を実現することが可能になり、価格の優位性によってより多くの顧客を獲得することが可能になるのである（第7章「経営戦略」p.310〜311コストリーダーシップ戦略を参照のこと）。

もう1つは、自社の製品を普及させることで付随する製品やサービスの販売が伸びることである。たとえば、スマートフォンにおける通話料や通信料、ゲーム機におけるゲームソフトや通信料、プリンターにおけるインクカートリッジやトナーカートリッジなどである。スマートフォンは、本来なら単体

表8-2　上層吸収価格設定と市場浸透価格設定

	上層吸収価格設定	市場浸透価格設定
目標	早い段階で高い収益率によって大きな利益を確保する	早い段階での普及を目指しコスト優位を築いていく
売上	市場での大きな販売量は期待していない	市場での大きな販売量を期待している
価格	高価格設定	低価格設定
顧客	価格にあまり敏感でない上の層から攻めていく	価格に敏感な層・マス（大衆）から攻める
条件	製品やサービスの品質、機能等に他社とは明らかな差違がある場合 価格弾力性が小さい場合	他社の製品やサービスとは、価格以外にあまり差違がない場合 価格弾力性が大きい場合 規模の経済性が働く場合

の本体価格でも10万円前後する機種が多いが、大手通信キャリアのドコモ、au、ソフトバンクは、各種の割引施策を活用することで、実質0円で数多くの機種を販売している（iPhone XR 64GBタイプは本来、端末本体価格は9万8400～10万6560円だが時期によって各社実質0円で販売／2019年3月現在）。こうした施策によって、通信キャリアの販売台数は増えるが、ここで収入を得ることは難しい。しかしながら、その後につながる通信料や通話料が継続的に毎月徴収される（世帯あたりで年間10万250円／総務省 平成30年度「情報通信白書」より平成29年度移動電話通信料）ことで、通信キャリアは大きな利益を得ることができるのである。同じように、ゲーム機でも、ソニー・インタラクティブエンタテインメントのPlayStation 4などもできるだけ多くの顧客が購入できるように、高性能で高機能なゲーム機でありながら価格を抑えている（2万9980円税別から設定／2019年3月現在）。ただし、その後に続くゲームソフトやオンライン利用料などでも利益が上がるようになっている。具体的には、PlayStation 4からはオンラインゲームが主となり、オンライン利用料（PS Plus 1カ月利用権476円税別／2019年3月現在）で、継続的な利益を得る仕組みを構築している。

プロモーション戦略

　プロモーションは大きく分けると、テレビや新聞、雑誌、ラジオのマスメディア、インターネット広告と屋外広告、交通広告、折込広告などのプロモーション・メディアによるもの、サンプリング、クーポニング、キャッシュバックなどといったセールス・プロモーションがある。

　プロモーション戦略を考える際には、いつ（when）どのタイミングで、どのくらいの頻度で行うのか、どんな媒体を使ってどのように（how）プロモーションを展開していくか、もしくはどのようにそれらを組み合わせていくのか、そして、誰に対して（whom）プロモーションしていくのか受け手となる対象を考えながら、何（what）を伝えていくのかという点を踏まえて考える必要がある。その際には、利用する媒体のそれぞれの特性を理解する必要がある。それをまとめたのが、表8-3である。

　他に、上述のような媒体を利用した有料広告とは異なるパブリシティがある。テレビや新聞といったマスメディアを通した広告は、広告主が広告料を払って自社の製品やサービスを掲載しているのに対して、パブリシティは、テレビ局や新聞社がこの新製品や新サービスは視聴者や読者に伝えたほうがよいと判断して広告料なしで記事として掲載したり、放送で取り上げるものである。広告主が広告料を払って掲載している製品の広告は、広告主の主観的な内容をそこに盛り込む場合が多いが、パブリシティは放送局や新聞社が数ある新製品や新サービスの中から、顧客に伝えるべきものとして取り上げているため、紹介されている内容の信頼性は顧客にとっても高いものとなる。したがって、企業にとってもこうしたパブリシティによる自社製品の紹介が増えるように、マスコミに対してプレスリリースを頻繁に行い、取り上げてもらう機会を増やそうと積極的にアプローチしている。一方で、新聞社や雑誌社に広告料を払いながらも、今までの広告とは異なり、パブリシティの記事のような文面で紙面に出稿しながら、最後に自社の製品をさりげなく紹介している（誤解のないように「全面広告」と新聞では記載している）企業もある。これも、広告そのものを顧客が全面的に信頼していないことから生ま

表8-3 プロモーションに利用する主な媒体の特性

媒体	支出額（億円）	前年比	長所	短所
テレビ	19,123	98.2%	視覚（映像）・聴覚（音）・行動（動き）を統合、五感に訴える、広いカバレージ・広いリーチ、露出あたりの低いコスト	絶対的に高いコスト 他の広告との混雑度が高い、メッセージが短命、セグメントしにくい
ラジオ	1,278	99.1%	地理的・人口動態的にセグメント可能、低コスト	聴覚（音）だけによる訴求、注意をひきにくい、メッセージが短命
新聞	4,784	92.9%	高い柔軟性・受容性・信頼性、タイムリー、広いカバレージ、地域版で地元をカバー	メッセージが短命 再生の質が貧弱 視覚（写真と文字など）だけによる訴求
雑誌	1,841	91.0%	地理的・人口動態的にセグメント可能、多くの情報を提供、メッセージが長命、高質の再生が可能、高い信頼性	広告が出るまでのリードタイムが長い、売れ残る部数あり、視覚（写真と文字など）だけによる訴求、掲載位置の保証なし
インターネット	17,589	116.5%	対象を選択できる、カスタマイズできる、対話の機会がある、比較的低コスト	利用者にバラつきがある（まったく接しない層もいる）、スペースが限られる、国によって利用者が少ない

出所：P・コトラー著，恩藏直人監修，月谷真紀訳『コトラーのマーケティング・マネジメント ミレニアム版（第10版）』ピアソン・エデュケーション, 2001年, p.718をもとに作成、一部加筆，支出額は電通「2018年 日本の広告費」

れる広告手法の1つになっている。

　また、従前のプロモーション以外にも、顧客の口コミ情報が購買行動に大きな影響を及ぼすようになっている。以前は、口コミといってもその拡散効果は人から人へと対面で伝わる形が基本であったため、拡散規模やスピードは限られていたが、ネット社会ではその拡散規模やスピードが桁違いに大きく速くなっていることと、それらの情報がネット社会では文字情報として残るからである。つまり、いつでも必要な口コミ情報を検索したりすることができるからである。したがって、口コミの効果は購買行動に大きな影響を与えており、企業も口コミで発信されている情報にも注意が必要になっている。

プル・プロモーションとプッシュ・プロモーション

　プロモーションを実行する際の基本的な考え方は、大きく分けると2つある。消費者に直接働きかけるプル・プロモーションと小売りを中心とした流通業者を重視していくプッシュ・プロモーションである。

　プル・プロモーション（Pull Promotion）は、消費者に直接働きかけ、自社製品を顧客に選んでもらうことを主眼とし、主にマス広告を活用して製品の認知度とブランド力を高めていく。そのために、他社にはない製品本来の品質の良さや特異性が必要になる。それが、ブランドとしてのアイデンティティを形成し、品質保証や安心感を顧客に与えることができるのである。したがって、プル・プロモーションでは、ブランド力を高め顧客の強いブランド選好を形成させることが重要になってくる。たとえば、iPhoneを購入する多くの顧客は、他社製品と比較してiPhoneを購入するのではなく、iPhoneを購入したくて店舗を訪れ購入している。このように、顧客に強力なブランド選好が形成されているため、スマートフォン市場で圧倒的なシェアを獲得しているのである。そのために、アップルは、単に製品の広告をしているだけ

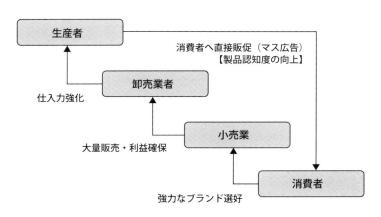

図8-9　プル・プロモーション

出所：バルーク・ビジネス・コンサルティング編，高瀬浩著『ステップアップ式MBAマーケティング入門』
　　　ダイヤモンド社，2005年，p.112

図8-10 プッシュ・プロモーション

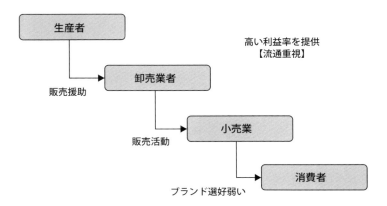

出所：バルーク・ビジネス・コンサルティング編，髙瀨浩著『ステップアップ式MBAマーケティング入門』ダイヤモンド社，2005年，p.114

ではなく、そこから想起されるイノベーティブなイメージや洗練されたイメージなどでブランド選好を植え付けるようなプロモーションをしている。こうして、メッセージ性の高いマス広告を中心にブランド・イメージを高める戦略をとっているのである。

　企業は、本来ブランド選好を高め、自社製品を選んでもらいたいが、すべての製品がそうはいかない。そこで、ブランド選好の弱い製品は、どうしても他社製品と比較され購買選択される。特にいつも決まったブランドを購入するとは限らない場合、たとえば、価格を下げることで、他社製品から自社製品へと購買行動が変わることもある（価格弾力性の大きい製品）。そこで、生産者は小売りサイドで利益を確保しつつ安価な価格設定ができるように、販売奨励費を協賛金等の名目で付与していく。こうなると、小売りサイドも他社製品より自社製品を積極的に販売してくれるため、売上が伸びていくのである。このように、流通を重視することで自社製品を積極的に販売してもらうようにするのが、プッシュ・プロモーション（Push Promotion）である。

　他にも、プロモーションは、さまざまあるが、販売促進の観点から考えると図8-11のようにメーカーが消費者向けに行うプロモーションとメーカーが流通業者向けに行うプロモーション、流通業が消費者向けに行う小売りプロ

図8-11　販売促進の3つの分類

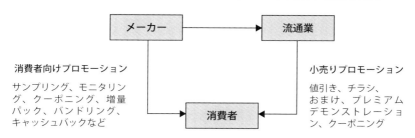

出所：Blattberg, R. C. and S. A. Neslin, *Sales Promotion: Concepts, Methods, and Strategies*, Prentice Hall, 1990, p.4 に加筆

モーションがある。ここでは、消費者向けのプロモーションを見てみよう。

たとえば、サンプリングは、キリンビバレッジからリニューアルして2016年10月に販売された缶コーヒー「FIRE」は何と100万本のサンプルを配布し、その味を多くの消費者に実感してもらい購買につなげようとした。また、モニタリングは、サンプリングのような比較的単価の安いものではないときに利用される。たとえば、BMWは、モデルチェンジ後にしばしばその走りを実際に消費者に体験してもらうために、24時間モニタープログラムを実施して、見た目や数値だけでは伝わらないBMWの走りの世界を体感してもらっている。また、キャッシュバックでは、多くのカメラメーカーが高価なデジタル一眼カメラを主として、現金割り戻しによる直接的なプロモーションを行い、期間限定で一定期間の販売を増大させている。他にも、バンドリングでは、任天堂のSwitchが人気のソフト「ポケットモンスター Let's GO!ピカチュウ」などをセットにしたバンドリング販売をしている。このように、メーカーから消費者向けのプロモーションもさまざまである。

次に小売りプロモーションでは、商品の通常価格を下げて販売する「値引き」が主となるが、これは消費者に対してお得感を出して購買に結びつけていく方法である。ただし、これが頻繁に行われると、値引きされた価格が通常価格として知覚されたり、値引きした際にしか購入しないということにもつな

がりかねない。そこで、値引きする商品を変更したりする工夫も必要になるが、値引きは単に対象となる商品の販売量を増やすだけではなく、店舗に誘引する効果もあるので、特に日本では小売りサイドが頻繁に行っている。

流通業者向けのプロモーションは、プッシュ・プロモーションで説明したような流通業者にメリットをつけて販売を伸ばそうとするプロモーションである。主なものは、販売助成をしたり、チラシの協賛金を拠出したり、販売コンテストを実施し実績に応じてインセンティブを付与したり、店頭での陳列棚を提供したりして、自社製品を優先的に販売してもらおうとすることである。

流通戦略

流通の役割は、供給サイド（生産者）と需要サイド（消費者）との利便性を高め、効率よくお互いを引き合わせることである。具体的にいえば、図8-12のように、直接取引の場合と比べ、流通業者を利用することによって総取引数が減少する取引数の削減効果がある。顧客側から見れば、パン屋さん、八百屋さん、肉屋さん、総菜屋さんなどのお店にそれぞれ行くより、品揃えの豊富なスーパーに行くとすべての買い物が1カ所で済んでしまうことを考えればわかりやすい。生産者側から見れば、一括してある流通業者に商品を卸せば多くの顧客に行きわたるので手間も省ける。

流通業者を利用することで、在庫管理の面でも効率的になる。たとえば、生産者が小売店舗ごとに商品を直接卸していたら、機会ロスを防ぐために店舗ごとに在庫を抱えることになる。するとトータルではかなりの在庫を抱えることになる。しかし、流通業者を介することで、その流通業者に在庫を置くことにより、効率的な在庫管理が可能となる。問題は、流通業者の数が多くなると、その過程で商品原価に流通コストが上乗せされるため、価格の上昇要因になることである。そこで、こうしたコストの面も考慮して、流通チャネルの階層をどのようにしていくのかを考えることが必要なのである。

図8-12 直接取引と流通業者を利用する総取引数の違い

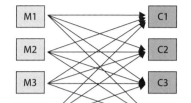
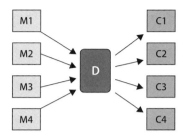

M：生産者（Manufacturer）、C：顧客（Customer）、D：流通業者（Distributor）

出所：バルーク・ビジネス・コンサルティング編，高瀬浩著『ステップアップ式MBAマーケティング入門』ダイヤモンド社，2005年，p.90に一部加筆

流通チャネルの階層

　製品を消費者に届けるために、どのような流通過程で消費者に製品を届けるかを考える。その際に考えるのがチャネルの階層である。たとえば、生産者が消費者に直接製品を販売するのが、図8-13でいうゼロ段階チャネルになる。たとえば、化粧品を自らが訪問販売しているポーラは、その典型である。最近は、本格的なエステとカウンセリング、化粧品販売を融合したポーラ ザ ビューティーを路面店舗として設置し、直接顧客に自社製品を販売している（ポーラの売上の約95％が訪問販売事業による売上で、エステインが49.4％、ポーラ ザ ビューティーが38％を占めている／2018年12月期）。他にも最近では、自社のWebサイトから直接顧客に働きかけをして自社製品を販売している企業も多くなっているが、これもゼロ段階チャネルに該当する。ただし、楽天市場やヤフーショッピングで販売されているショップは、楽天市場やヤフーショッピングが小売業者の役割を果たしているので、生産直売のように見えるが2段階チャネルである。

　また、小売りから見れば、大手小売業者のイオンやセブン＆アイ・ホール

図8-13 流通チャネルの階層

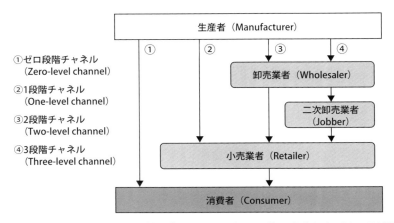

出所：P・コトラー著,恩藏直人監修,月谷真紀訳『コトラーのマーケティング・マネジメント　ミレニアム版（第10版）』ピアソン・エデュケーション，2001年，p.605をもとに作成

ディングスなどは、メーカーとの直接取引である1段階チャネルの形をとることも多い。しかも、PB商品を増やすことで、小売り主導によって製品開発に携わる機会も増えている。これは、時代とともに変化する顧客のニーズやウォンツに応える商品を顧客に一番近い位置にいる小売りがマーケット・インの考え方で商品化を主導できるからである。したがって、こうした動きはさらに高まるであろう。

一方、小規模な小売業者は、直接生産者であるメーカーと取引をすることは難しい。そこで、卸を利用して商品を調達することになる。このように、比較的小規模な小売業者が日本には多かったこともあり、流通チャネルが多階層化されていた。しかし、上述のように小売り主導による1段階チャネルが増えているため、卸売業者の必要性が問われている。そのため、生き残りをかけて卸売業者は情報の集約効果を生かし、メーカーに対して商品企画のアイデアを、小売りに対しては販売手法などを提案する提案型卸売業者としての役割が増していくであろう。

流通チャネル政策

　ここでは流通チャネル政策を見ていく。流通チャネル政策には、大別すると開放型チャネル政策と閉鎖型チャネル政策（さらに分ければ、極端に数を絞る排他型と市場拡大にも考慮した選択型がある）とに分かれる。

　開放型チャネル（Open Channel）政策では、自社製品をできるだけ多くの店舗で販売してもらえるように、あえて販売チャネルを限定せず開放する。そうすることで販売機会を増やし、市場拡大を目指すのである。開放型チャネル政策が有効に働くのは、比較的購買間隔の短い最寄品や日用品になる。飲料水もその1つだ。たとえば、夏であれば毎日のようにペットボトルの飲料水を購入する人は多いが、その際、自分の好きな商品が仮に店舗になかったとしたら、どうするだろうか。他店舗に探しに行くだろうか。おそらく多くの人は代替する商品で済ませてしまうだろう。つまり、こうした商品は多くの店舗に置かれることが重要なのである。しかも、最寄品や日用品は低価格で販売されているものが多いため、販売機会を増やし大量生産・大量販売によって原価を抑えることが求められているのでなおさらである。

　一方で、開放型チャネル政策では多くの販売拠点で置いてもらうため、個々の店舗で少しでも売れ残ると、全体ではかなりの不良在庫を抱えることになる。場合によっては、意図せずに自社製品が在庫処分されることもある。そうなると、ブランド・イメージを棄損することになるので、高価格帯の商品やブランド価値の高い商品には向かない。このように、開放型チャネル政策では、その性格上、生産者がコントロールしづらい側面があるため、この点は考慮に入れる必要がある。

　では、閉鎖型チャネル（Closed Channel）政策は、どうだろうか。閉鎖型チャネル政策は、自社商品の販売先を限定したり、ある特定の箇所だけに販売権を与える流通政策である。たとえば、今では多くの人が利用しているアップルのiPadだが、実は初代iPadが発売された2010年当時は、今のように家電量販店などの店舗でも販売されていたわけではない。ヤマダ電機、ビックカメラ、ヨドバシカメラといった大型家電量販店ですら特定の店舗でし

表8-4 流通チャネル政策の特性

	開放型チャネル政策	閉鎖型チャネル政策
特徴	販売先は限定しない →広範囲に流通させる	販売先を限定する →特定の店舗で流通させる
利点	販売機会が増える 市場拡大がしやすい 市場浸透がしやすい	コントロールがしやすい 価格が維持しやすい 顧客に十分な説明が可能 在庫管理がしやすい
難点	コントロールしづらい 価格競争が起きやすい 在庫管理がしづらい	販売機会が少ない 市場拡大がしづらい 店舗費用がかさむ
有効	最寄品、日用品 購買間隔が短い商品	ブランド製品、高価な商品 しっかり特長を伝えたい商品

かiPadを取り扱っていなかった。iPadは、モバイルノートパソコンに代わるタブレット端末であったが、見たことのないデジタル機器だったため、顧客はどのように利用するのかもわからない。そこで、活用方法、利便性等をわかりやすく伝えられる販売スタッフのいる店舗のみに置かれていたのである。2011年から販売されている富士フイルムのハイエンドミラーレスデジタルカメラ・Xシリーズもこの閉鎖型チャネル政策をとっている。今までにない高画質撮影ができるカメラであることを伝え、そのブランド・イメージが定着してから多くの家電量販店に置かれるようになった。今でも、最上位機種のX-H1（2018年2月発売）はボディだけでも20万円前後する。このように、閉鎖型チャネル政策は、販売先を限定するため、顧客に十分な説明が可能になり、品質や機能等をきちんと伝えることができるため、ブランド力の保持につながる。また、在庫管理もしやすく、価格に関しても維持しやすいなどの利点があるため、高価な商品やブランド品には向いている。反面、販売先が限られるため、販売機会が少なく、販売先を絞れば絞るほど市場の拡大がしづらくなるという面もある。したがって、開放型チャネル政策とは逆に数を売る必要がある最寄品や日用品には向かない。

ただし、例外もある。それは、花王の「ヘルシア緑茶」である。「ヘルシア緑茶」は、もともと高濃度カテキンによって体脂肪を燃えやすくする効果があると厚生労働省（当時／2009年からは消費者庁）から認められた特定保健

用食品である。今では、この特定保健用食品というカテゴリーの商品は周知されているが、「ヘルシア緑茶」が発売された2003年当時は、まだあまり知られていなかった。そこで、開放型チャネル政策をとらずに、あえて関東・甲信越地区のコンビニエンス・ストアだけに商品を卸し、通常のペットボトルのお茶と比べ2割ほど高く販売していた。そして、値引き販売が基本のスーパーマーケットでは、「ヘルシア緑茶」は当初販売されていなかったのである。そして、「ヘルシア緑茶」の持つ効能（高濃度カテキンによって体脂肪を燃えやすくする）をテレビCMや新聞・雑誌広告等で消費者に伝えながら、周知されるようになってから開放型チャネル政策へとシフトしたのだ。

　このように、購買間隔が短くても、差別性の高い特異な商品や説明が必要な今までにないカテゴリーの商品では、ある一定の時期までは閉鎖型チャネル政策をとることは、その後のブランド力や価格維持にもつながるので有効である。つまり、販売する商品の性格を十分に理解したうえで、企業はどのような流通チャネル政策をとるべきかを考えることが重要なのである。

演習問題

問題1. 成熟市場では、本質的機能より表層的機能を充実させたほうが、顧客満足につながりやすい。それはなぜか説明せよ。

問題2. 新製品の価格設定を考えるとき、上層吸収価格設定と市場浸透価格設定の2つの価格設定があるが、どのような場合、市場浸透価格設定をするのか説明せよ。

問題3. プル・プロモーションとプッシュ・プロモーションの違いについて説明せよ。

問題4. 流通チャネル政策は、大別すると開放型チャネル政策と閉鎖型チャネル政策になるが、高価なブランド品はどちらのチャネル政策が有効か、そ

の理由も述べよ。

演習問題解答

解答1. 成熟市場では、多くの製品がその普及過程において製品改良を重ねてきた結果、本質的機能面で見ると顧客の求めている水準にほぼ達している。つまり、顧客はこれ以上の改良をそうは望んでいない。となると、本質的機能の向上に対して、企業が多額の開発費を投入したとしても、それに見合う対価は得づらい。しかも、本質的機能がある段階まで達すると、その先の顧客満足につながる飛躍的な本質的機能の向上には何らかのイノベーションが必要になることが多い。ところが、製品のデザインやカラーなど表層的機能では、それらを充実させると顧客の多様なニーズに応えることができるので顧客満足につながりやすい。デザインやカラーは、顧客によってそのニーズは多種多様である。多様なデザイン、多種のカラーが製品ラインアップに加われば、個々のニーズに合致する可能性が高くなるからである。例えば、2018年10月に発売されたiPhone XRは、今までで一番多い6色のカラーを用意し、顧客の多様なカラーニーズに応えている。

解答2. 市場浸透価格設定では、自社の新製品をいかにその市場に浸透させるかが大きな目標のため、製品価格を下げて顧客が買いやすくする。したがって、価格設定そのものは低価格となり、必ずしもコストとの関係で見ると利益が出るような設定とは限らない。それよりも、市場浸透を第一に考えていく。なぜなら、このような市場浸透価格設定をしている製品は、先発の優位性を重視していたり、付随する製品やサービスで利益を上げる仕組みが構築されていることが多いからだ。つまり、早い段階で市場浸透が進めば、市場での想起ブランドになりやすいし、その後コスト面でも優位に立つことができる。また、携帯電話のように普及さえしてしまえば、毎月継続して多くの顧客から利用料を収受できる。このようにビジネスモデルそのものが、継続課金モデルになっている場合はなおさらである。最近では、据置型ゲーム

機もプレイステーション4のようにオンラインが主体になると、継続課金で確実に収益を上げることができる。

解答3. プル・プロモーションは、消費者に対して自社製品の良さを理解してもらい、自社製品に対する選好を高め購入してもらうためのプロモーションである。なので、企業としてのブランドや製品としてのブランド価値を高めることが必要になる。そこで、マスメディアを中心としたプロモーションが主となる。当然、それに相応しい良質な製品でなければプル・プロモーションをしても意味がない。一方、プッシュ・プロモーションは、他社製品と比較して知覚品質において大きな差違がない場合に有効である。こうした他社製品とあまり差違のない製品は、どうしても価格変動によって製品がスイッチングされやすい。つまり、価格弾力性が大きい。そこで、企業は製品そのものをマスメディア中心のプロモーションとは別に、実際の販売サイドにメリット付けることで、自社製品を積極的に勧めてもらうことを主眼にしている。それが、プッシュ・プロモーションである。例えば、家電量販店における販売協力員のメーカーからの派遣や大型酒販店へのリベート（販売量に応じた割戻金）などは典型的なプッシュ・プロモーションにあたる。

解答4. 流通チャネル政策における閉鎖型チャネル政策は、特定のチャネルに絞って自社製品を流通させるため、販路が限られる。したがって、販売機会が開放型チャネルと比較して少なくなるため、購買間隔の短い商品には向かない。なので、購買間隔の短い食料品や日用品などは、閉鎖型チャネルではなく開放型チャネルを採ることが望ましい。一方、高価なブランド品は、そう頻繁に購入するものではないので開放型チャネルを採る必要はない。逆に、開放型チャネルを採るといくつかの弊害が生じる。例えば、販売力の弱い小売店で自社のブランド品がいつまでも売れ残ってしまえば、ブランドとしてのイメージダウンは避けられない。在庫処分で大幅値下げでもされたらなおさらである。また、ブランド品としての価値を十分に伝えられなければ、単に高価なものでしかない。したがって、高価なブランド品は閉鎖型チャネル政策を採り、その製品の良さを十分に説明できる販売先に絞り、在庫管理

や価格管理などもしっかり行いブランドとしての価値を維持していく方が有効なのである。

【参考文献】

McCarthy, E. Jerome, *Basic Marketing: A Managerial Approach*, R. D. Irwin, 1960（粟屋義純監訳, 浦郷義郎他訳『ベーシック・マーケティング』東京教学社, 1978年）

Kotler, Philip, *Kotler on Marketing*, Simon & Schuster, 1999（木村達也訳『コトラーの戦略的マーケティング』ダイヤモンド社, 2000年）

Kotler, Philip, *Marketing Management*, Millennium Edition (10th Edition), Prentice Hall, 2000（恩藏直人監修, 月谷真紀訳『コトラーのマーケティング・マネジメント　ミレニアム版（第10版）』ピアソン・エデュケーション, 2001年）

Kotler, Philip, Gary Armstrong, and Naoto Onzo, *Principles of Marketing*, 14th Edition, Prentice Hall, 2012（上川典子, 丸田素子訳『コトラー, アームストロング, 恩藏のマーケティング原理』丸善出版, 2014年）

Kotler, Philip, Hermawan Kartajaya, and Iwan Setiawan, *Marketing 3.0: From Products to Customers to the Human Spirit*, John Wiley & Sons, 2010（恩藏直人監訳, 藤井清美訳『コトラーのマーケティング3.0——ソーシャル・メディア時代の新法則』朝日新聞出版, 2010年）

Kotler, Philip and Kevin Lane Keller, *Marketing Management*, 12th Edition, Prentice Hall, 2006（恩藏直人監修, 月谷真紀訳『コトラー&ケラーのマーケティング・マネジメント　第12版』丸善出版, 2014年）

石井淳蔵, 嶋口充輝, 栗木契, 余田拓郎著『ゼミナール　マーケティング入門　第2版』日本経済新聞出版社, 2013年

小川孔輔著『Management Text　マーケティング入門』日本経済新聞出版社, 2009年

嶋口充輝著『顧客満足型マーケティングの構図——新しい企業成長の論理を求めて』有斐閣, 1994年

バルーク・ビジネス・コンサルティング編, 高瀬浩著『ステップアップ式MBAマーケティング入門』ダイヤモンド社, 2005年

バルーク・ビジネス・コンサルティング編, 野沢誠治著『MBAエッセンシャルズ

マーケティング』東洋経済新報社，2003年
和田充夫，恩藏直人，三浦俊彦著『マーケティング戦略　第5版』有斐閣，2016年

著者紹介

平林信隆（ひらばやし・のぶたか）

1959年横浜市生まれ。1983年早稲田大学理工学部卒業。1994年南カリフォルニア経営大学院経営学修士（MBA成績優秀者ディーンズリスト）修了。2002年ソニーユニバーシティ＆UCLA経営大学院グローバルリーダーシッププログラム修了。2018年EUビジネススクール経営学博士（DBA）修了。グローバルビジネス学会理事。日本メンタルヘルス協会公認心理カウンセラー。全米NLP認定トレーナー。ソニーにおいて執行役員として数々のITベンチャーを立ち上げる。現在、共栄大学国際経営学部教授。著書に『怒らないで聞いてください』（マイナビ新書）、『実践ビジネス・コミュニケーション』（創成社）、共著に『グロービスMBAアカウンティング』（ダイヤモンド社）などがある。
担当章：第1章「ITとイノベーション」

岩瀬敦智（いわせ・あつとも）

1977年千葉県生まれ。2000年立教大学法学部卒業、2009年法政大学専門職大学院イノベーション・マネジメント研究科経営管理修士（MBA）修了。髙島屋を経て、経営コンサルタントとして開業。現在はスペースプランニングMAYBE代表取締役、法政大学専門職大学院イノベーション・マネジメント研究科兼任講師、共栄大学国際経営学部非常勤講師、早稲田大学オープンカレッジ講師など。著書に『2018 速修テキスト〈3〉企業経営理論（TBC中小企業診断士試験シリーズ）』（共著、早稲田出版）、『マーケティング・リサーチ（マーケティング・ベーシック・セレクション・シリーズ）』（共著、同文舘出版）など、監修に『セイン先生の絵を見てこたえる かんたん接客英会話』（誠文堂新光社）などがある。
担当章：第2章「オペレーションズ・マネジメント」

兼子良久（かねこ・よしひさ）

1974年東京都生まれ。1999年日本大学大学院経済学研究科博士前期課程修了。同年マーケティング会社に入社し、マーケティングリサーチ業務に従事。2004年学習院大学大学院経営学研究科博士前期課程に進み、同博士後期課程単位取得退学。博士（経営学）。スネイルコーポレーション代表、鹿児島国際大学経済学部専任講師・准教授、宮城学院女子大学現代ビジネス学部准教授を経て、2018年より山形大学人文社会科学部准教授。著書に『文系でもわかるビジネス統計入門』（共著、東洋経済新報社）などがある。
担当章：第3章「統計学」

宮島　裕（みやじま・ゆたか）

1969年東京都生まれ。1994年青山学院大学経営学部卒業。2008年明治大学専門職大学院会計専門職研究科修了（修士）。専門学校（公認会計士講座等）にて財務会計論・管理会計論を指導する。現在、共栄大学国際経営学部教授。
担当章：第4章「アカウンティング」

柴田健一（しばた・けんいち）

1972年大阪府生まれ。1995年東京外国語大学卒業。2000年ハーバードビジネススクール修了(MBA)。日本生命保険にて資産運用の仕事に携わった後、外資系ベンチャーキャピタルを経て、2001年ベンチャーリパブリックを創業し、取締役副社長に就任。現在も同社でオンラインの旅行ビジネスを手掛けている。
担当章：第5章「ファイナンス」

内田由里子（うちだ・ゆりこ）

1971年東京都生まれ。1994年上智大学文学部ドイツ文学科卒業。2018年マサチューセッツ大学ローウェル校経営大学院（MBA）修了。メーカー勤務後、2000年バルーク・ビジネス・コンサルティング研究員。2011年より代表取締役。早稲田大学オープンカレッジ講師、中央工学校非常勤講師。訳書に『MBA式勉強法』（共訳、東洋経済新報社）、『泣いてる赤ちゃんがごきげんになる100の魔法』（PHP研究所）がある。
担当章：第6章「組織行動と人材マネジメント」

内田　学（うちだ・まなぶ）　編著者紹介参照
担当章：第7章「経営戦略」

高瀬　浩（たかせ・ひろし）

1960年東京都生まれ。1982年法政大学法学部卒業後、JTB入社。1996年法政大学大学院社会科学研究科経営学専攻修士課程（MBA）修了。団体旅行日本橋支店営業一課長、野村ツーリスト事業部長などを経て2005年JTB退社。同年より西武文理大学サービス経営学部専任講師、准教授を経て2009年より教授、現在に至る。2001年より早稲田大学オープンカレッジ講師、2007～2012年イーツアー社外取締役、2007～2009年法政大学経営学部兼任講師、2017～2018年跡見学園女子大学観光コミュニティ学部兼任講師なども務める。著書に『ステップアップ式MBAマーケティング入門』（ダイヤモンド社）、『MBAマーケティング速習ブック』『MBA速習ハンドブック』（いずれも共著、PHP研究所）、『MBAエッセンシャルズ』『MBAエッセンシャルズ実践演習問題集』『MBAエッセンシャルズ第2版』（いずれも共著、東洋経済新報社）、『ポータブルMBAキーワード99』（共著、ディスカヴァー・トゥエンティワン）などがある。
担当章：第8章「マーケティング」

【編著者紹介】
内田　学（うちだ　まなぶ）
1966年宮城県仙台市生まれ。1989年日本大学経済学部卒業。1991年法政大学大学院社会科学研究科経済学専攻修士課程修了。1994年同博士課程単位取得。1997年ニューヨーク市立大学バルーク・カレッジ経営大学院（MBA）修了。1997年帰国後、MBAのエッセンスを採り入れた実践的ビジネス教育を行う株式会社バルーク・ビジネス・コンサルティング（BBC）を設立し、代表取締役に就任。2011年共栄大学国際経営学部准教授、2014年同教授。2018年横浜商科大学商学部教授。亜細亜大学経営学部ホスピタリティ・マネジメント学科非常勤講師。
著書に『ステップアップ式MBA経営戦略入門』（ダイヤモンド社）、『マーケティングリサーチ入門』（共著）、『MBAマーケティング速習ブック』（編著、いずれもPHP研究所）、『文系でもわかるビジネス統計入門』（共著、東洋経済新報社）、訳書にスティーヴン・P・シュナーズ著『マーケティング戦略』（監訳、PHP研究所）、モーゲン・ウィッツェル著『MBA式勉強法』（監訳、東洋経済新報社）などがある。

MBAエッセンシャルズ　第3版
2019年5月2日発行

編著者──内田　学
発行者──駒橋憲一
発行所──東洋経済新報社
　　　　　〒103-8345　東京都中央区日本橋本石町1-2-1
　　　　　電話＝東洋経済コールセンター　03(5605)7021
　　　　　　https://www.toyokeizai.net/

装　丁…………成宮　成（dig）
Ｄ Ｔ Ｐ…………アイランドコレクション
印刷・製本……廣済堂
編集担当………桑原哲也
Printed in Japan　　ISBN 978-4-492-53399-4

本書のコピー、スキャン、デジタル化等の無断複製は、著作権法上での例外である私的利用を除き禁じられています。本書を代行業者等の第三者に依頼してコピー、スキャンやデジタル化することは、たとえ個人や家庭内での利用であっても一切認められておりません。

落丁・乱丁本はお取替えいたします。